추천사

서해지

노트폴리오 커뮤니티 팀 리드/콘텐츠 디렉터

AI 시대, 어디서부터 시작해야 할지 막막한 분들을 위한 가장 현실적인 입문서입니다.
노트폴리오 베스트 강의의 핵심 내용을 충실히 담아
혼자서도 충분히 시도해 볼 수 있도록 자세하게 풀어낸 점이 인상적입니다.
어려워 보이는 AI의 첫걸음을 떼고 싶은 모든 분들께
훌륭한 나침반이 되어 줄 책입니다.

백하율

장안대학교 일본어콘텐츠과 겸임 교수, 바로스페이스 대표

AI 디자인은 이제 몇몇 전문가의 전유물이 아닙니다.
이 책은 AI 이미지 생성의 기초부터 실무에 적용할 수 있는 도구 활용까지
체계적으로 정리한 실전 가이드입니다. 복잡한 이론보다 실습에 집중하여
비전공자도 AI를 효과적인 작업 도구로 활용할 수 있도록 돕습니다.
디자인 역량을 확장하고 싶은 모든 분께 출발점이 되어 줄 신뢰할 수 있는 책입니다.

화면 업데이트 안내
시시각각 변하는 AI 업데이트까지 반영해서 알려 드립니다.
책 내용과 화면이 다르다면 QR코드를 스캔해 보세요!

된다!

Ai 디자인 2026

김희재 지음

이미지 생성부터 AI 그림, 영상까지!

제품, 광고, 일러스트, 영상, 패션, 공간
디자인 업무에 AI를 접목한 실전형 입문서!

☑ 취업/이직 준비 필독서!

이지스퍼블리싱

능력과 가치를 높이고 싶다면
된다! 시리즈를 만나 보세요.
당신이 성장하도록 돕겠습니다.

된다! AI 디자인 2026

초판 발행 • 2026년 4월 21일

지은이 • 김희재
펴낸이 • 이지연
펴낸곳 • 이지스퍼블리싱(주)
출판사 등록번호 • 제313-2010-123호
주소 • 서울특별시 마포구 잔다리로 109 이지스빌딩 3층(우편번호 04003)
대표전화 • 02-325-1722 | **팩스** • 02-326-1723
홈페이지 • www.easyspub.co.kr | **Do it! 스터디룸 카페** • cafe.naver.com/doitstudyroom
인스타그램 • instagram.com/easyspub_it | **엑스(구 트위터)** • x.com/easys_IT
페이스북 • www.facebook.com/easyspub

총괄 • 최윤미 | **기획 및 책임편집** • 이수진 | **교정교열** • 박희정
표지 디자인 • 김근혜 | **본문 디자인** • 김근혜, 트인글터 | **인쇄** • 미래피앤피 | **마케팅** • 권정하
독자지원 • 박애림, 이세진, 김수경 | **영업 및 교재 문의** • 이주동, 김요한(support@easyspub.co.kr)

• 잘못된 책은 구입한 서점에서 바꿔 드립니다.
• 이 책에 실린 모든 내용, 디자인, 이미지, 편집 구성의 저작권은 이지스퍼블리싱(주)와 지은이에게 있습니다.
• 이 책에는 AI 도구를 활용하여 제작한 이미지(또는 콘텐츠)가 포함되어 있습니다.

ISBN 979-11-6303-847-4 13000
가격 29,800원

미래의 디자이너는 더 많은 것을 아는 사람이 아니라,
더 빠르게 실험하는 사람이다.

_ 팀 브라운Tim Brown, IDEO CEO

인물 이미지(127쪽)

제품 사용 이미지(50쪽)

제품 콘셉트 이미지(152쪽)

일러스트(117쪽)

패턴(134쪽)

공간 이미지(104쪽)

배경 제거(255쪽)

계절 바꾸기(294쪽)

주변인 지우기(286쪽)

브랜드 무드보드(304쪽)

SNS 콘텐츠(322쪽)

배너(314쪽)

캠페인 키비주얼(334쪽)

유튜브 섬네일(343쪽)

포스터(354쪽)

❀ **셋째마당** | 포토샵으로 AI 이미지 완성도 높이기 ❀

하루 2시간씩, AI 디자인을 끝내 봐요!

디자인을 처음한다고요? 다음 진도표를 따라 학습해 보세요. 상상한 이미지를 AI로 자유롭게 제작할 수 있습니다.

1차시	1장. AI 디자인 기초 익히기	9차시	09-1~09-2절. 포토샵 AI 활용법 1
2차시	2장. 무료 AI 활용법	10차시	09-3~09-5절. 포토샵 AI 활용법 2
3차시	3장. 미드저니 기초 익히기	11차시	프로젝트 1. 무드보드 만들기
4차시	4장. 미드저니 활용법 1	12차시	프로젝트 2. 배너 만들기
5차시	5장. 미드저니 활용법 2	13차시	프로젝트 3. SNS 콘텐츠
6차시	6장. 미드저니 심화 1	14차시	프로젝트 4. 캠페인 키비주얼
7차시	7장. 미드저니 심화 2	15차시	프로젝트 5. 유튜브 섬네일
8차시	8장. 포토샵 기초 익히기	16차시	프로젝트 6. 포스터 디자인

빠르게 끝내고 싶다면 다음 4단계 코스로 학습해 보세요.

1~2장	3~4장	8~9장	프로젝트
AI 디자인 기초 + 무료 AI 맛보기	미드저니 기초 사용법	포토샵 기초 + AI 사용법	결과물 완성!

하나. 실습 파일 제공

책에서 다루는 모든 실습 자료는 이지스퍼블리싱 홈페이지의 [자료실]에서 내려받을 수 있습니다.

이지스퍼블리싱 홈페이지(www.easyspub.co.kr) → [자료실] → 도서명으로 검색

둘. 미드저니 개인화 코드 & 무드보드 50종

이 책의 초판을 구입한 분들께 감사한 마음을 담아 미드저니 개인화 코드와 무드보드 자료를 준비했습니다. 스타일로 참조하고 싶은 개인화 코드를 복사해 미드저니의 매개변수로 활용해 보세요. 프롬프트 끝에 추가하면 결과물이 그 스타일로 바뀝니다.

링크: bit.ly/AI_Design_Code

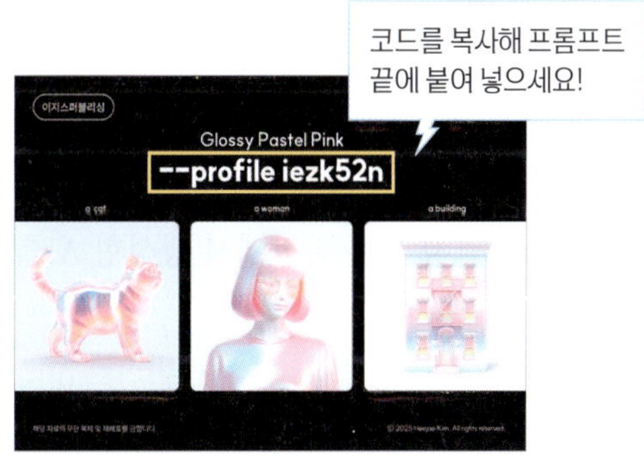

셋. 실무에 바로 써먹는 프롬프트 템플릿 10종

이 책의 끝에 수록한 [보너스 01]은 실무에서 바로 써먹는 프롬프트 템플릿 10종으로 무료로 제공합니다. 누끼 따기, 아이콘, 로고, 카메라 앵글 등 상황별로 활용하기 좋으니 다음 링크에 접속해 내려받아 보세요.

링크: bit.ly/AI_Design_prompt

AI 디자인, 화려한 겉모습보다
'실무에서 써먹는 능력'이 더 중요해요!

AI의 등장으로 디자인 환경은 빠르게 변하고 있습니다. 텍스트 몇 줄만 입력해도 이미지가 만들어지고, 예전에는 오래 걸렸던 작업이 단숨에 완성되기도 합니다. 이런 변화 앞에서 많은 디자이너가 불안해하며 질문합니다.

> "이제 디자인은 AI가 대신하는 걸까요?"
>
> "디자이너의 역할은 줄어드는 건 아닐까요?"

하지만 현업에서 직접 부딪치며 깨달은 사실은 다릅니다. 이미지를 생성하는 과정은 쉬워졌지만, 그 결과물을 선택하고, 다듬고, 목적에 맞게 완성하는 일은 여전히 사람의 몫이기 때문입니다. 기술이 발전할수록 오히려 디자이너의 판단과 기준이 더 중요해지고 있습니다.

'AI 잘 쓰기'보다 중요한 건 'AI와 함께 일하기'

저 역시 실무 현장에서 생성형 AI를 도입하며 수없이 많은 질문을 받았습니다.

> "AI로 만든 이미지를 그대로 써도 괜찮을까요?"
>
> "결국 다시 포토샵을 켜게 되는데, 그럼 AI를 왜 쓰는 걸까요?"

질문을 종합해 보면 기술의 문제가 아니라 '일하는 방식'을 고민하는 내용이었습니다. AI는 분명 초안을 빠르게 만들어 주지만, 결과를 그대로 사용하기에는 어딘가 불안하고 불완전합니다. 그래서 이 책은 단순히 AI 조작법을 설명하기보다 도구를 선택하고 결과를 판단하는 기준, 그리고 실무에서 사용하기 적절하도록 수정하는 과정을 다루고자 했습니다. AI 사용법도 필요하지만 디자이너에게는 실무 과정에서 AI를 어떻게 활용할지가 더 중요하기 때문입니다.

가장 이상적인 'AI 디자인 워크플로우'를 소개합니다

AI가 처음 나왔을 때에는 'AI로 무엇을 만들 수 있는가'에 집중했다면, 이제는 'AI와 함께 어떻게 일할 것인가'가 중요해졌습니다. 이 책에서는 미드저니를 활용해 이미지를 만들고, 다양한 생성형 AI로 아이디어를 확장한 뒤, 포토샵으로 결과물을 정리하고 완성하는 과정을 하나의 흐름으로 다룹니다. AI가 빠르게 초안을 만들면 디자이너가 그 결과를 판단하고 완성하는 방식으로 역할 분담을 하는 것이 현시점에서 가장 이상적이라고 생각합니다.

디자인을 고민하는 모든 분들을 위한 책

이 책은 생성형 AI와 미드저니를 처음 접하는 독자도 따라올 수 있도록 기본 개념과 작업 흐름을 파악하는 것부터 시작합니다. 이후 실제 이미지를 만들며 프롬프트와 설정이 결과에 어떤 영향을 주는지 살펴보고, 마지막으로 포토샵을 활용해 실무에서 바로 사용할 수 있는 결과물로 완성하는 과정을 다룹니다. 그래서 디자이너뿐만 아니라 마케터, 기획자 등 디자인을 막막해하는 모든 분이 함께 볼 수 있습니다. 지금 맡은 업무에 AI를 어떻게 적용할지 고민하는 사람을 위해 썼기 때문입니다.

이 책을 펼치면 AI 디자인을 처음 시작하는 분도 '바로 써먹을 수 있는' 생성형 AI 활용법을 손에 넣을 수 있을 거예요. 지금 이 순간이 여러분의 작업 방식에 AI 기술을 접목하는 출발점이 되길 바랍니다.

 김희재 드림

AI 디자인의 시대가 열렸습니다!

이 시대에 우리는 생성형 AI 도구를 쉽게 사용할 수 있습니다.

텍스트 한 줄만 입력하면 멋진 이미지가 완성되고,

버튼 몇 번만 클릭하면 콘텐츠를 자동 편집해 주는 등

복잡한 디자인 툴을 몰라도 놀라운 결과물을 얻을 수 있어요.

지금부터 AI가 이미지를 '어떻게' 만들어내는지,

어떤 도구를 선택해야 하는지부터 시작해

무료 AI 도구로 이미지를 만들어 보며

AI 디자인의 시대에 차근차근 적응해 보겠습니다.

0 1

AI 디자인, 어디서부터 시작해야 할까요?

몇 초 만에 이미지를 만들어 주는 AI 도구들이 쏟아지고 있지만,
막상 내가 직접 써보려 하면 어디서부터 시작해야 할지 막막하죠.
어떤 도구를 선택해야 할지, AI가 어떤 원리로 이미지를 만들어내는지,
그리고 실제 작업에는 어떻게 활용할 수 있을지 등 궁금한 점도 많습니다.
01장에서는 생성형 AI의 기본 개념부터 시작해 작동 방식, 장점과 한계,
그리고 실무에 적합한 도구 선택까지 차근차근 정리해 보겠습니다.
AI 디자인의 흐름을 이해하고 앞으로의 활용에 든든한 기반을 마련해 보세요.

AI 도구에는 어떤 것들이 있나요?

생성형 AI^{Generative AI}는 텍스트, 이미지, 영상, 음악코드 등 다양한 콘텐츠를 자동으로 만들어 주는 인공지능입니다. 요즘 디자이너들은 기획 아이디어를 정리하거나 빠르게 시안을 만들 때 이 AI 도구들을 적극적으로 활용하고 있어요. 하지만 모든 AI가 다 같은 방식으로 작동하는 건 아닙니다. 사용 목적에 따라 적절한 도구를 골라 써야 해요.

1. 글쓰기, 기획 정리 → 챗GPT, 제미나이, 클로드

챗GPT^{ChatGPT}, 제미나이^{Gemini}, 클로드^{Claude} 등 텍스트 기반의 AI는 카피 문구를 짜거나, 아이디어를 정리하거나, 제안서에 들어갈 문장을 만들 때 유용해요.

 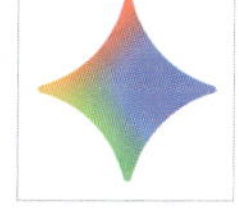 

챗GPT   제미나이   클로드

챗GPT 웹사이트 화면(chatgpt.com)

2. 이미지 생성, 비주얼 디자인 → 미드저니, 나노 바나나, 드리미나

미드저니Midjourney, 나노 바나나Nano Banana, 드리
미나Dreamina는 원하는 스타일이나 콘셉트를 텍
스트로 입력하면 그에 맞는 이미지를 만들어
주는 도구예요. 포스터 배경이나 이미지 소스
를 만들 때 정말 적합합니다.

미드저니

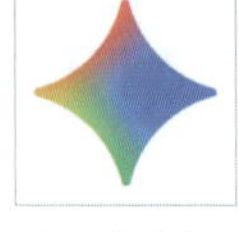
나노 바나나

드리미나

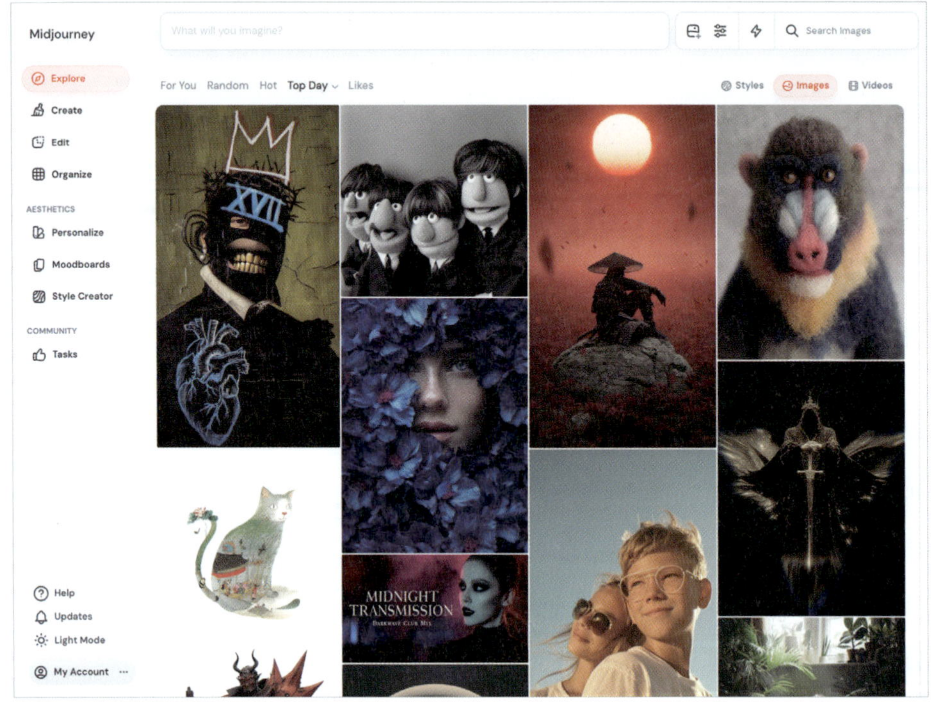

미드저니 웹 사이트 화면(www.midjourney.com)

3. 영상 제작 → 런웨이, 클링, 하이루오

런웨이Runway, 클링Kling, 하이루오Hailuo AI로 영상 클립을 자동 생성하거나 촬영 없이
도 짧은 영상을 만들 수 있어요. 유튜브 쇼츠
나 SNS 광고 영상 제작에 특히 활용하기 좋습
니다.

런웨이

클링

하이루오

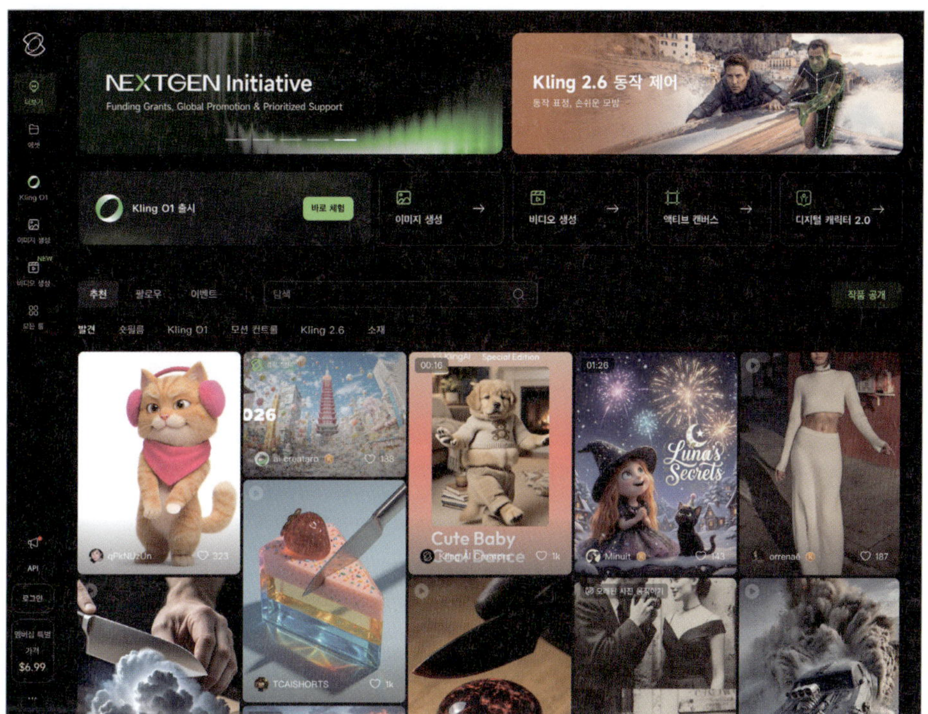

클링 AI 웹사이트 화면(app.klingai.com/global)

이 모든 도구들은 공통적으로 프롬프트prompt라고 부르는 사용자의 입력을 바탕으로 작동합니다. 같은 내용의 프롬프트를 넣어도 어떤 도구를 쓰느냐에 따라 결과물의 스타일이나 품질이 달라지기 때문에 목적과 작업 환경에 맞는 AI를 선택하는 것이 핵심이에요!

이어서 프롬프트가 무엇인지 더 자세히 알아보겠습니다.

생성형 AI는 어떻게 작동하나요?

생성형 AI의 작동 원리는 생각보다 단순해요.

프롬프트 입력 → AI 분석 → 결과 출력

이 세 단계를 통해 텍스트든 이미지든 사용자가 입력한 내용을 바탕으로 AI가 새로운 이미지나 영상을 만들어냅니다.

프롬프트란 무엇인가요?

생성형 AI 작업의 출발점은 **프롬프트**예요. 프롬프트란 AI에게 어떤 이미지를 만들지 요청하는 문장이나 키워드를 의미합니다. 예를 들어 '햇살이 드는 북유럽 스타일의 거실' 같은 문장을 입력하면 AI는 이 프롬프트를 분석해 그 분위기에 맞는 이미지를 자동으로 만들어 줘요. 이미지를 프롬프트로 활용할 수도 있습니다. 예를 들어 특정 인물 사진을 업로드하면 그 이미지를 기반으로 배경이나 스타일을 바꿔 새로운 이미지를 만들어낼 수 있어요.

프롬프트에는 원하는 스타일, 분위기, 색감, 구도, 소재 등도 자유롭게 포함시킬 수 있습니다. 어떤 단어를 어떻게 조합하느냐에 따라 결과물이 달라지기 때문에, 프롬프트는 단순한 명령어가 아니라 작업 결과의 품질을 좌우하는 핵심 요소라고 할 수 있어요.

문장 or 이미지 입력 → 이미지 or 영상 완성!

텍스트 프롬프트를 입력해 이미지를 만드는 방식은 Text to Image^{텍스트 투 이미지}라고 해요. 이 방식 외에도 생성형 AI는 다양한 입력 방식을 지원합니다.

- Text to Image: 문장을 기반으로 새로운 이미지를 생성
- Image to Image: 이미지를 입력해 새로운 이미지를 생성
- Text to Video: 문장을 기반으로 짧은 동영상을 생성

즉 AI는 텍스트나 이미지를 입력 받고, 그에 따라 다양한 시각적 결과물을 만들어내는 방식으로 일합니다. 어떤 입력 방식을 선택하느냐는 작업 목적과 상황에 따라 달라지므로 다양한 방식을 이해하고 적절히 활용하는 것이 중요해요.

Text to Image 방식

이처럼 생성형 AI는 텍스트나 이미지를 입력값^{Input}으로 받아 이미지·영상·텍스트 등의 결과물^{Output}을 만들어내는 구조로 작동합니다.

AI를 사용하면 뭐가 좋아요?

생성형 AI는 단순한 이미지 생성 도구를 넘어 아이디어 시각화부터 반복 작업 시간 단축, 창의적인 시안 제작까지 다양한 실무에 빠르고 유용하게 활용할 수 있습니다.

장점 1. AI는 새로운 크리에이티브 도구예요

생성형 AI는 단순한 이미지 생성기를 넘어 디자이너의 창의성을 확장해 주는 새로운 도구입니다. 포토샵, 일러스트레이터, 피그마처럼 익숙한 도구에 더해 미드저니 같은 AI 툴을 활용하면 아이디어를 더 빠르고 풍부하게 시각화할 수 있어요. 디자이너에게 AI는 이제 창작의 도구예요.

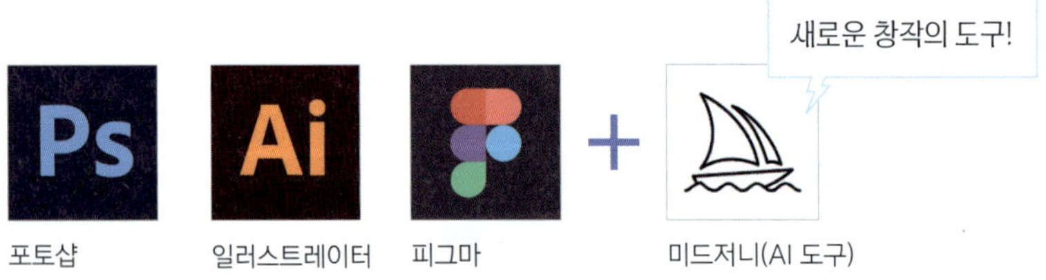

장점 2. 이미지 검색 시간을 줄여 줘요

디자인 작업할 때 보통 배경 이미지나 오브젝트 소스 등을 스톡 사이트에서 일일이 검색하느라 시간이 오래 걸립니다. 그럴 때 생성형 AI를 활용하면 원하는 키워드만 입력해 직접 이미지를 만들어낼 수 있어 작업 시간을 효율적으로 단축할 수 있어요.

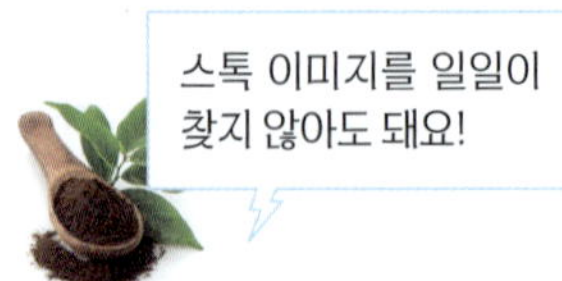

AI로 만든 오브젝트 소스 이미지 예시

장점 3. 아이디어를 시각화해 설득에 용이해요

AI를 활용하면 아이디어를 가상의 결과물로 시각화해 설득할 수 있습니다. 예를 들어 UX 기획 시 유저 시나리오를 설명하려고 할 때 텍스트로만 전달하는 것보다 이미지로 보여 주는 것이 훨씬 직관적이에요. 생성형 AI는 텍스트 한 줄로 몇 초 만에 장면을 시각화할 수 있어 '이런 상황이에요!'라고 바로 보여 줄 수 있습니다. 협업 과정에서도 커뮤니케이션이 훨씬 쉬워져요.

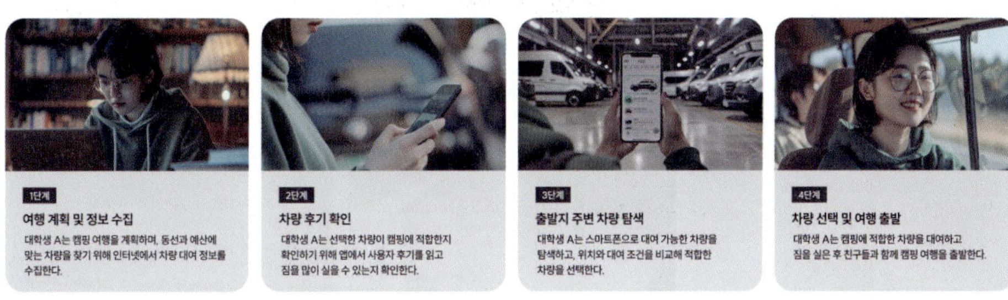

UX 시나리오 흐름에 최적화된 AI 이미지 제작 예시

장점 4. 예상하지 못한 창의성을 만날 수 있어요

AI는 인간과 다른 방식으로 이미지를 구성하기 때문에 때로는 기대하지 않았던 멋진 결과물을 만들어 주기도 해요. 상상 속 공간, 독특한 콘셉트, 기발한 연출 등을 자유롭게 실험할 수 있어 크리에이티브한 아이디어 확장에 도움이 됩니다.

AI로 만든 다양한 형태와 재질의 의자 예시

브랜드 콘셉트에 맞는 인물이나 제품 이미지를 AI로 생성할 수 있기 때문에 스튜디오 대여나 모델 섭외 없이도 원하는 비주얼을 만들 수 있어요. 촬영 비용을 줄일 수 있다는 점도 실무 현장에서 매우 실용적인 부분입니다.

주얼리 브랜드 무드보드에 특화된 제품 및 인물 이미지 생성 예시

AI 디자인 작업, 이렇게 진행해요!

생성형 AI는 디자이너를 대체하는 기술이 아니라 함께 협업하며 창작을 도와주는 파트너예요. 실무에서는 보통 다음과 같은 흐름으로 작업이 진행됩니다.

AI로 초안 생성 → 디자이너가 편집·보완

먼저 디자이너가 원하는 스타일이나 콘셉트를 텍스트로 입력해 AI 이미지 초안을 생성합니다. 그런 다음 생성된 이미지를 바탕으로 디자이너가 직접 보완하거나 편집하면서 완성도를 높여요.

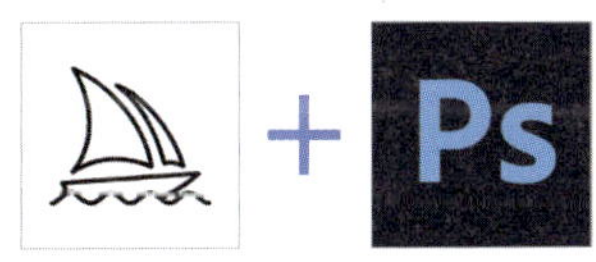

생성형 AI + 편집 프로그램

즉 AI가 1차 시안을 만들고 디자이너가 2차 작업으로 완성해 가는 구조입니다. 이때 중요한 건 각 도구의 특성과 한계를 잘 이해하고, 상황에 맞게 조합하며, 똑똑하게 활용하는 것이에요.

생성형 AI를 잘 활용하면 디자인 과정이 훨씬 빠르고 유연해질 수 있습니다.

AI 이미지, 어디까지 사용해도 될까요?

생성형 AI는 참 유용한 도구예요. 하지만 무턱대고 쓰기엔 아직 고려할 점도 많습니다. 기술적인 한계, 저작권 문제, 그리고 윤리적인 이슈까지. 이제는 결과물의 퀄리티뿐 아니라 '책임 있게 사용하는 방법'도 함께 생각해야 할 때입니다.

기술적인 한계가 존재해요

한계 1. 겉보기엔 그럴듯하지만 사실과 다른 이미지일 수 있어요

예를 들어 'Seoul City'를 프롬프트로 입력했는데 남산타워와 한강, 롯데월드타워가 모두 같은 선상에 나란히 배치되어 있거나 남산타워가 2개 이상 등장하는 식의 현실과 일치하지 않는 장면이 나올 수 있어요. 겉보기엔 그럴듯하지만 실제 도시 구조나 지리 정보를 정확히 반영하지 못하는 경우도 많다는 점을 기억해야 합니다.

'Seoul City' 프롬프트로 이미지를 생성한 결과

한계 2. 의도한 스타일이 나오지 않을 수 있어요

미드저니처럼 고유한 스타일이 강한 도구의 경우 입력한 프롬프트보다 **툴 자체의 스타일 특성**이 더 강하게 반영될 때도 있습니다. 그 결과 사용자가 의도한 스타일이나 콘셉트가 제대로 전달되지 않거나, 원하던 이미지와 다르게 표현될 수 있죠.

예를 들어 미드저니는 '실사 스타일'이라는 키워드나 관련 매개변수를 명시하지 않으면 회화적인 느낌이나 특정 화풍이 반영된 이미지가 생성될 가능성이 높아요. 따라서 원하는 스타일이 있다면 프롬프트에서 명확하게 지시하는 것이 중요합니다.

화풍이 반영될 확률이 높은 미드저니 생성 이미지

한계 3. 디테일이 깨질 수 있어요

AI로 생성한 이미지는 겉보기엔 완성도 있어 보여도 1차 생성만으로 완벽한 결과물을 얻기는 어렵습니다. 특히 사람의 손가락, 표정, 글자 같은 섬세한 요소는 아직까지 부자연스럽게 표현되거나 디테일이 이상하게 묘사되는 경우가 많아요. 예를 들어 인물 이미지에서 손가락 개수가 이상하거나 손이 붙어 있는 등 **어색한 부분**이 생길 수 있습니다.

그래서 **2차 보정** 과정을 꼭 거치는 것이 중요해요. AI가 만들어 준 초안을 바탕으로 디테일을 꼼꼼히 점검하고, 필요한 부분은 프롬프트를 수정하거나 이미지를 다시 생성하면서 완성도를 높여 가는 방식이 효과적입니다. 이는 생성형 AI 도구의 구조적 한계를 넘어서기 위해 사용자가 숙지해야 할 중요한 포인트예요.

손가락 개수가 맞지 않게 생성

이상한 글자로 생성

부자연스러운 포즈로 생성

저작권, 꼭 함께 생각해야 해요

AI의 저작권 침해 가능성, 정말 괜찮을까요?

AI는 수많은 이미지와 데이터를 학습해 새로운 이미지를 만들어냅니다. 문제는 이 데이터에 실존 작가의 작품이나 기업의 저작물이 포함돼 있다는 점이에요. AI가 만들어낸 이미지가 특정 작가의 화풍을 모방하거나 유명 캐릭터의 구도와 구성을 따라 하는 경우 **저작권 침해**로 이어질 수 있어요.

실제로 생성형 AI 이미지 플랫폼인 미드저니는 디즈니, 유니버설 스튜디오 등 대형 콘텐츠 기업으로부터 저작권 침해 의혹을 받으며 소송에 휘말리기도 했습니다. 이들은 AI가 자사의 지식재산IP을 무단 학습하고 유사한 이미지를 생성했다며 법적 책임을 물었던 것이죠.

미드저니가 생성한 이미지

디즈니 저작권 캐릭터

디즈니 엔터프라이즈Disney Enterprises, Inc.가 미드저니Midjourney, Inc.를 상대로 2025년 6월 11일 미국 캘리포니아 북부 연방지방법원에 제출한 AI가 생성한 이미지가 실제 소송 문서에 포함된 사례

미드저니 프롬프트에 관련 IP 키워드 추가 시 유사한 이미지가 생성된 모습

따라서 AI로 만든 이미지라도 그 속에 누구의 창작물이 반영되어 있는지 알 수 없는 경우 상업적으로 사용하는 데 위험이 따를 수 있어요. 특히 디자인 실무에서는 이 부분을 더 민감하게 다뤄야 하고, 필요한 경우 라이선스 확인 또는 사전 동의 절차도 고려해야 합니다.

생성형 AI로 만든 이미지, 저작권 등록이 가능한가요?

2025년 6월, 문화체육관광부와 한국저작권위원회는 『생성형 인공지능 활용 저작물의 저작권 등록 인내서』를 통해 이 질문에 대한 가이드를 발표했습니다.

이 가이드에서 명명한 저작권 인정의 가장 중요한 기준은 **인간의 창작적 기여가 있는가**입니다. AI가 스스로 만들어낸 이미지(예를 들어 단순히 프롬프트 한 줄을 입력해 생성한 이미지)는 저작권 등록이 어렵습니다. 인간의 창작이 거의 개입되지 않은 결과물은 법적으로도 창작물로 보기 어렵기 때문이에요.

한국저작권위원회에서 발행한 『생성형 인공지능 활용 저작물의 저작권 등록 안내서』

하지만 사람이 조금이라도 창작적으로 개입한 경우라면 이야기가 달라집니다. 다음과 같은 경우는 '창작적 기여'로 인정될 수 있고, 그렇지 않을 수도 있습니다.

창작적 기여로 인정되는 경우	창작적 기여로 보기 어려운 경우
• 직접 그린 드로잉을 기반으로 AI가 이미지를 생성한 경우 • 생성된 이미지에 포토샵으로 디테일을 보정하거나 그림 요소를 덧붙인 경우 • 여러 AI 이미지를 조합해 새로운 구도와 구조로 재편집한 경우	• 단순히 프롬프트만 입력해서 나온 이미지를 그대로 사용하는 경우 • AI 이미지 여러 장을 단순 합성하거나 필터 정도만 적용한 경우 • '고흐 스타일로 바꿔줘'처럼 단순한 지시만으로 생성된 이미지의 경우

결국 AI가 만든 결과물이라 하더라도 **얼마나 창작적으로 개입했는가**가 저작권 등록 여부를 좌우하는 핵심 기준이 됩니다.

인공지능 기본법에 따라 표기도 신경 써야 해요

최근 **인공지능 기본법**이 시행되면서, AI로 만든 콘텐츠의 투명성(표기)이 이슈가 됐습니다. 여기서 중요한 포인트는 법에서 말하는 **표시 의무**가 기본적으로 AI 서비스를 개발·제공하는 인공지능사업자에게 적용된다는 점이에요. 반대로 AI 결과물을 활용해 콘텐츠를 만드는 개인 크리에이터나 일반 이용자는 법 조항상 표시 의무 대상이 아닌 경우가 많습니다.

다만 실무에서는 법적 의무가 없더라도 광고·홍보물처럼 오해의 소지가 있는 콘텐츠라면 AI 활용 사실을 간단히 밝혀 두는 편이 안전합니다. 한 줄만 붙여도 필요한 오해(합성/허위/기만 논란)를 줄일 수 있고, 브랜드 신뢰에도 도움이 되기 때문입니다.

실무에서는 모두 '나'의 책임이에요

생성형 AI로 만든 이미지를 상업적으로 활용했는데 해당 이미지가 저작권 문제를 일으키거나 상업적 이용이 제한된 경우 그 책임은 결국 사용자 본인에게 돌아올 수 있어요. 따라서 작업 전 이미지의 **이용 조건**과 **출처**를 반드시 확인하는 것이 중요합니다.

[실무에서 AI 이미지를 사용하기 전 체크리스트]

☐ 이 AI 도구는 상업적 사용이 허용되나요?
- 무료로 쓸 수 있는 AI 도구라고 해서 꼭 상업적으로도 사용 가능한 건 아니에요.
- 개인용만 허용되는 도구도 많기 때문에 라이선스를 꼭 확인해야 합니다.

☐ 생성된 이미지가 저작권에 저촉될 위험이 있나요?
- AI가 학습한 데이터 중에는 저작권이 있는 이미지가 포함되어 있을 수 있어요.
- 생성된 이미지가 원작자의 스타일이나 구성을 모방했다면 법적 분쟁으로 이어질 수도 있으니 주의해야 합니다.

☐ 해당 플랫폼의 이용 약관을 꼼꼼히 확인했나요?
- 상업적 사용 여부, 크레디트 표기 의무, 사용 제한 조건 등이 명시되어 있는 경우가 많아요.
- 사용 전 약관을 반드시 읽고 불이익을 피해야 해요.

☐ 공개 채널에 따라 'AI 활용' 표기가 필요한지 확인했나요?
- 광고·홍보물, 기사·방송, 브랜드 콘텐츠처럼 오해 소지가 있는 경우는 캡션/크레딧/각주로 간단히 표기하는 게 안전해요(예 'AI를 활용해 제작한 이미지입니다', '본 콘텐츠에는 AI 생성 이미지가 포함되어 있습니다').

AI가 만들어 준 결과물을 안전하게 활용하려면 다음 3가지를 꼭 기억해 두세요.

첫째, 생성된 이미지에 디자이너가 창작적으로 개입했는지를 판단하세요.

둘째, AI 도구의 이용 약관과 라이선스 범위를 미리 확인하세요.

셋째, 공개용 콘텐츠라면 AI를 활용했다는 사실을 캡션/크레딧/각주 등으로 간단히 표기해 두세요.

윤리적 문제, 악용 가능성도 함께 살펴봐야 해요

생성형 AI는 놀라운 창작 도구이지만, 그만큼 문제가 발생할 소지도 커지고 있어요. 대표적인 문제 중 하나는 악용 가능성입니다. 딥페이크 영상처럼 실존 인물의 외모를 모방하거나 허위 정보, 혐오 표현, 선정적인 이미지 등을 만들어내는 데에도 AI가 쓰일 수 있어요. 특히 생성형 AI는 사실처럼 보이는 이미지를 순식간에 만들 수 있기 때문에, 악의적인 의도로 쓰일 경우 현실과 가상을 혼동하게 만드는 심각한 문제가 생길 수 있습니다. 이처럼 생성형 AI를 사용하는 사람에게는 단순히 기술을 잘 다루는 능력뿐만 아니라, 그 결과물이 어떤 영향을 줄 수 있는지까지 고려하는 윤리적 책임감이 함께 요구됩니다. 멋진 결과물을 만들었다고 끝나는 것이 아니라, 그 이미지가 사회적으로 어떤 의미를 가지는지도 함께 생각해 봐야 해요.

0 2

무료 AI 이미지로 맛보기

요즘은 미드저니 말고도 뛰어난 무료 AI 이미지 도구들이 정말 많아졌습니다.
이런 무료 도구들을 사용하면 누구나 쉽게 다양한 스타일의 이미지를 직접 만들어 볼 수 있어요.
각 도구마다 표현 방식과 강점이 다르기 때문에 원하는 결과물에 따라
여러 도구를 번갈아 활용해 보는 것도 추천합니다.
하나의 AI에서 잘 안 나오는 이미지라도 다른 도구에서는 더 잘 만들어지기도 하거든요.
특히 무료 AI를 통해 텍스트를 이미지로 바꾸는 'Text to Image' 같은 기본적인 원리와
프로세스를 쉽게 익힐 수 있어서 좋아요. 꼭 미드저니만 사용할 필요는 없어요.
이제부터 다양한 무료 AI 이미지 도구들을 하나씩 살펴보면서
나에게 가장 잘 맞는 툴을 찾아볼게요.

레브
― 제품 광고 이미지 만들기

사실적인 이미지와 텍스트 표현에 강한 무료 이미지 AI

레브Reve는 웹 기반으로 누구나 무료로 사용해 볼 수 있는 이미지 생성 도구예요. 텍스트 한 줄만 입력하면 빠르게 고품질 이미지를 만들어 주며, 특히 실사형 이미지와 텍스트 삽입에 강점을 보입니다. 프롬프트 반영력이 높아 사용자가 의도한 장면을 충실하게 구현하며, 광고 비주얼 제작에도 손색없는 결과물을 보여 줍니다.

웹에서 바로 실행되므로 별도의 설치가 필요 없고, 초보자도 부담 없이 원하는 이미지를 손쉽게 만들어 볼 수 있다는 점 역시 큰 장점입니다.

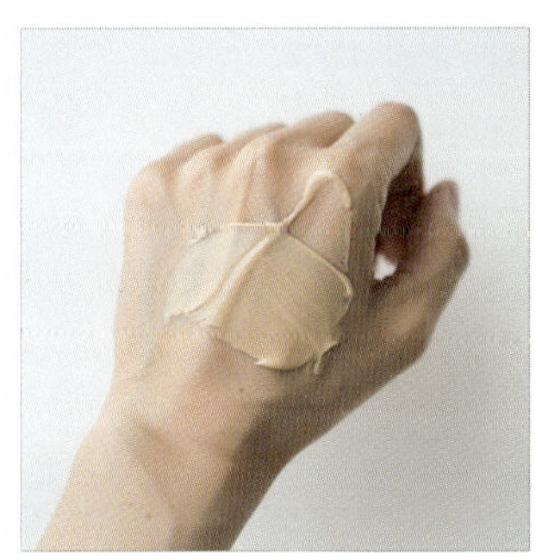

레브 AI로 만든 이미지

레브 AI 웹사이트 링크: app.reve.com

하면 된다!} 레브 AI로 제품 광고 이미지 만들기

1. 레브 AI 웹사이트에 접속해 [Start creating]을 눌러 회원으로 가입합니다.
회원 가입만 하면 일정량의 기본 크리에이티브 에너지가 무료로 제공되며, 크레디트
를 다 쓰면 유료로 크레디트를 충전할 수 있어요.

2. 로그인하면 다음과 같이 화면이 바뀝니다. [New album]을 눌러 새 작업을 시작
해 주세요.

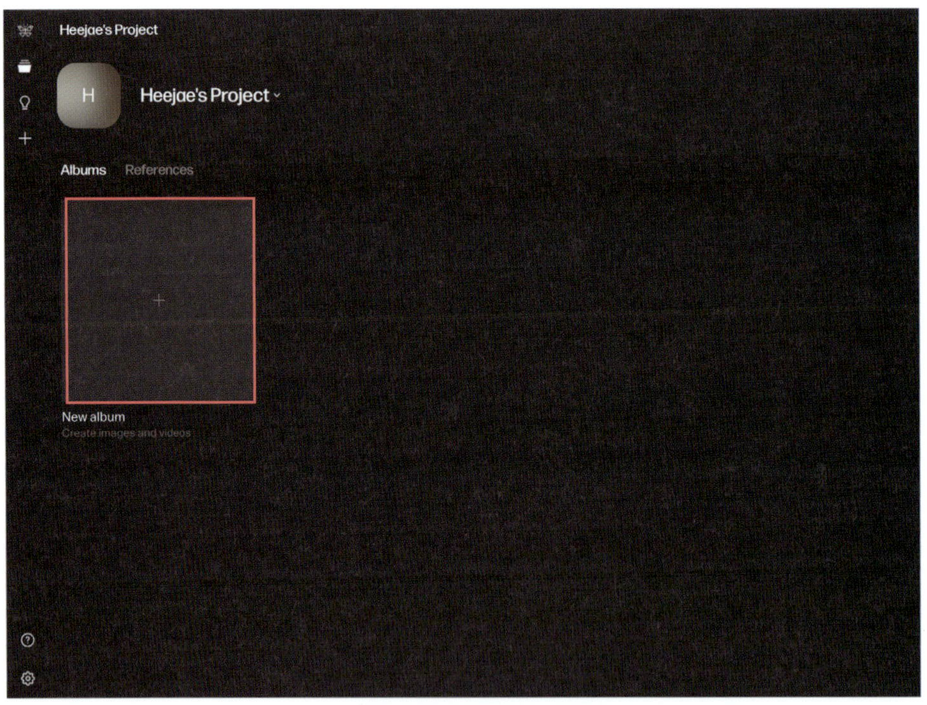

3. 오른쪽 아래에서 프롬프트를 입력하기 전에 [Auto]를 누르면 이미지 개수, 비율 등을 설정할 수 있습니다.

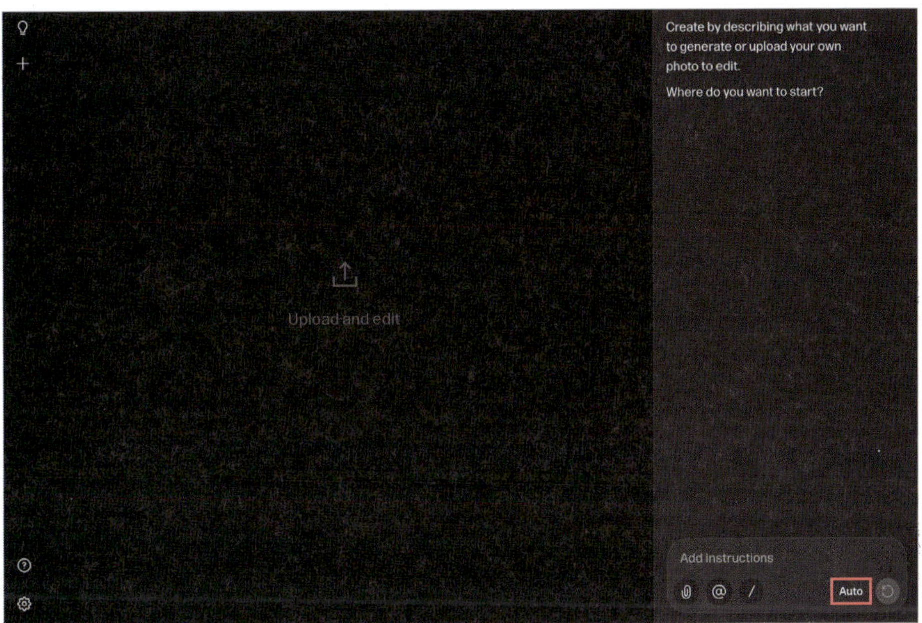

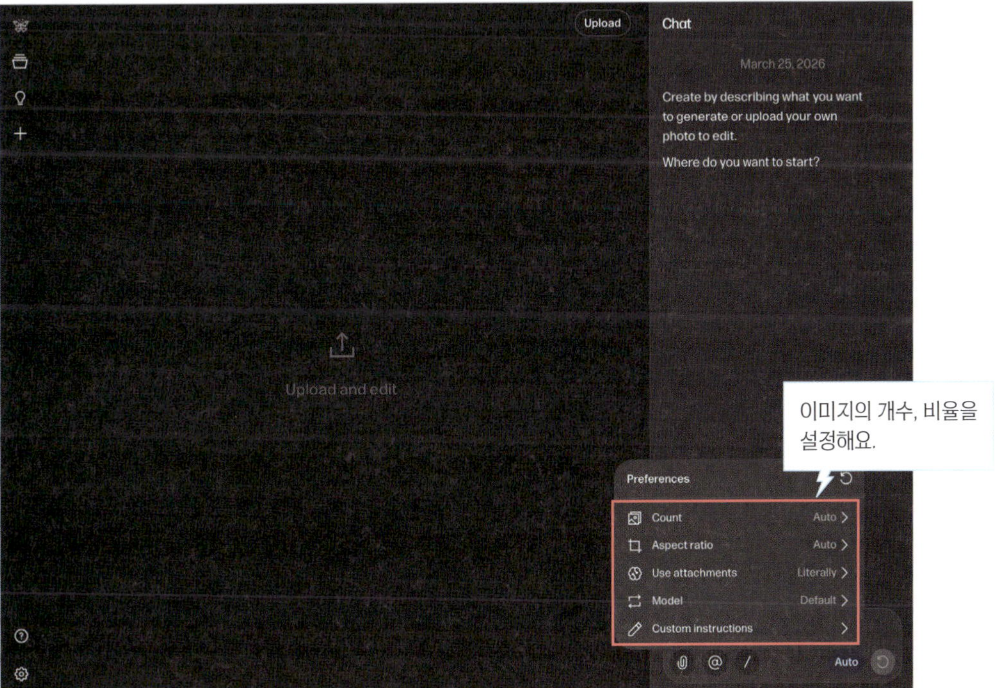

이미지의 개수, 비율을 설정해요.

4. 프롬프트 창에 다음 프롬프트를 입력하고 Enter를 누릅니다.

 Stylish dark brown leather ankle boots with block heels, showcased in a clean and minimal studio setting.

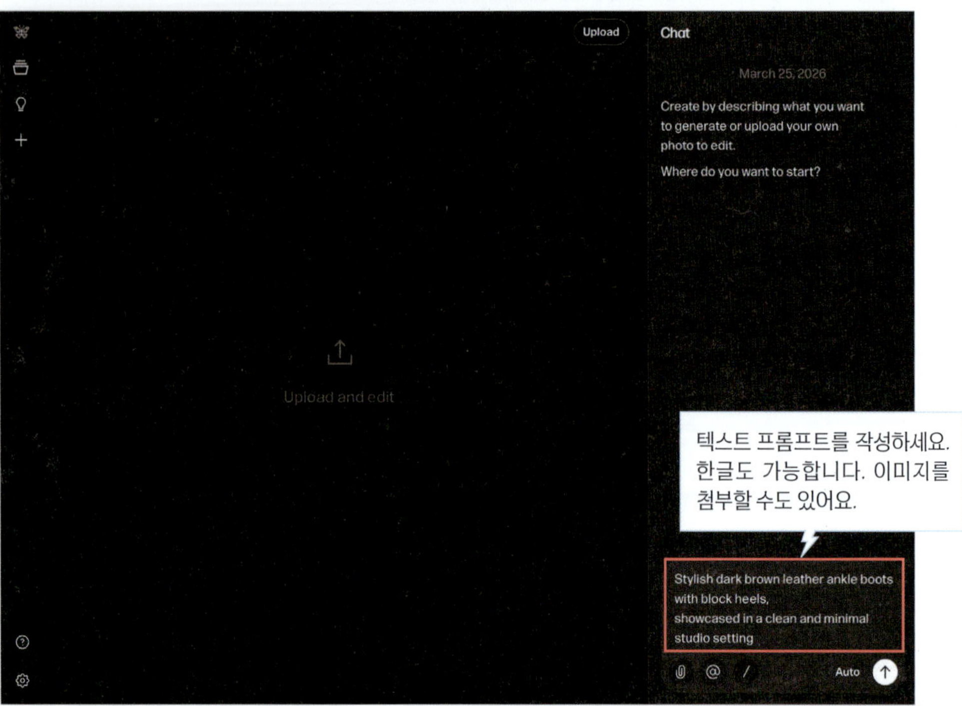

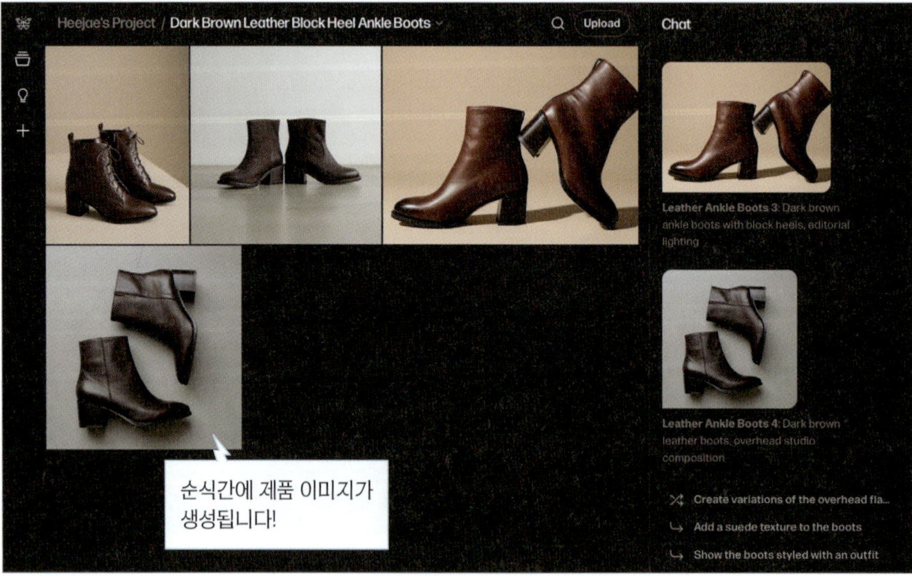

5. 생성된 이미지 중 원하는 이미지를 클릭하면 바로 수정 작업을 할 수 있어요. 오른쪽 입력창에 원하는 내용을 요청하면 AI가 1차로 만들어진 이미지를 기반으로 다시 이미지를 생성해 줍니다.

<table>
<tr><td>텍스트 프롬프트</td><td>A woman wearing dark brown leather ankle boots with block heels, the boots highlighted in a refined, minimal studio environment</td></tr>
</table>

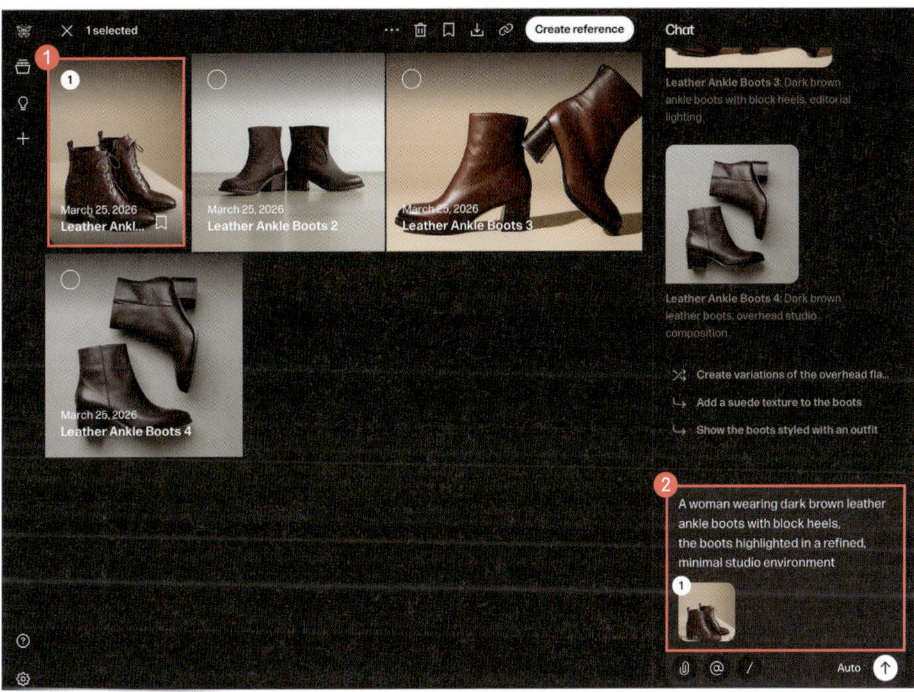

특징 1. 메인 화면에서 다양한 예시 프롬프트를 볼 수 있어요

레브 AI의 첫 화면에 있는 [Inspiration] 탭에서는 레브가 추천하는 이미지 예시와 함께 사용된 프롬프트를 확인할 수 있어요. 이미지를 더블클릭하면 프롬프트를 구경할수 있고, 그대로 따라 해보며 비슷한 스타일을 재현할 수도 있습니다. 이로써 아이디어를 얻거나 새로운 프롬프트 작성법도 자연스럽게 익힐 수 있어요.

이미지를 클릭하면 편집 화면으로 이동합니다. 이곳에서 이미지 확대, 배경 제거, 오브젝트 추가 등 다양한 기능을 활용해 이미지를 수정하거나 확장할 수 있어요. 프롬프트를 수정해 새로운 결과를 다시 생성할 수도 있습니다.

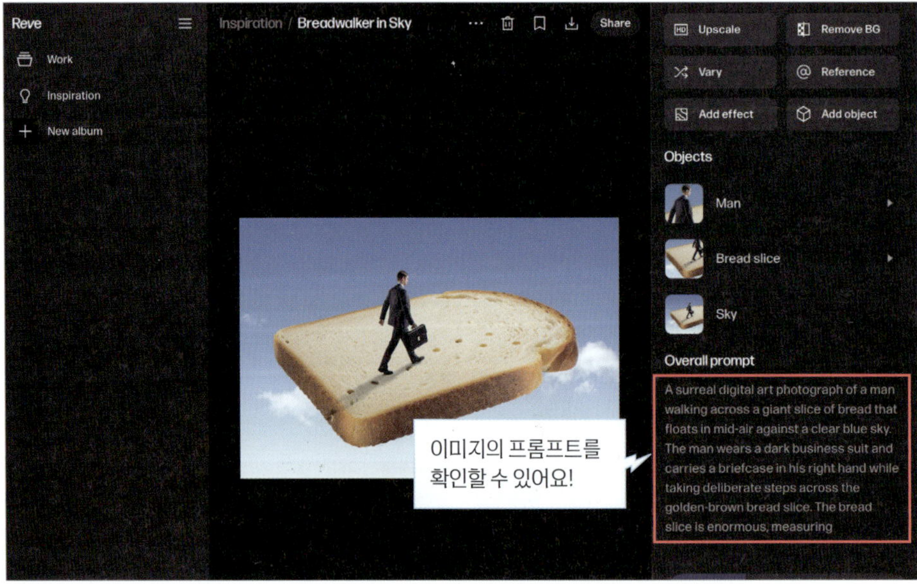

특징 2. 외부 이미지를 가져와 수정할 수 있어요

레브에서는 내가 가진 이미지를 직접 첨부해 AI가 새로운 스타일이나 구도를 참고하도록 만들 수 있어요. 이미지를 업로드한 뒤 프롬프트를 함께 수정하면 원본 이미지를 기반으로 한 새로운 버전을 생성해 줍니다. 덕분에 기존 이미지를 보완하거나 원하는 분위기로 다시 만들어내는 작업이 훨씬 간편해져요.

이미지를 첨부하고 원하는 수정 내용을 프롬프트로 입력합니다.

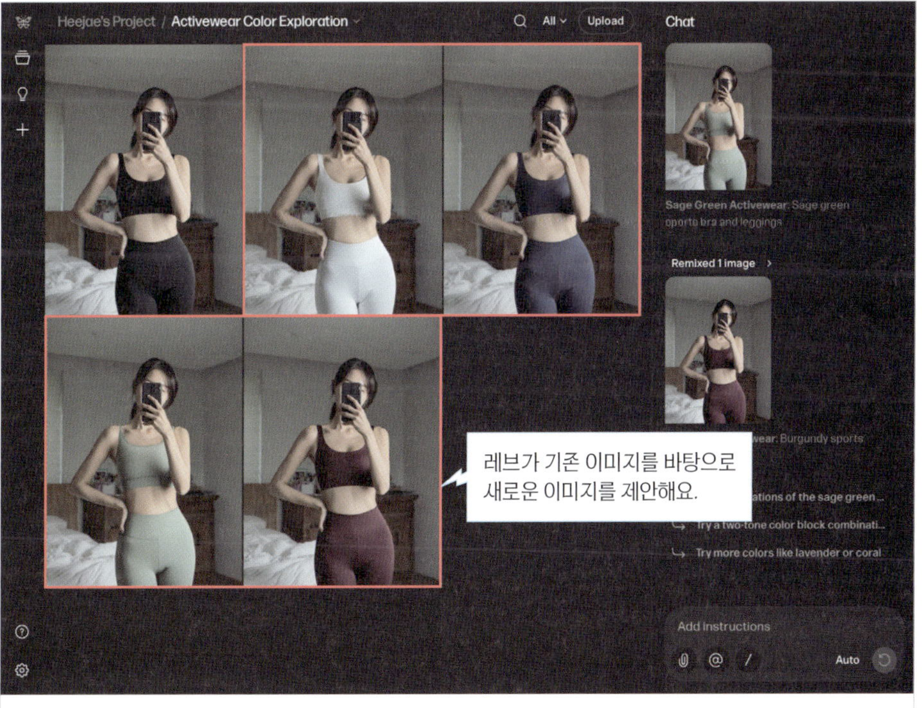

레브가 기존 이미지를 바탕으로 새로운 이미지를 제안해요.

레브 AI는 사실적인 이미지 표현과 텍스트 삽입에 강한 무료 이미지 생성 도구로, 간편한 사용성이 큰 장점이에요. 다양한 기능을 제공해 누구나 쉽게 고품질 이미지를 만들 수 있습니다.

캐릭터 디자인

인물 사진

유화 배경

제품 사진

드리미나
― 주얼리 모델 이미지 만들기

인물 중심 이미지에 강한 무료 AI 생성기

드리미나Dreamina는 캡컷CapCut과 같은 모회사인 바이트댄스ByteDance에서 개발한 무료 AI 이미지 생성 및 편집 도구입니다. 텍스트를 입력하거나 참고 이미지를 업로드하는 것만으로도 사실적인 이미지와 텍스트가 자연스럽게 표현된 결과물을 빠르게 만들어낼 수 있어요. 최근에는 이미지뿐 아니라 간단한 영상과 애니메이션도 생성할 수 있게 되면서 AI 에이전트·동영상·아바타 기능까지 확장된 종합 창작 도구로 발전하고 있습니다.

드리미나로 만든 이미지

드리미나 웹사이트 링크: dreamina.capcut.com

1. 드리미나 웹사이트에 접속한 후 오른쪽 위의 [지금 만들기]를 클릭합니다.

2. 메인 화면이 나타나면 프롬프트 창에 다음 프롬프트를 입력하고 Enter 를 누릅니다.

💜 드리미나에서 프롬프트를 실행하려면 [로그인]을 해야 합니다. 회원가입 후 로그인해 진행하세요.

텍스트 프롬프트　　한국인 20대 여성, 주얼리 모델, 귀걸이, 심플한 배경

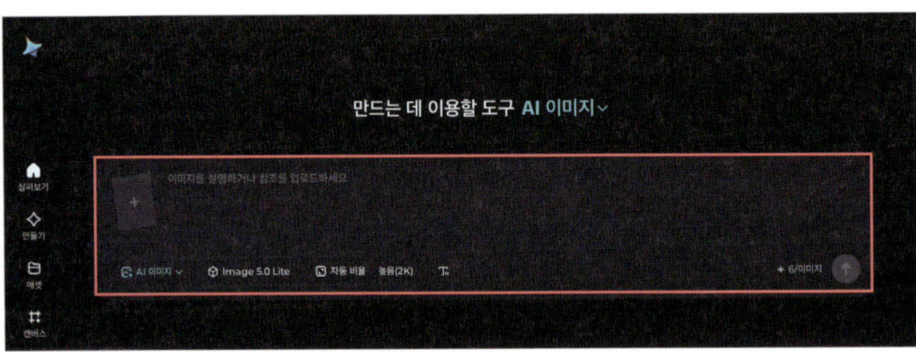

3. 결과가 나오면 원하는 모델의 이미지를 선택합니다.

4. 주얼리 부분만 바꿔 볼까요? 편집 화면에서 [부분 재생성]을 눌러 주세요.

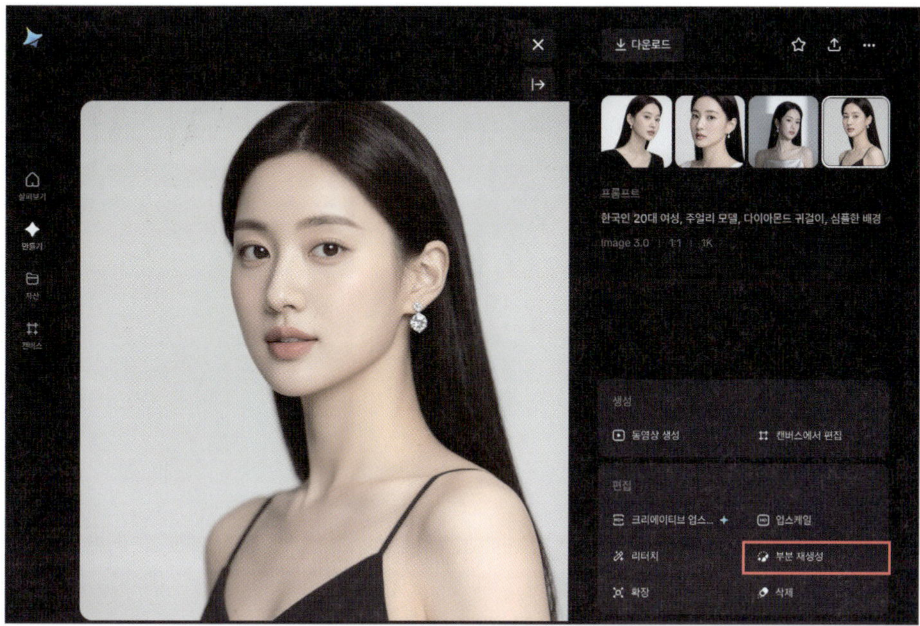

5. 팝업 창이 뜨면 브러시로 재생성하려는 주얼리 부분을 칠하고 [생성] 버튼을 누릅니다. 변경하고 싶은 요소가 있다면 텍스트 프롬프트를 추가할 수도 있어요.

💜 [생성] 버튼에 표시되는 숫자는 한 번 이미지를 생성할 때 차감되는 크레디트 수를 의미합니다. 드리미나는 하루에 일정량의 크레디트를 무료로 제공하며, 기본적으로는 한 번 생성할 때 2크레디트가 사용됩니다. 다만 선택한 AI 모델에 따라 더 많은 크레디트가 차감될 수 있습니다.

6. 귀걸이 모양이 바뀌었습니다! 이번엔 이미지의 비율을 바꿔 보겠습니다. [확장]을 누르고 [3:4] 비율을 선택한 후 [생성] 버튼을 누릅니다.

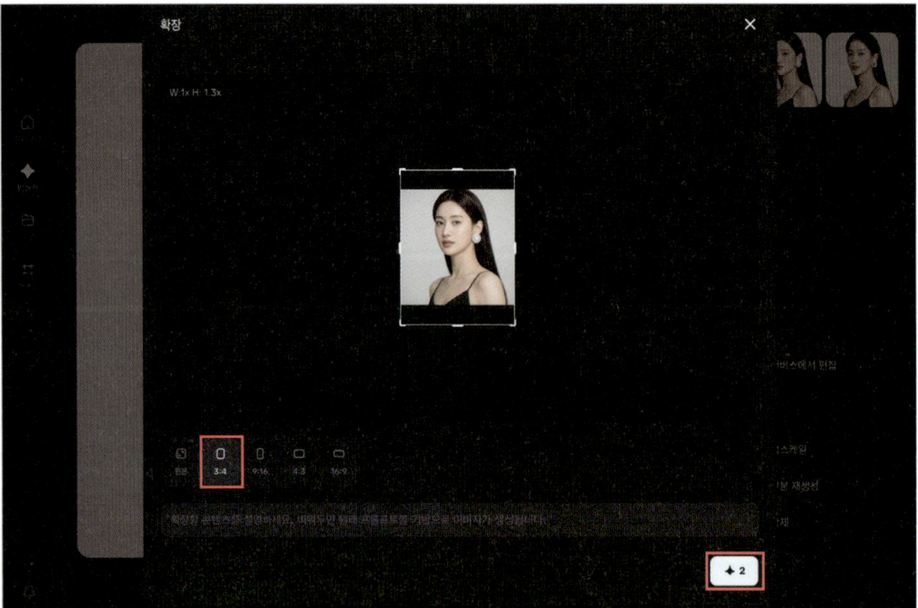

7. 배경 영역이 확장된 4장의 이미지가 생성되었습니다.

8. 마음에 드는 이미지를 골랐다면 최종 출력을 위해 화질을 높일 차례입니다. [업스케일]을 누르면 2배 정도 큰 사이즈의 이미지로 완성됩니다.

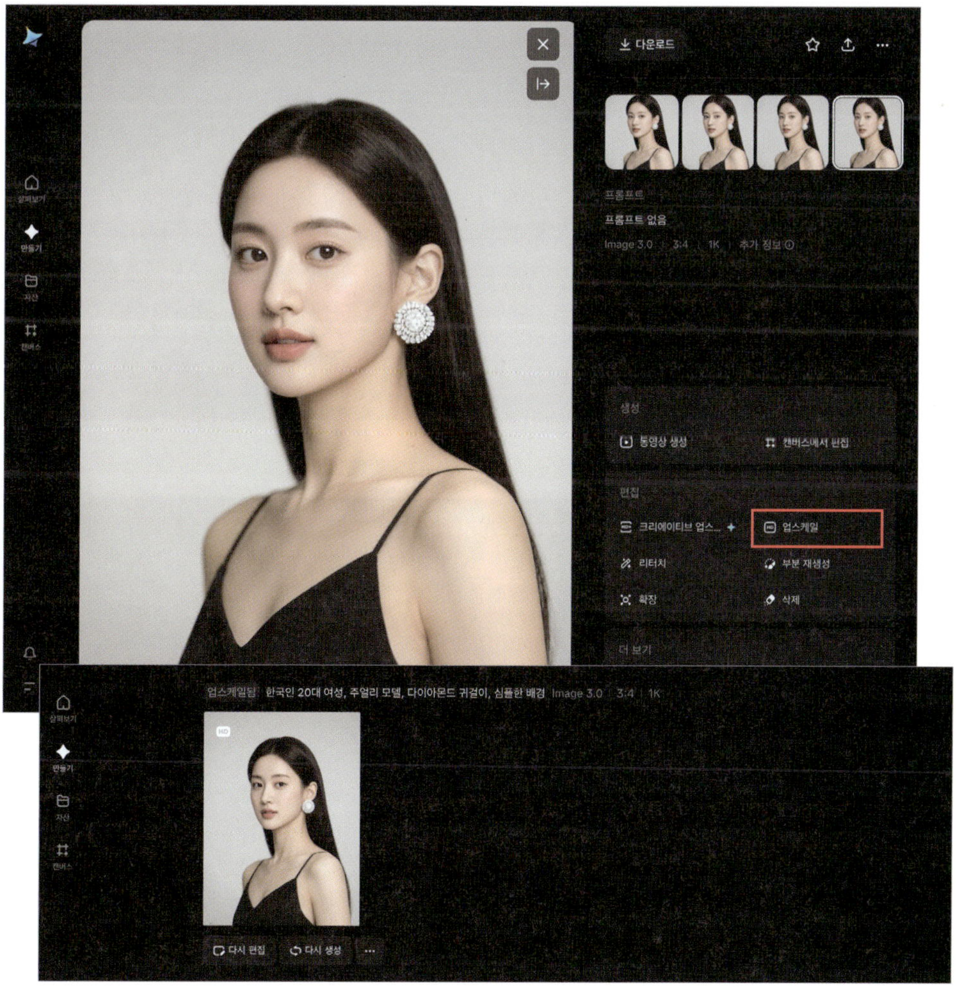

특징 1. 가장 많은 이미지 비율, AI 모델 선택 가능!

드리미나는 총 8가지 이미지 비율을 지원합니다. 기본적인 1:1 정사각형부터 시네마틱한 21:9, 세로형 콘텐츠에 적합한 3:4와 9:16 비율까지 다양하게 제공되기 때문에 콘텐츠 목적에 맞게 자유롭게 크기를 조절할 수 있어요.

또한 드리미나는 원하는 스타일에 따라 다양한 AI 모델을 선택할 수 있습니다. 모델마다 분위기와 표현 방식이 달라 결과물에 딱 맞는 스타일을 고르기 좋아요. 하나의 프롬프트로 최대 4장의 이미지를 한 번에 생성할 수 있어서 시안을 비교하거나 빠르게 결과물을 얻기에 좋습니다.

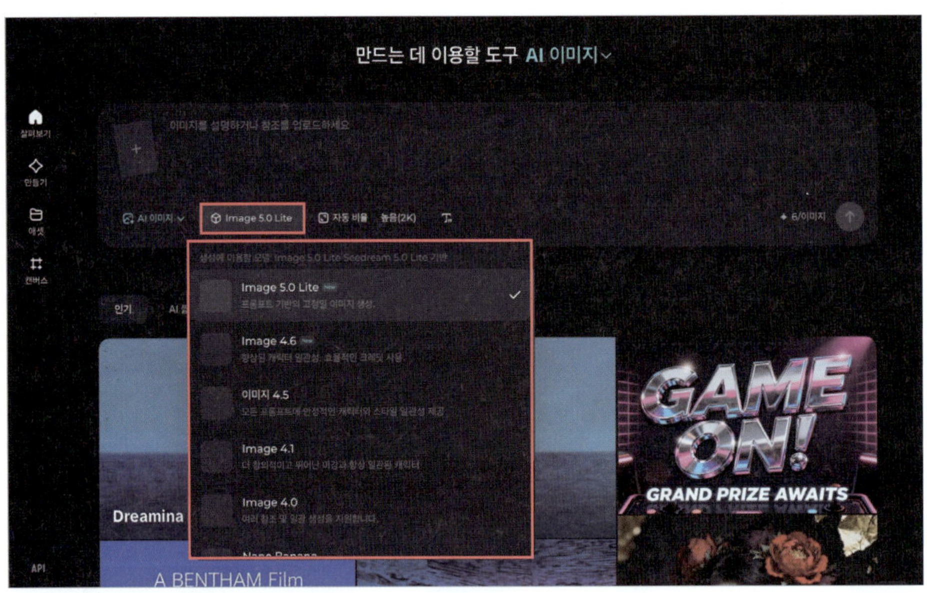

드리미나 메인 - 다양한 모델

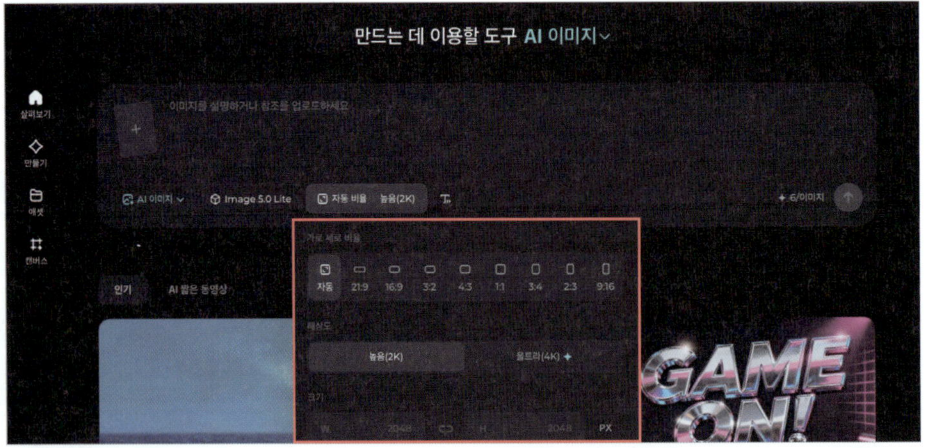

드리미나 메인 - 다양한 비율

특징 2. 이미지를 참조해 생성할 수 있어요

이미지 생성 시에 프롬프트 창의 왼쪽 ➕ 아이콘을 눌러 참조 이미지^{Reference Image}를 첨부하는 것도 가능해요. 이 기능을 활용하면 AI가 이미지의 주제, 구도 등을 참고하여 더 정확하고 정교한 결과물을 만들어 줍니다. 예를 들어 인물이나 일정한 구도를 유지하고 싶을 때 매우 유용해요.

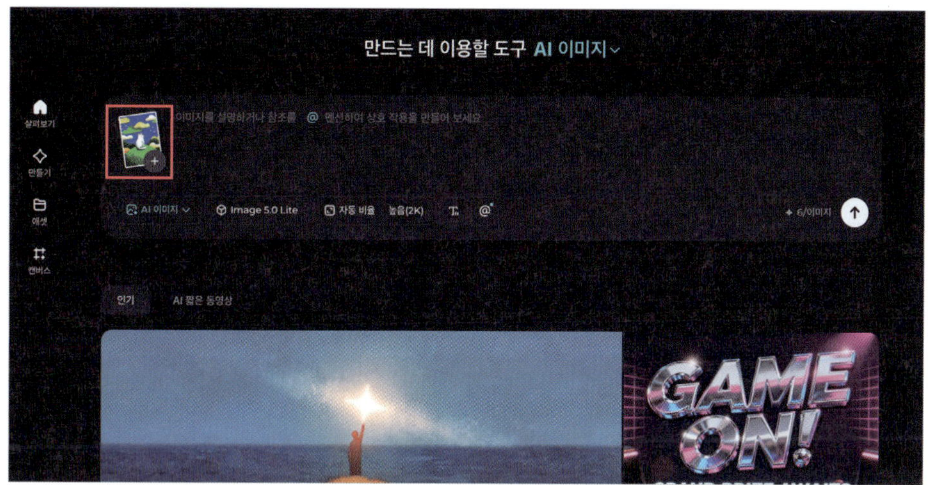

참고 이미지를 추가한 모습

특징 3. 생성으로 끝나지 않고 변형할 수 있어요

드리미나는 생성된 이미지를 바로 재생성하거나 편집할 수 있는 기능을 제공합니다. 단순히 이미지를 만들고 끝나는 것이 아니라, 원하는 스타일이나 구도를 보완하고 변형하면서 점점 더 완성도 높은 이미지를 만들어 갈 수 있어요.

특히 오른쪽에 제공되는 편집 인터페이스가 직관적이어서 부분 재생성·확장·삭제 같은 후처리를 손쉽게 적용할 수 있습니다. 별도의 전문 툴을 사용하지 않아도 드리미나 안에서 바로 2차 수정이 가능하다는 것이 큰 장점이에요.

생성된 이미지를 변형하는 모습

덕분에 처음부터 완벽한 프롬프트를 고민할 필요 없이 이미지를 중심으로 수정해 나가며 원하는 결과물을 얻을 수 있습니다.

특징 4. 메인 화면에서 다른 유저의 작업을 볼 수 있어요

드리미나의 첫 화면의 [살펴보기] 탭에서 다른 사용자들이 만든 이미지와 짧은 영상을 자유롭게 둘러볼 수 있습니다. 이미지를 클릭하면 해당 작업에 사용된 프롬프트를 참고할 수 있고, [리믹스] 버튼을 누르면 다른 유저의 이미지 작업을 바탕으로 직접 생성해 볼 수도 있습니다. 다양한 스타일을 빠르게 탐색하고 프롬프트 작성 방식이나 이미지 표현 아이디어를 얻는 데 도움이 됩니다.

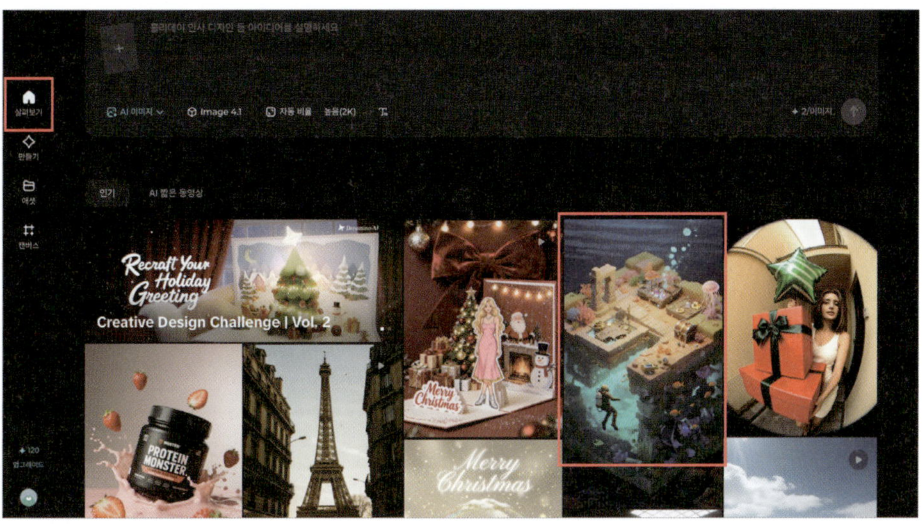

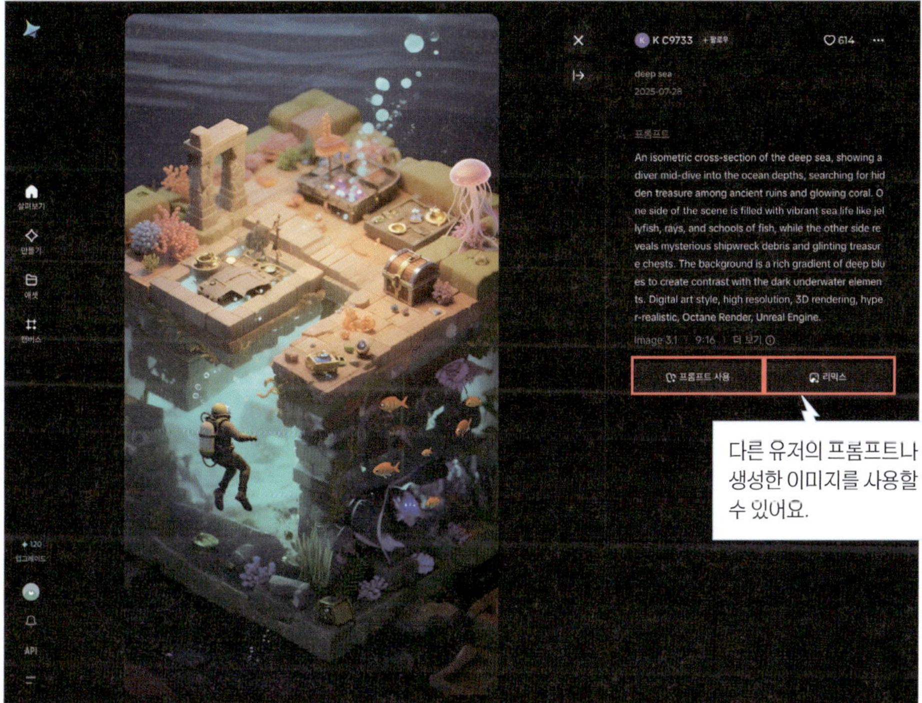

다른 유저의 프롬프트나
생성한 이미지를 사용할
수 있어요.

다른 유저의 프롬프트와 이미지를 기반으로 이미지를 재생성했어요.

드리미나, 이렇게 활용해요!

드리미나는 텍스트와 참조 이미지를 활용해 사실적인 이미지를 손쉽게 생성할 수 있는 무료 AI 도구예요. 생성된 이미지를 바로 재생성하거나 편집할 수 있어 완성도 높은 결과물을 점진적으로 다듬어 갈 수 있다는 점이 가장 큰 강점이에요!

캐릭터 디자인

인물 이미지

인테리어 이미지

일러스트 스타일

나노 바나나
— 일관성 유지하며 이미지 수정하기

구글의 방대한 데이터를 기반한 무료 AI 이미지 생성기

나노 바나나 Nano Banana와 **나노 바나나 프로**Nano Banana Pro는 구글의 딥마인드Google DeepMind 에서 개발한 이미지 생성·편집 모델입니다. 단순히 이미지를 만드는 것을 넘어, 사용자가 평소에 말하듯 입력한 문장을 잘 이해하고 이미지 안에서 꽤 복잡한 편집 작업까지 자연스럽게 처리합니다.

♥ '나노 바나나'는 구글 내부에서 쓰이던 코드 이름이었는데, AI 성능 비교 플랫폼인 LMArena에서 압도적인 성능을 보여주며 화제가 되면서 지금은 공식 이름처럼 널리 알려지게 되었어요.

많은 디자이너들이 나노 바나나를 활용하는 이유는 다시 처음부터 이미지를 만들지 않아도 필요한 부분만 세밀하게 바꿀 수 있기 때문이에요. 특히 다른 AI에서 만든 결과물 중 '조금만 다듬으면 완벽한 이미지'를 빠르게 수정할 수 있어 실무에서 활용도가 높습니다.

나노 바나나로 수정한 이미지

먼저 나노 바나나_{Nano Banana/Gemini 2.5 Flash Image}는 빠른 속도와 가벼운 사용성이 강점인 모델이에요. 이미지를 생성하는 속도가 빠르고 일상적인 이미지 만들기나 간단한 수정 작업에 쓰기 좋습니다. 특히 같은 인물이나 캐릭터를 여러 장의 이미지로 만들 때 얼굴이나 분위기가 크게 흔들리지 않아 일관성 유지가 잘 되는 편입니다.

인물 사진

그림 스타일로 바꾸기

강아지 사진

게임 캐릭터처럼 연출하기

고양이 사진

피규어처럼 만들기

건물 사진

계절 바꾸기

인물 사진

무드와 콘셉트 바꾸기

인물 사진

장면과 배경 확장하기

나노 바나나 프로 Nano Banana Pro/Gemini 3 Pro Image는 보다 정교한 작업을 위한 상위 모델이에요. 2025년 11월에 공개된 모델로, 최대 4K 해상도의 고화질 이미지까지 지원합니다. 이미지 안에 들어가는 텍스트를 잘 구현해 주는 부분이 강점인데, 한국어를 포함한 여러 언어의 글자를 깨지거나 흐트러지지 않게 또렷하게 표현합니다. 또한 여러 장의 이미지를 참고해 하나의 장면으로 합성하거나 조명·카메라 각도·분위기 같은 요소를 말로 자세히 설명해 조정하는 등 조금 더 스튜디오 작업에 가까운 편집도 가능합니다.

광고 배너 만들기

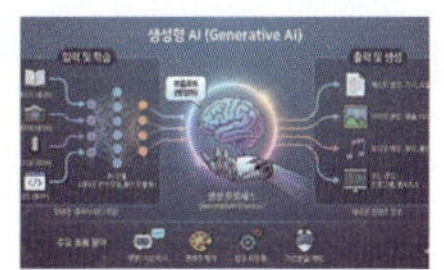
인포그래픽 생성하기

원본

타이포그래피 연출하기

패키지 이미지

텍스트 한글로 바꾸기

인물 사진

스토리보드 만들기

인물 사진

초점 조절하기

원본

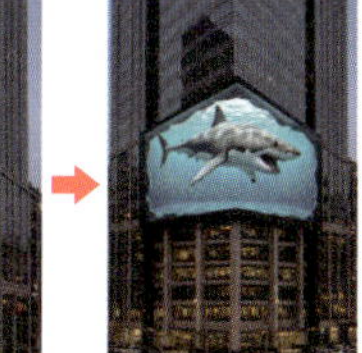
이미지 비율 바꾸기(세로)

이미지 비율 바꾸기(가로)

나노 바나나 vs 나노 바나나 프로, 뭐가 다르죠?

구분	나노 바나나	나노 바나나 프로
기반 모델	제미나이 2.5 플래시 기반	제미나이 3 프로 기반
최대 해상도	약 1K 수준	최대 4K까지 지원
특징	빠르게 만들고 바로 써보기 좋음	더 선명하고 정교한 결과물 생성
텍스트 표현	짧은 단어나 간단한 문장에 적합	긴 문장이나 여러 언어도 자연스럽게 표현
장점	캐릭터나 인물의 일관성이 잘 유지됨	이미지 안의 텍스트 표현과 디테일이 정확함
편집 방식	말로 지시해 배경이나 사물을 간단히 바꿀 수 있음	조명, 초점, 구도까지 세밀하게 조절 가능

한 마디로 정리하자면 가볍게 아이디어를 만들 땐 나노 바나나, 퀄리티와 디테일이 중요한 작업에는 나노 바나나 프로가 적합합니다.

나노 바나나·나노 바나나 프로, 어떻게 사용하나요?

방법 1. 구글 공식 환경에서 사용하는 방법

나노 바나나는 제미나이Gemini 또는 구글 AI 스튜디오Google AI Studio 또는 플로우Flow에서 바로 사용할 수 있습니다. 구글 계정으로 로그인만 하면 별도의 설치 없이 바로 실행할 수 있고, 대화창에 프롬프트를 입력하는 방식으로 이미지를 만들거나 수정할 수 있습니다.

💜 나노 바나나와 나노 바나나 프로는 별도의 전용 공식 웹 사이트가 따로 있는 서비스는 아닙니다. 대신 구글의 AI 서비스 안에 포함된 이미지 생성·편집 모델로 제공되고 있어요.

- 제미나이 웹 사이트 링크: gemini.google.com
- 구글 AI 스튜디오 웹 사이트 링크: aistudio.google.com
- 플로우 웹 사이트 링크: labs.google/fx/ko/tools/flow

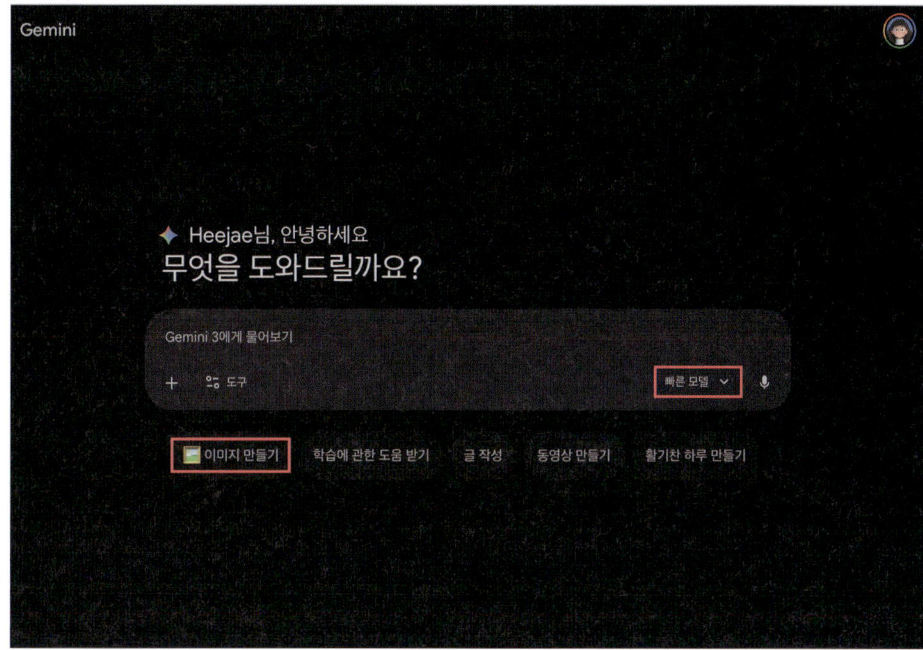

제미나이 화면

제미나이 웹 사이트에서 [이미지 만들기]를 선택하면 무료 계정으로도 나노 바나나로 이미지를 생성할 수 있습니다. 물론 요금제에 따라 생성 가능한 이미지 수와 사용 가능한 모델 범위가 달라집니다.

방법 2. 서드파티 플랫폼에서 사용하는 방법

나노 바나나 모델은 서드파티 플랫폼에서도 활용할 수 있습니다. 쉽게 말해 프리픽 Freepik, 힉스필드 Higgsfield 같은 디자인 플랫폼에서 나노 바나나 계열 모델을 선택해 이미지를 생성할 수 있습니다. 이런 서비스들은 별도의 UI를 제공하거나 기능을 정리해 둔 형태로 제공됩니다.

💜 **서드파티 플랫폼**이란, 서비스의 주체가 아닌 독립적인 외부의 제3자 기업이나 개발자가 제공하는 서비스, 앱, 제품, 기술을 의미합니다.

- 프리픽 웹 사이트 링크: kr.freepik.com
- 힉스필드 웹 사이트 링크: higgsfield.ai

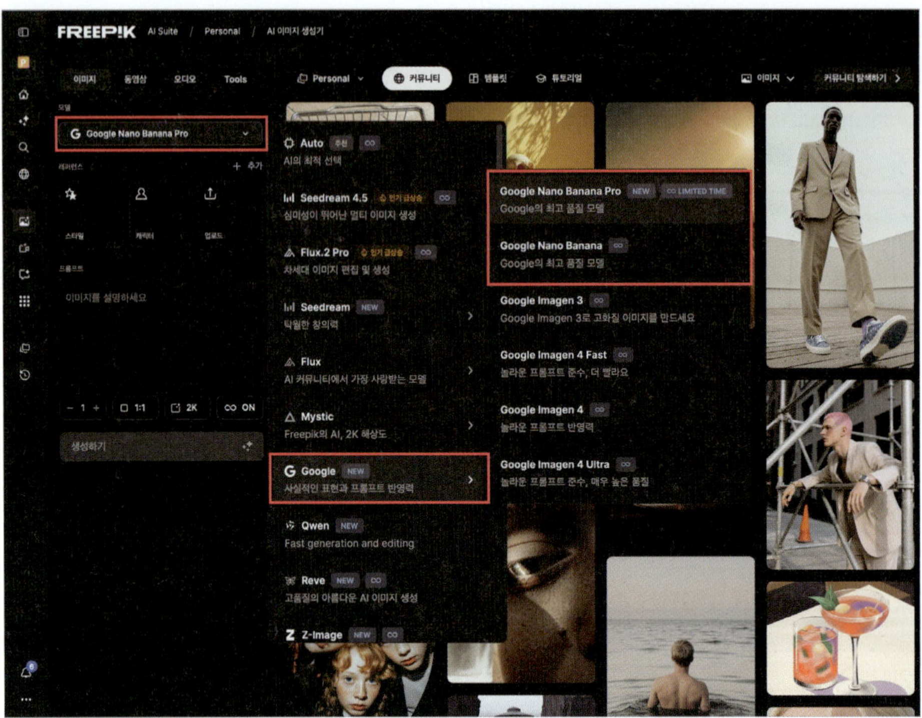
프리픽에서 이미지 생성 모델을 선택하는 화면

하면 된다!} AI로 만든 인물의 의상, 포즈, 배경 바꾸기

AI로 만든 이미지를 불러와 의상부터 포즈, 배경까지 순서대로 수정해 보겠습니다.
이 과정은 모두 제미나이의 나노 바나나 모델을 이용해 진행합니다.

1. 제미나이 웹 사이트(gemini.google.com)에 접속해 구글 계정으로 로그인하세요.
준비한 이미지 02_3.png 또는 수정할 이미지를 채팅 입력창에 드래그해 넣습니다.

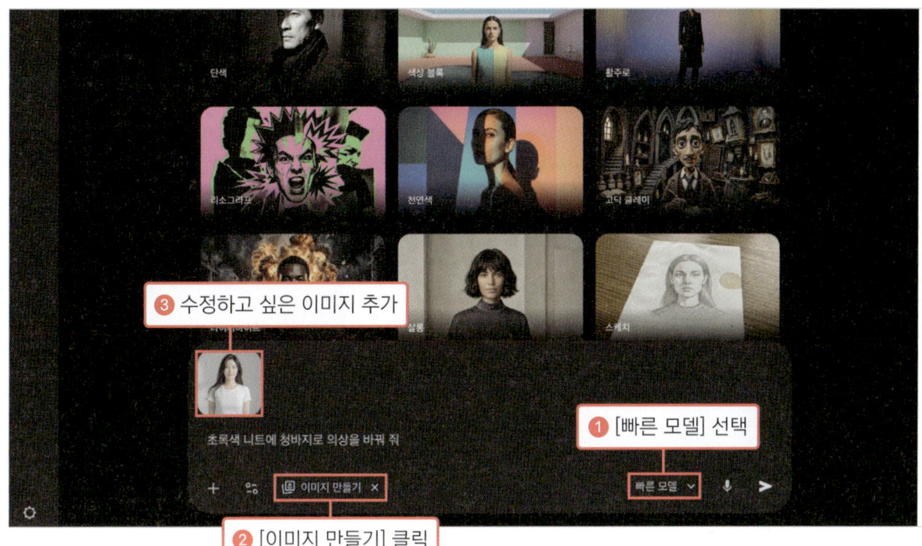

2. 이미지가 업로드되면 다음과 같이 수정하고 싶은 내용의 프롬프트를 입력하고 Enter 를 누릅니다.

텍스트 프롬프트   초록색 니트에 청바지로 의상을 바꿔 줘

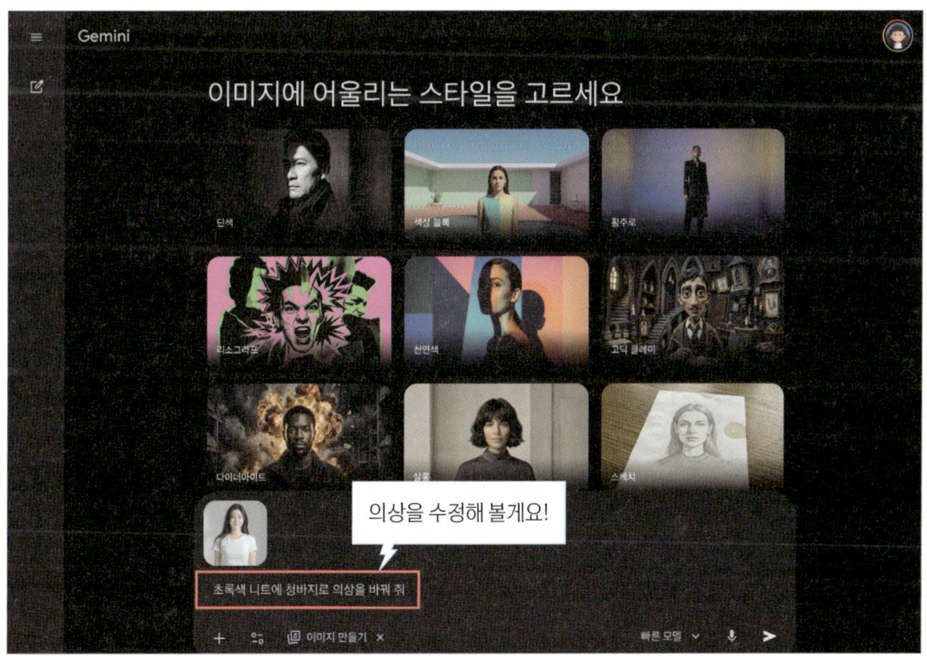

3. 제미나이는 나노 바나나 모델을 기반으로 작동하기 때문에 별도의 설정 없이도 이미지 생성과 편집이 바로 진행됩니다. 결과 이미지를 확인합니다.

4. 소품을 추가해 책 한 권을 들고 있는 모습으로 바꿔 볼게요.

<u>텍스트 프롬프트</u> 한 손에 초록색 표지의 책 한 권을 들고 있게 해줘

5. 인물이 더 자연스럽게 보이도록 포즈를 조정해 볼게요.

텍스트 프롬프트　　책을 펼쳐 읽고 있는 모습을 생성해 줘

6. 이제 장면의 분위기를 완성해 볼 차례예요. 따뜻하고 아늑한 공간으로 배경을 바꾸면 인물과 어우러져 훨씬 풍부한 이미지를 만들 수 있습니다.

텍스트 프롬프트　　따뜻하고 아늑한 실내 배경으로 바꿔 줘

나노 바나나를 이용해서 이미지의 단계별 수정을 완료했습니다. 한 장의 사진으로도 의상·소품·포즈·배경을 단계별로 바꿔 가며 이미지를 완성할 수 있어요.

원본 이미지   의상 바꾸기   소품 추가하기

포즈 조정하기   배경 바꾸기

하면 된다!} 나노 바나나 프로로 4컷 만화 만들기

AI로 정보를 전달하는 만화를 만들어 보겠습니다. 이 실습은 제미나이의 나노 바나나 프로 모델을 활용해 진행합니다.

1. 먼저 제미나이 웹 사이트(gemini.google.com)에 접속한 뒤, 구글 계정으로 로그인하세요. 화면 아래쪽 채팅 입력 창에서 [사고 모델]을 선택한 후 [이미지 만들기]를 누르고 프롬프트를 입력하면 '나노 바나나 프로' 모델로 이미지가 생성됩니다.

💜 무료 플랜에서는 [사고 모드] 사용이 최대 3번까지 가능합니다.

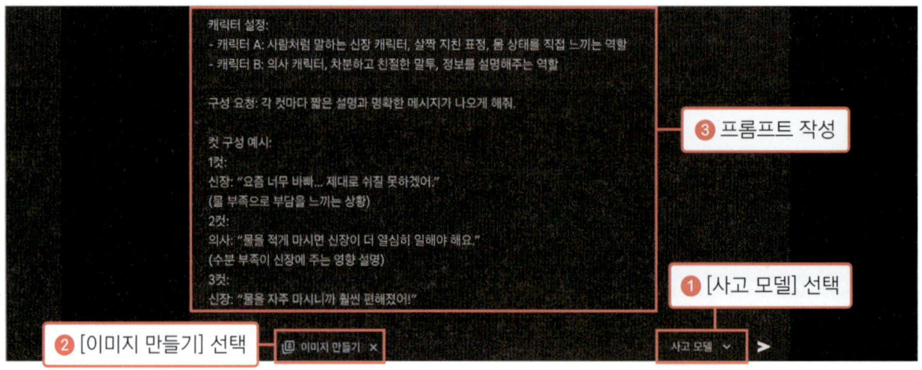

정보 전달용 4컷 만화를 만들어 줘.

형식: 캐릭터 A와 캐릭터 B가 대화하는 정보 전달용 4컷 만화

주제: 물 마시기의 중요성

캐릭터 설정:

- 캐릭터 A: 사람처럼 말하는 신장 캐릭터, 살짝 지친 표정, 몸 상태를 직접 느끼는 역할

- 캐릭터 B: 의사 캐릭터, 차분하고 친절한 말투, 정보를 설명해주는 역할

구성 요청: 각 컷마다 짧은 설명과 명확한 메시지가 나오게 해줘.

컷 구성 예시:

1컷:

  신장: "요즘 너무 바빠… 제대로 쉬질 못하겠어."

  (물 부족으로 부담을 느끼는 상황)

2컷:

  의사: "물을 적게 마시면 신장이 더 열심히 일해야 해요."

  (수분 부족이 신장에 주는 영향 설명)

3컷:

  신장: "물을 자주 마시니까 훨씬 편해졌어!"

  의사: "노폐물 배출도 훨씬 잘 되죠."

  (충분한 수분 섭취의 변화)

4컷:

  의사: "하루에 물을 조금씩 자주 마셔주세요."

  신장: "그게 나를 지키는 방법이에요."

  (핵심 메시지 + 실천 팁)

스타일: - 일러스트 느낌의 만화 스타일　　- 배경은 단순하게

　　　　　- SNS 카드뉴스로 쓰기 좋은 구성　- 정사각형 비율

> 프롬프트는 명확하고 구체적으로 작성하는 것이 좋아요.

2. 정보 전달용 4컷 만화가 한 장의 이미지로 생성됩니다. '나노 바나나 프로' 모델을 사용하니 한글 텍스트도 글자가 깨지지 않고 또렷하게 표현됩니다.

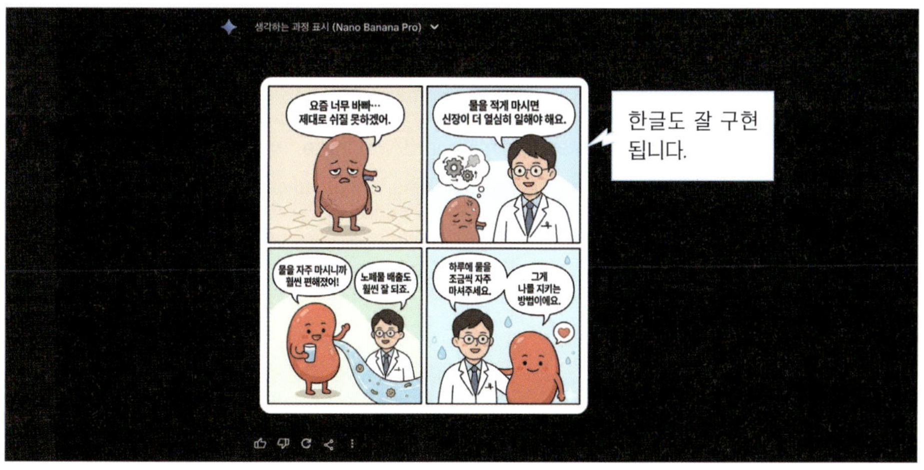

믹스보드
— 이미지를 섞어 나만의 레시피 만들기

여러 이미지를 섞어 보는 무료 AI 콘셉트 보드

믹스보드Mixboard는 여러 장의 이미지를 한 화면에 자유롭게 배치하며 아이디어를 정리할 수 있는 구글 랩Google Labs의 AI 기반 콘셉트 보드 도구입니다. 텍스트 프롬프트를 길게 고민하지 않아도 여러 이미지를 만들어 놓고 그 이미지를 섞어 보며 다른 결과를 재생성할 수 있습니다. 믹스보드는 보드 형태의 작업 공간을 제공하는데 여기에 참고 이미지·생성된 이미지·텍스트 메모·링크 등을 함께 배치할 수 있어서 마치 무드보드를 만드는 느낌으로 사용할 수 있어요.

믹스보드로 만든 이미지

믹스보드 웹 사이트 링크: labs.google.com/mixboard/welcome

하면 된다!} 이미지를 섞어 나만의 요리 레시피 만들기

믹스보드를 이용하면 직접 요리를 하지 않아도 새로운 레시피를 구상할 수 있습니다.

1. 믹스보드 웹 페이지에 접속한 후 [Get started] 버튼을 누르세요.

2. [+ New project]를 눌러 새로운 믹스보드를 만드세요.

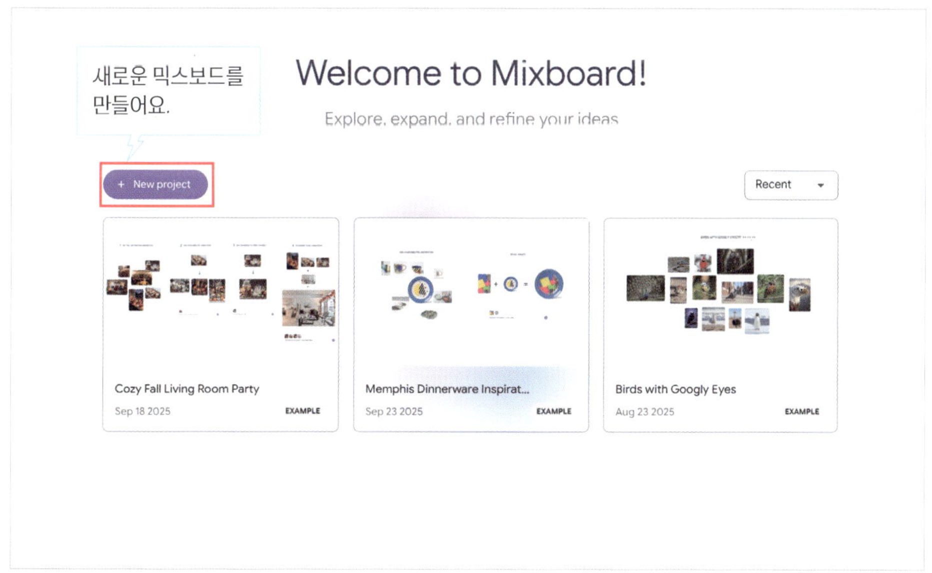

3. 프롬프트 창에 아래 프롬프트를 입력해 이미지를 생성합니다.

| 텍스트 프롬프트 | 해물 파스타 아이디어 |

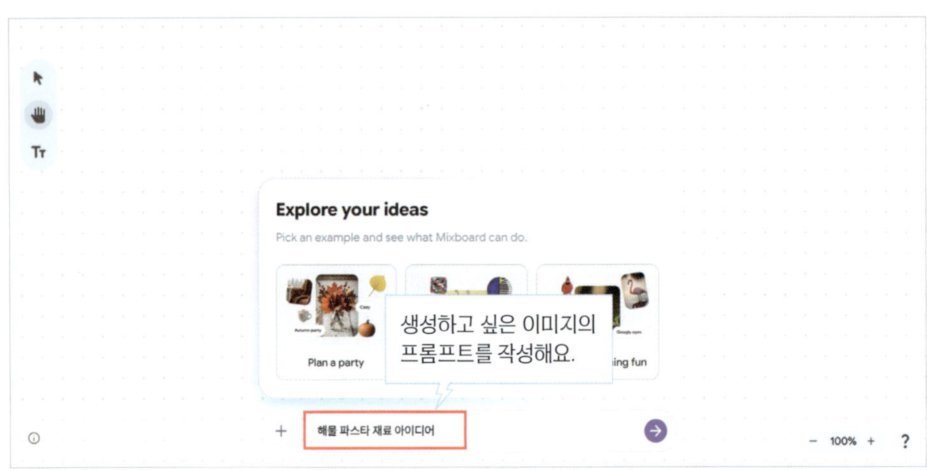

4. 조합하고 싶은 여러 개의 이미지를 선택한 후, 프롬프트를 입력해 이미지를 재생성합니다.

  선택한 이미지를 활용한 해물 파스타

💜 이미지를 더블 클릭하면 크게 살펴볼 수 있습니다.

5. 완성한 요리 이미지에 인물을 더해 장면을 연출해 보세요.

 해변 근처 레스토랑에서 파스타를 먹고 있는 한국인 여성

특징 1. 여러 가지 재미있는 아이디어를 만들어 볼 수 있어요

믹스보드에서는 하나의 간단한 프롬프트를 기준으로 같은 주제를 **서로 다른 스타일과 방식**으로 여러 장의 이미지로 만들어 볼 수 있습니다. 실사·일러스트·캐릭터·과장된 표현처럼 다양한 결과가 한 번에 나오기 때문에 프롬프트 하나로도 여러 아이디어를 비교하며 볼 수 있어요.

특징 2. 이미지끼리 섞어 새로운 이미지를 다시 생성할 수 있어요

여러 이미지 사용해 각 이미지의 색감·형태·분위기를 조합한 새로운 이미지를 생성할 수 있습니다. 마치 레시피처럼 이미지를 재료로 삼아 결과물을 만들어 보는 방식이라, 텍스트 프롬프트보다 **이미지 중심의 실험**에 잘 어울립니다.

특징 3. 보드를 바로 공유 가능한 발표 자료로 변환할 수 있어요

믹스보드에서 정리한 이미지 보드는 추가 작업 없이 **발표용 자료**로 바로 변환할 수 있습니다. 보드 내용을 기반으로 슬라이드 형태의 자료를 자동으로 만들어 주기 때문에, 아이디어를 정리한 뒤 팀원과 공유하거나 간단한 발표를 준비할 때 유용합니다.

하면 된다!} 믹스보드로 만든 아이디어를 발표 자료로 만들기

1. 먼저 무드보드에 이미지를 충분히 모아 보겠습니다. 전체 분위기를 설명해 주는 이미지를 보드 위에 자유롭게 배치하세요. 인물·소재·색감·질감처럼 무드를 결정하는 요소들을 함께 모아 두면 어떤 방향의 콘셉트인지 한눈에 보입니다.

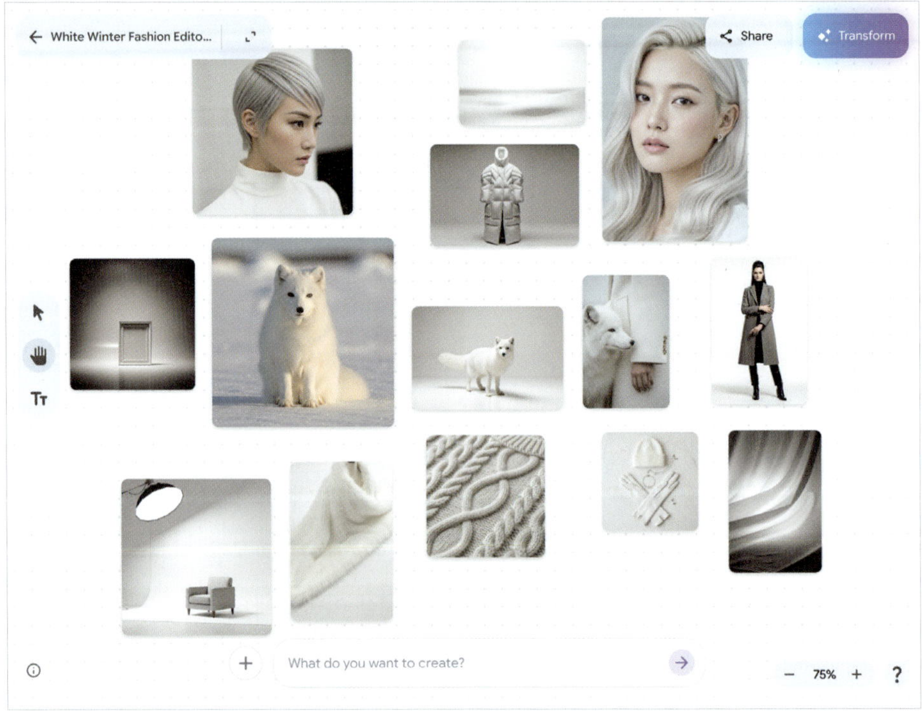

2. 보드의 분위기를 기준으로 이미지를 생성할 차례입니다. 정리된 무드보드를 참고해 AI에게 새로운 이미지를 만들어 달라고 요청하세요. 텍스트를 길게 설명하지 않아도 보드에 담긴 이미지들이 기준이 되어 전체 톤과 스타일이 자연스럽게 반영됩니다.

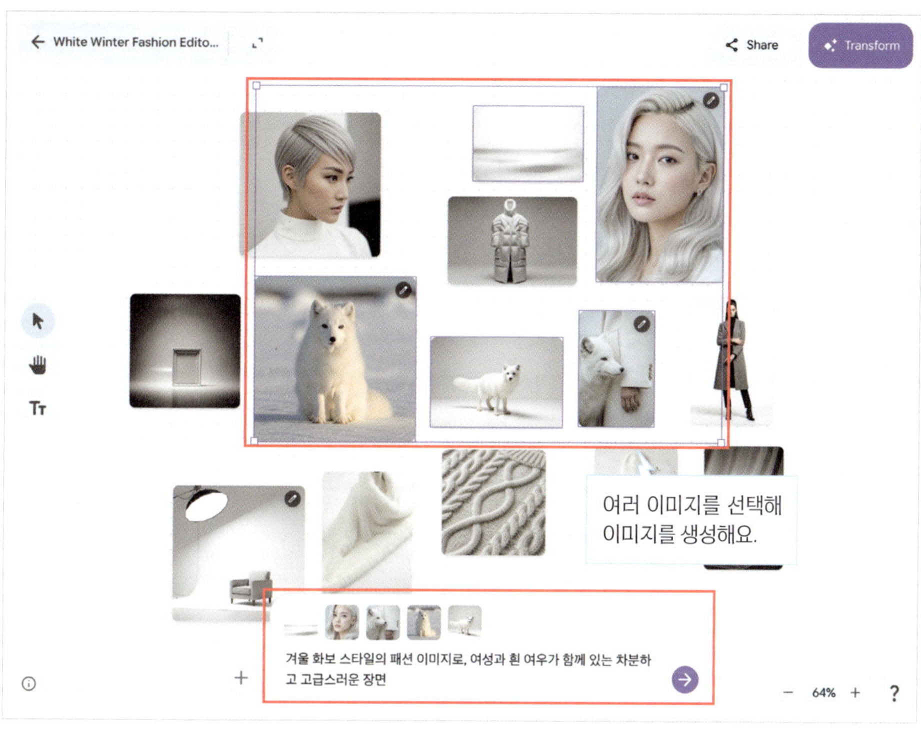

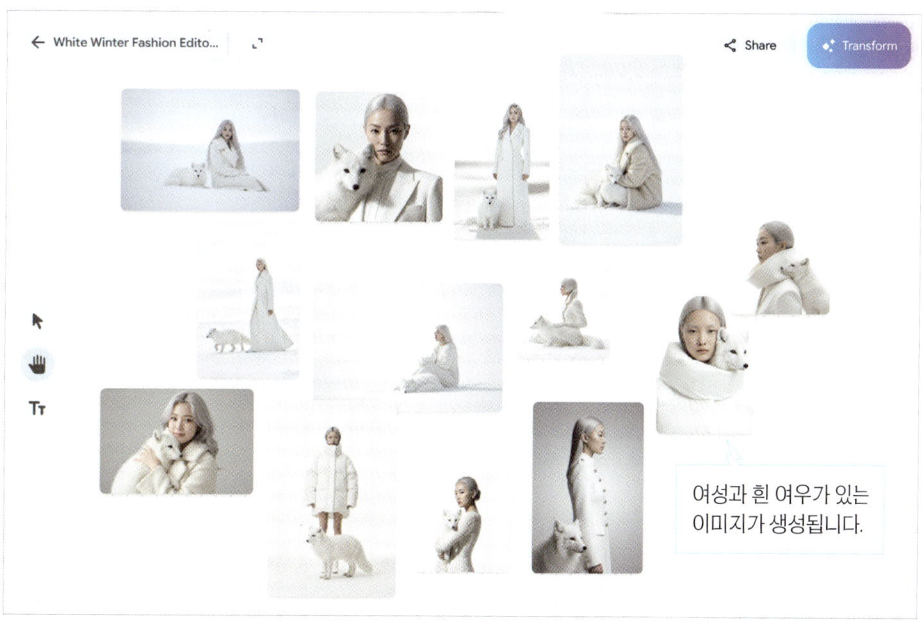

3. 발표 자료로 변환하기 이미지와 콘셉트가 정리된 보드는 [Transform]을 눌러 바로 발표용 자료로 변환할 수 있습니다.

💜 [Transform] 버튼이 눌리지 않는다면 더 많은 이미지를 생성한 후 눌러 보세요.

4. 다음 창에서 발표 자료 설정을 할 수 있습니다. 발표용 형식을 선택하고 어떤 이야기를 할지 입력한 뒤 전체 분위기를 고르면 약 20분 정도 후에 발표 자료가 자동으로 만들어집니다.

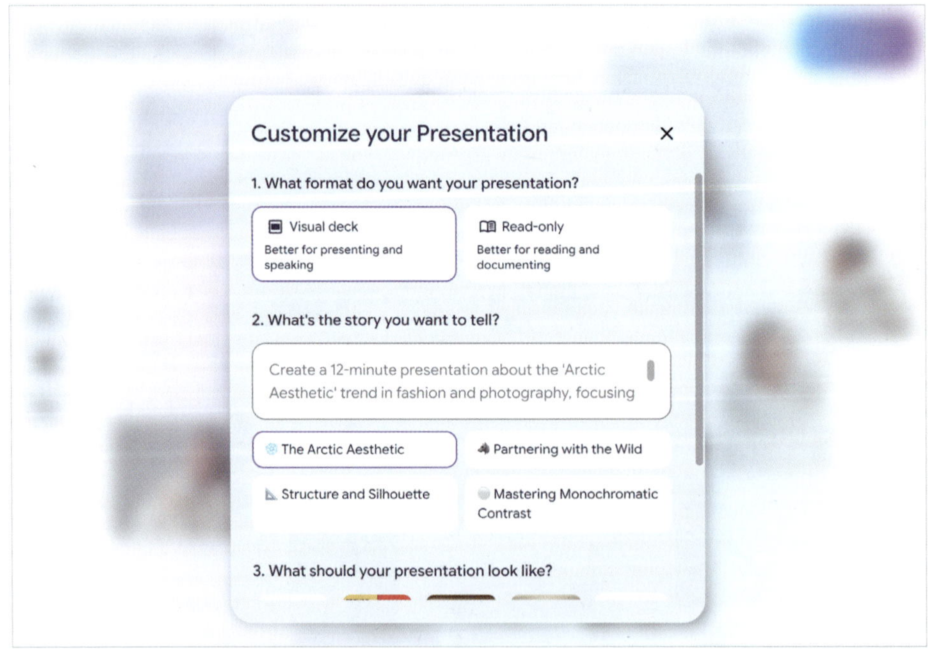

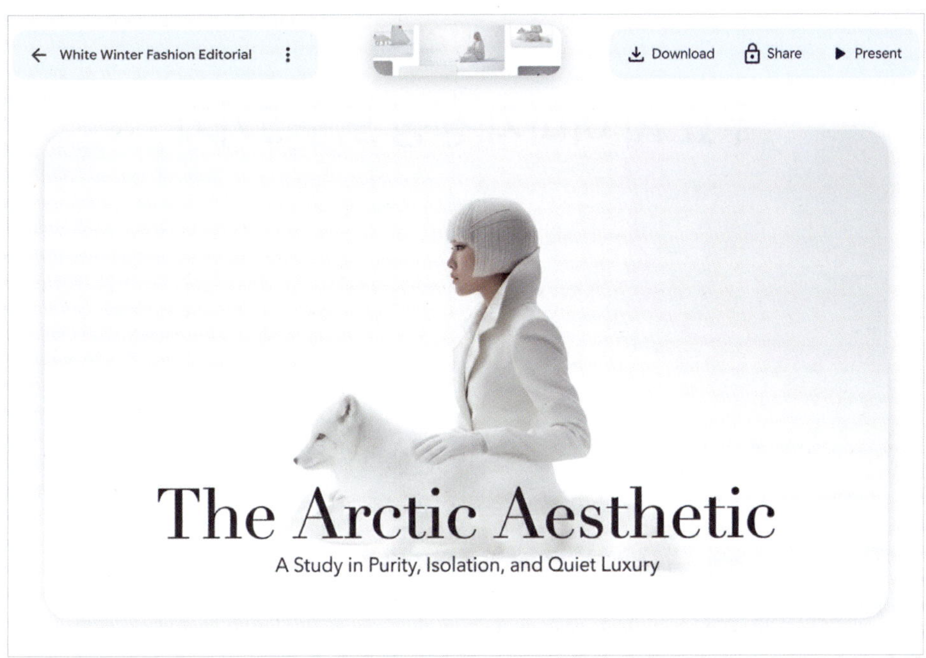

이렇게 무드보드로 팀원과 콘셉트를 빠르게 공유하거나, 간단한 발표 자료가 필요할 때 믹스보드를 활용해 보세요.

무료 AI 이미지 생성 도구 5가지

같은 프롬프트라도 어떤 생성 도구로 만드는지에 따라 결과물의 이미지 스타일이 전혀 달라집니다. 그래서 하나의 프롬프트를 여러 AI 이미지 도구에서 실험해 보는 게 좋아요. 툴마다 조명, 질감, 인물 표현 방식이 달라서 예상치 못한 멋진 이미지를 생성할 수도 있거든요!

생성 도구별 비교

생성 도구	설명
레브(Reve) AI	한글 프롬프트와 이미지 첨부 지원. 광고 컷 제품 이미지에 적합하고, 2차 편집 및 재생성 가능.
드리미나(Dreamina)	한글 지원 및 다양한 모델 제공. 인물 중심 이미지 생성에 강하며, 2차 편집과 재생성 가능.
나노 바나나(Nano Banana)	제미나이 2.5 플래시 이미지 모델을 기반으로 이미지를 자연어로 생성하고 수정할 수 있음.
나노 바나나 프로 (Nano Banana Pro)	제미나이 3 프로 이미지 모델을 기반으로 고해상도 출력·정확한 텍스트 렌더링·복잡한 합성 작업에 강함.
믹스보드(Mixboard)	여러 이미지를 조합해 콘셉트와 무드를 실험하고 결과를 발표 자료로 공유할 수 있음.

무료 AI 도구를 사용하기 전, 꼭 알아 두어야 할 단점도 있습니다. 바로 사용 기준이 명확하지 않다는 점이에요. 일반적으로 무료 AI 툴은 **개인적·비상업적 용도만 허용**되는 경우가 많고, 상업적 이용은 제한되는 경우가 대부분입니다. 예를 들어 만든 이미지를 개인 블로그 배너에 사용하는 건 괜찮지만, 쇼핑몰 제품 이미지나 인쇄물(광고, 포스터 등)에 활용하면 약관 위반이 될 수 있어요.

따라서 사용 전에 반드시 **이용 약관**이나 **라이선스 정책**을 확인한 뒤 생성한 이미지를 활용하는 것이 안전합니다. 상업적 사용이 가능하더라도 **유료 플랜 가입**이나 **출처 표기**가 필요한 경우가 있으니 꼭 체크해야 해요.

그리고 하나 더! 무료라고 해서 마냥 안심할 수는 없습니다. 언제든 유료로 전환될 수 있기 때문이에요. 궁금한 도구가 있다면 지금 바로 한번 써보는 걸 추천합니다.

둘 째 마 당

미드저니로 고퀄리티 AI 이미지 만들기

미드저니는 AI 이미지 도구들 중에서 사람들이 가장 먼저 떠올리는 이름입니다.

짧은 텍스트 한 줄만으로도 멋진 이미지를 만들어 주기 때문에 디자이너뿐 아니라

마케터, 크리에이터, 일반 사용자까지 폭넓게 활용하고 있죠.

무엇보다 상상한 장면을 빠르게 시각화할 수 있다는 점에서 많은 사랑을 받고 있어요.

둘째마당에서는 미드저니의 기본 원리부터 시작해, 프롬프트 작성법과

꼭 알아 둬야 할 핵심 매개변수, 그리고 버전별 특징까지 차근차근 다룹니다.

아직 익숙하지 않은 분들도 쉽게 따라올 수 있도록

실습 중심으로 풀어냈으니 편안한 마음으로 시작해 보세요.

이제 여러분도 미드저니를 통해 상상 속 이미지를 눈앞에 펼칠 수 있을 거예요.

미드저니에 온 걸 환영해요!

지금부터 생성형 AI 도구 중 가장 널리 사용되는
미드저니를 본격적으로 사용해 보겠습니다.
03장에서는 미드저니의 기본 사용법부터 프롬프트 작성과 매개변수 활용까지,
미드저니로 원하는 결과를 만드는 핵심 원리를 알아봅니다.
처음 접하는 분들도 쉽게 따라올 수 있도록
실습 중심으로 구성했으니 가볍게 시작해 보세요.
그럼 지금부터 미드저니의 세계로 함께 들어가 볼까요?

미드저니 시작하기

AI 이미지의 새로운 바람을 일으킨 미드저니

미드저니^{Midjourney}는 2022년에 등장한 이미지 생성형 AI 도구로, 누구나 텍스트만 입력하면 멋진 이미지를 뚝딱 만들어낼 수 있어서 많은 사용자들에게 사랑받고 있습니다. 특히 2022년 미국 콜로라도주 박람회의 미술 공모전에서 미드저니로 생성한 이미지가 1위를 수상한 사건을 계기로 전 세계적으로 큰 주목을 받기도 했어요.

미드저니로 만든 제이슨 앨런의 스페이스 오페라 극장

미드저니는 예술적인 결과물을 만들거나 고퀄리티 시안 이미지를 빠르게 제작할 때 특히 강점을 보입니다. 반면 실사 스타일을 구현하거나 해상도가 중요한 작업에는 보완이 필요할 수 있어요. 또한 무엇보다 상업적 사용 시 이용 약관을 반드시 확인해야 합니다.

질문 있어요! 미드저니는 디스코드에서 해야 하지 않나요?

미드저니는 일반적인 웹 사이트와는 달리 **디스코드**Discord **기반**에서 시작된 도구입니다. 지금은 공식 웹 사이트(www.midjourney.com)가 함께 운영되며, 사용성과 기능성 모두 웹 중심으로 옮겨가고 있는 추세예요. 이 책에서는 사용하기 더 편리한 웹 사이트 화면을 중심으로 설명합니다.

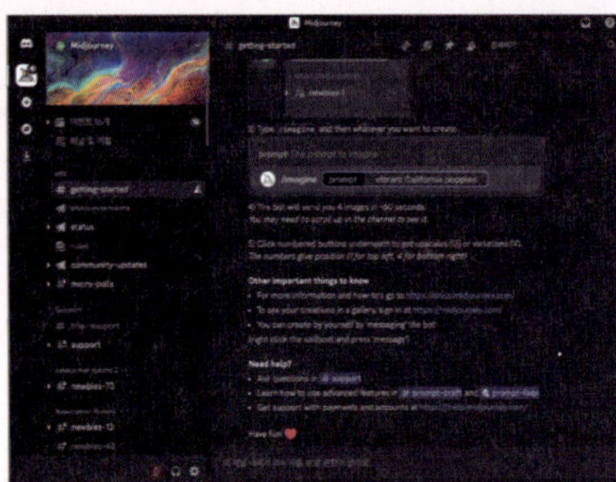

디스코드 미드저니

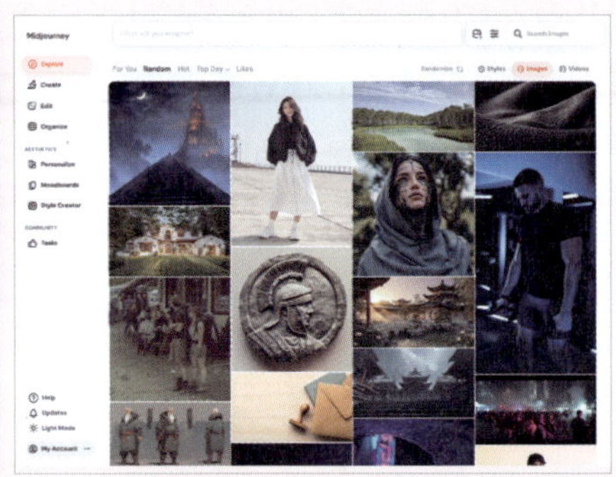

미드저니 공식 웹 사이트

하면 된다!} 미드저니 가입하고 플랜 결제하기

미드저니를 사용하려면 디스코드 또는 구글 계정으로 가입한 뒤 **유료 플랜**을 선택해야 이미지 생성이 가능합니다. 현재는 무료 체험이 제공되지 않기 때문에 바로 유료 구독으로 시작해야 해요.

미드저니는 사용량과 기능에 따라 총 4가지 구독 플랜이 있으며, 이미지 생성 속도(Fast/Relax), 동시 생성 개수, 스텔스 모드(비공개 작업) 지원 여부 등에 따라 구분됩니다. 이 책에서는 **베이직 플랜**을 기준으로 설명합니다. 베이직은 맛보기나 가벼운 체험용으로 충분한 월 200분의 생성 시간을 제공합니다.

1. 미드저니 홈페이지에 접속해 [Sign Up] 버튼을 클릭합니다.

미드저니 홈페이지 링크: www.midjourney.com

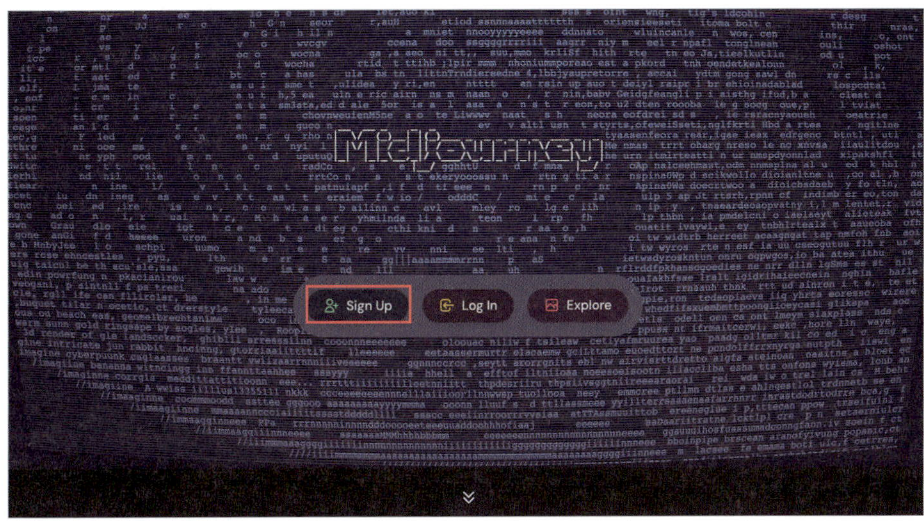

2. 팝업 창이 나타나면 구글 또는 디스코드 계정으로 가입을 진행하세요.

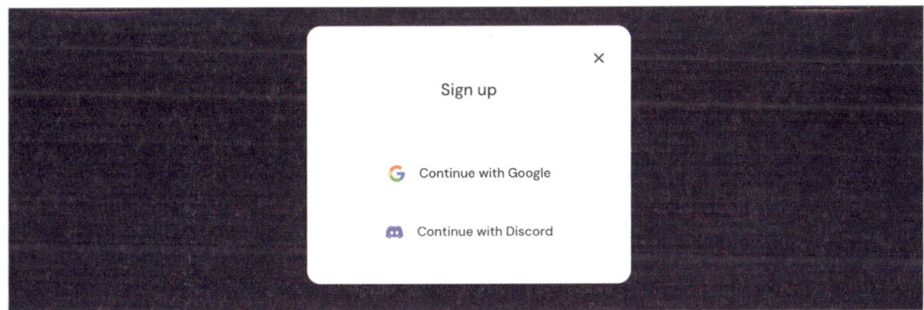

3. 미드저니 웹 사이트에서 왼쪽 아래에 있는 프로필 아이콘을 눌러 [Manage Subscription(구독 관리)]을 선택합니다.

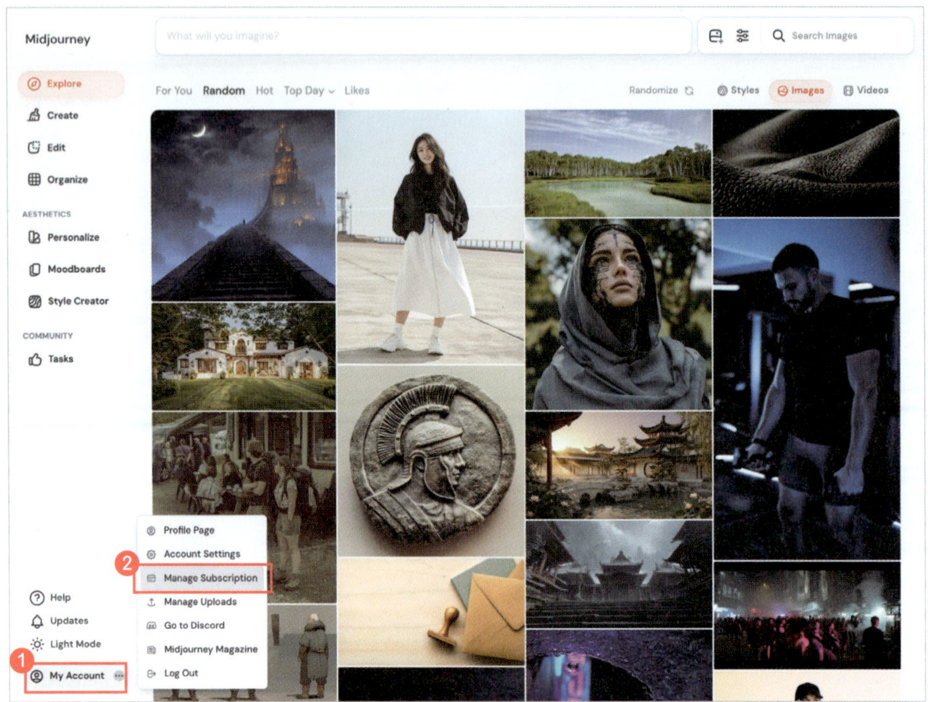

4. [Basic Plan] 또는 원하는 구독 플랜을 선택한 후 결제합니다.

💜 [Basic Plan]으로도 가능하지만, 책의 모든 실습을 여유 있게 따라가고 싶다면 무제한 이미지 생성이 가능한 [Standard Plan]도 고려해 보세요.

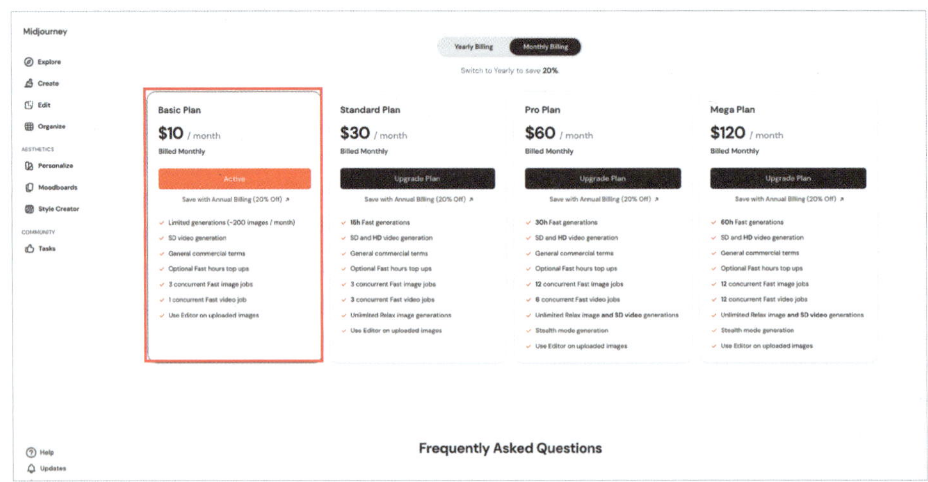

미드저니는 언제든 구독을 취소할 수 있습니다. 구독 화면에서 [Cancel Plan] 또는 [Change Plan] 버튼을 선택하면 되는데, 취소 후에도 이미 결제된 기간이 끝날 때까지는 이용이 가능합니다.

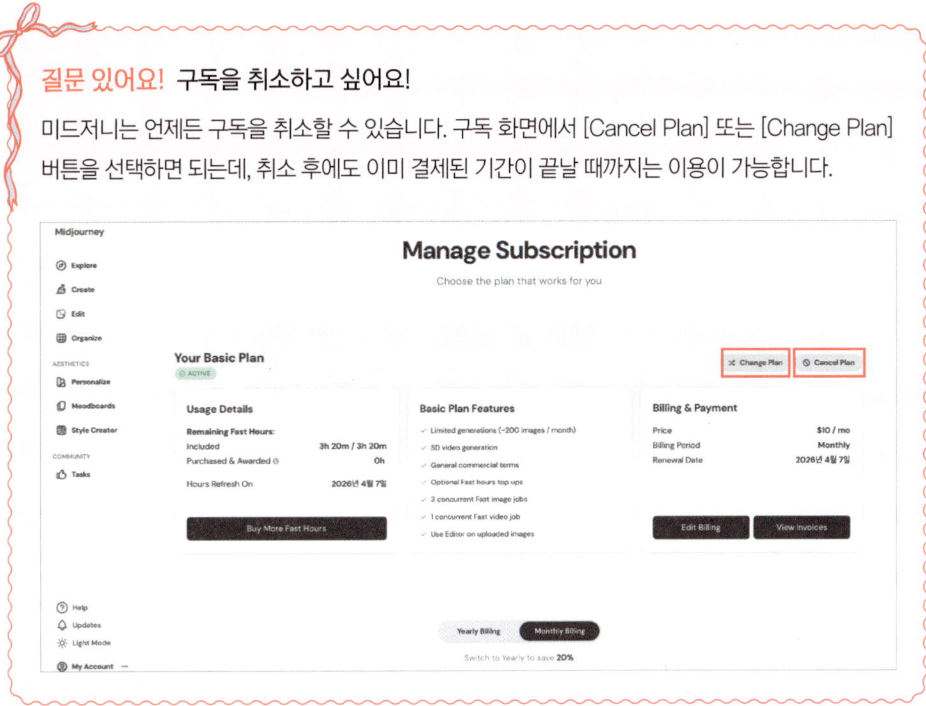

미드저니 인터페이스 살펴보기

웹 사이트 버전의 미드저니 화면은 크게 다음과 같은 탭으로 구성됩니다.

❶ Explore: 전 세계 사용자들이 생성한 이미지와 영상을 보며 프롬프트와 스타일을 참고할 수 있는 갤러리입니다. 미드저니에서 제공하는 스타일 라이브러리도 함께 볼 수 있어 다양한 영감과 아이디어를 얻는 데 유용합니다.

[Explore] 탭 화면

❷ Create: 내가 생성한 이미지와 영상을 모아볼 수 있는 탭으로, 업스케일·변형·리믹스·줌 등 다양한 편집 기능이 제공돼요.

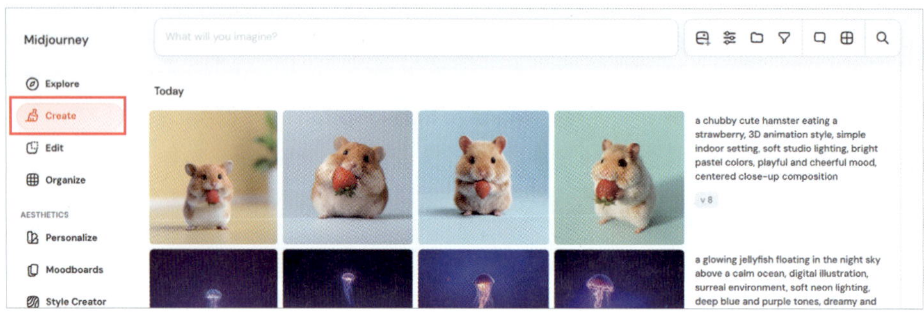

[Create] 탭 화면

❸ Edit: 이미지의 특정 영역을 선택해 다시 그리거나 삭제하는 등 세밀한 수정이 가능합니다. 💜 자세한 방법은 06-3절에서 다룹니다.

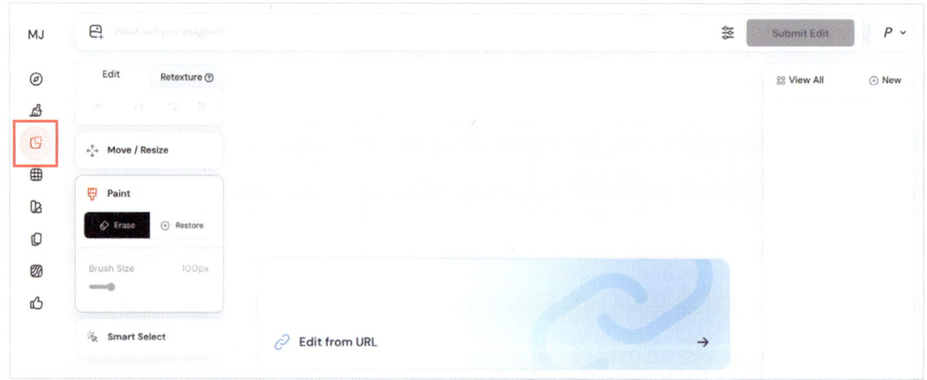

[Edit] 탭 화면

❹ Organize: 폴더와 북마크를 통해 작업물을 정리하고 관리합니다.

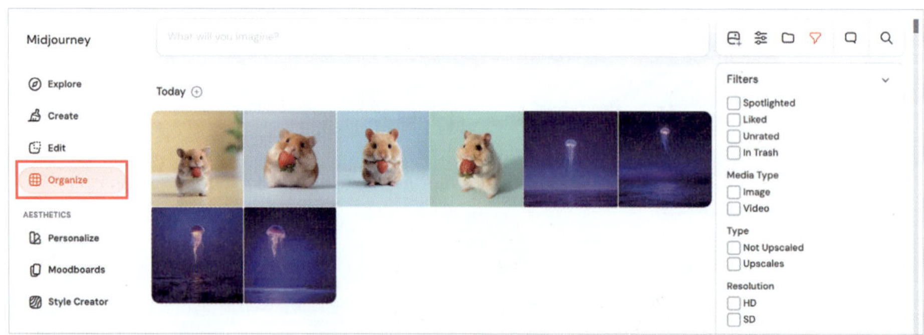

[Organize] 탭 화면

❺ Personalize: 나만의 스타일을 학습시켜 보다 일관된 이미지 결과물을 만들도록 설정합니다. 　　　　　　　　　　　　　　　💜 자세한 방법은 07-1절에서 다룹니다.

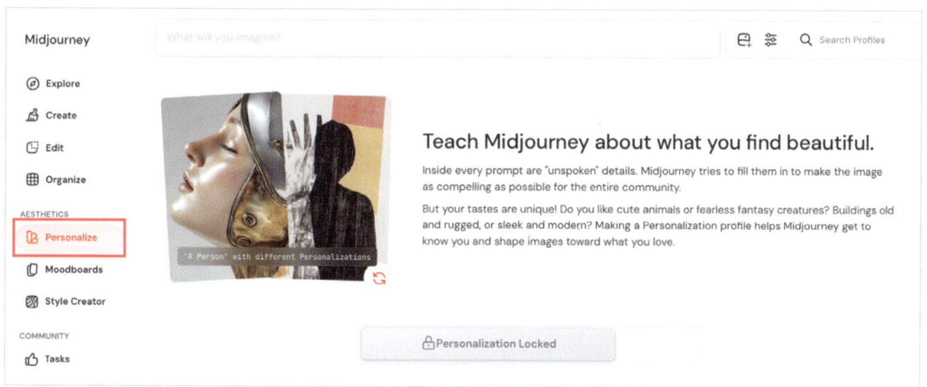

[Personalize] 탭 화면

❻ Moodboards: 내가 만든 이미지와 참고 이미지를 모아 하나의 스타일 보드처럼 정리할 수 있는 공간입니다. 　　　　　　　　💜 자세한 방법은 07-2절에서 다룹니다.

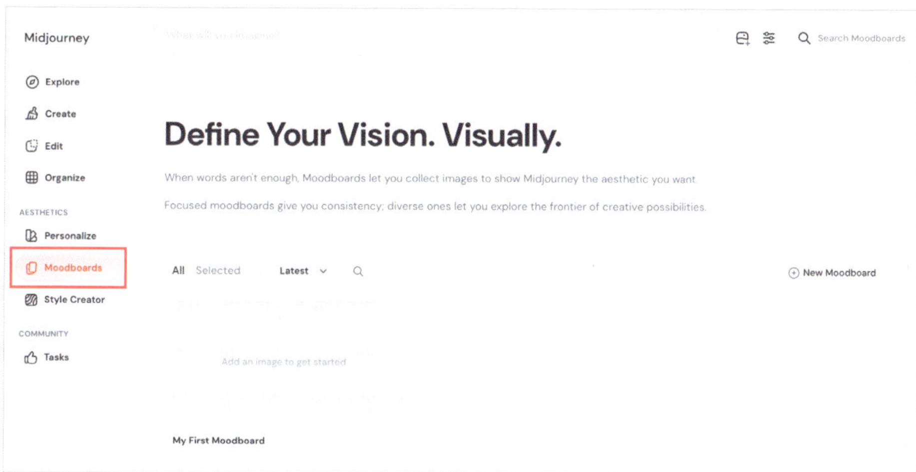

[Moodboards] 탭 화면

❼ Style Creator: 프롬프트에 어울리는 스타일을 탐색하고, 나만의 스타일 코드로 만들어 주는 공간입니다.
💜 자세한 방법은 178쪽을 참고하세요.

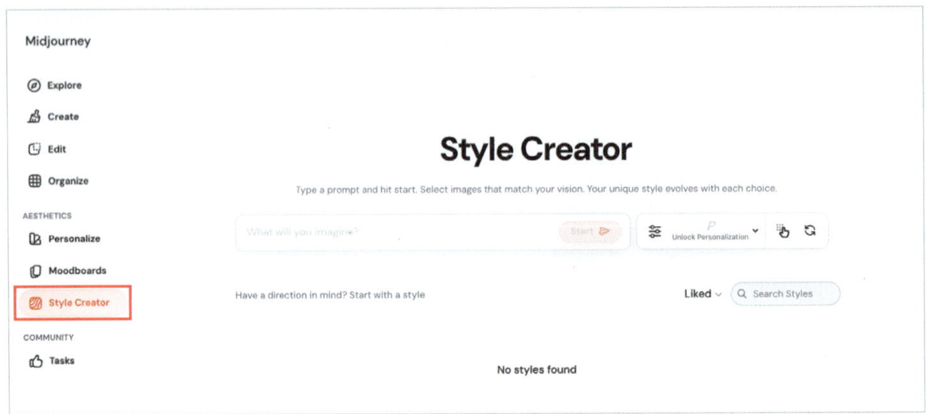

[Style Creator] 탭 화면

❽ Tasks: 미드저니가 제공하는 이미지 평가나 피드백 활동에 참여해 개인화 추천 기능을 높이는 탭이에요.

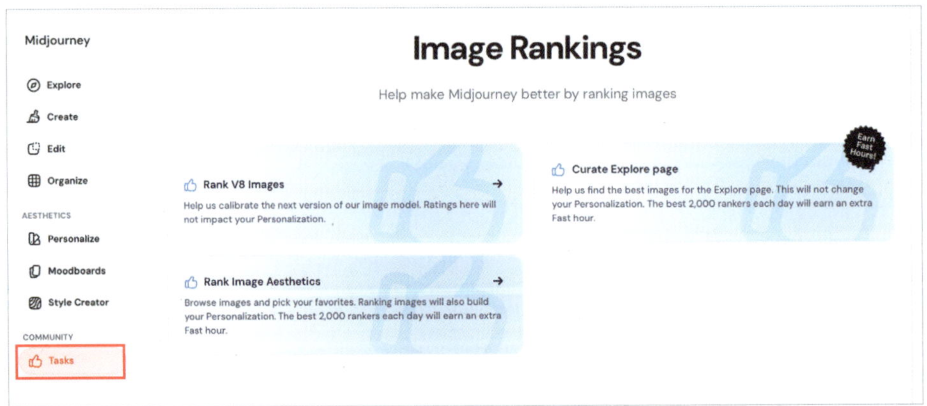

[Tasks] 탭 화면

하면 된다!} 미드저니로 첫 번째 AI 이미지 만들어 보기

기본적인 사용법은 아주 간단해요. 화면 위쪽에 텍스트 프롬프트를 입력하면 약 1분 이내에 4개의 이미지 시안이 자동으로 생성됩니다.

1. 다음 프롬프트 중 하나를 입력하고 `Enter`를 누릅니다.

텍스트 프롬프트	• a cat on a yellow sofa • a girl reading a book in zero gravity

> ### 질문 있어요! 오른쪽 아이콘은 어떤 건가요?
>
> 이매진 바^{Imagine Bar} 설정 아이콘(≋)을 누르면 이미지 생성 전에 비율, 스타일, 창의성 강도 등 다양한 옵션을 설정할 수 있어요. 이 설정값에 따라 생성되는 이미지의 느낌이 크게 달라지기 때문에 작업 목적에 맞게 조절하면 좋습니다.
>
> 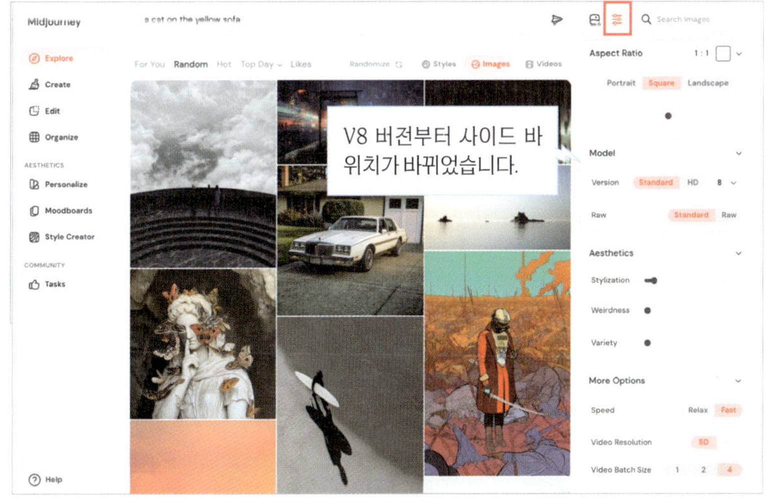
>
>

2. [Create] 탭을 누르면 생성된 4개의 이미지를 볼 수 있습니다. 이 중 마음에 드는 이미지를 선택해 고르세요.

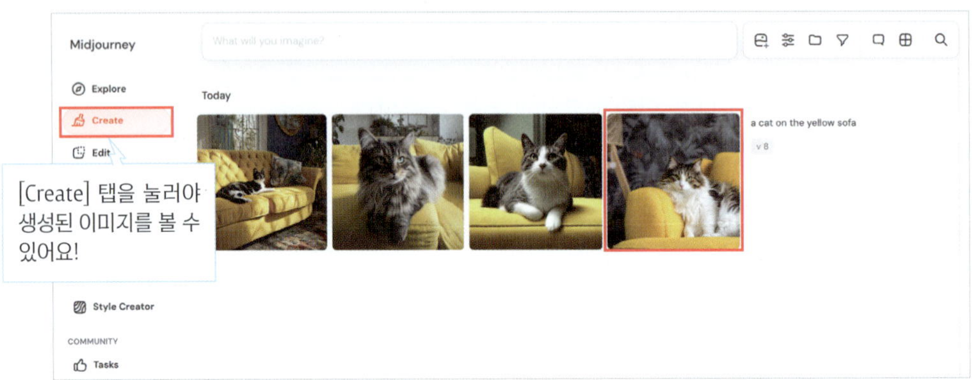

3. 오른쪽 아래의 [Creation Actions]에서 **다양한 변형**^{Variation} 옵션을 적용해 조금씩 원하는 방향으로 이미지를 조정할 수 있어요.

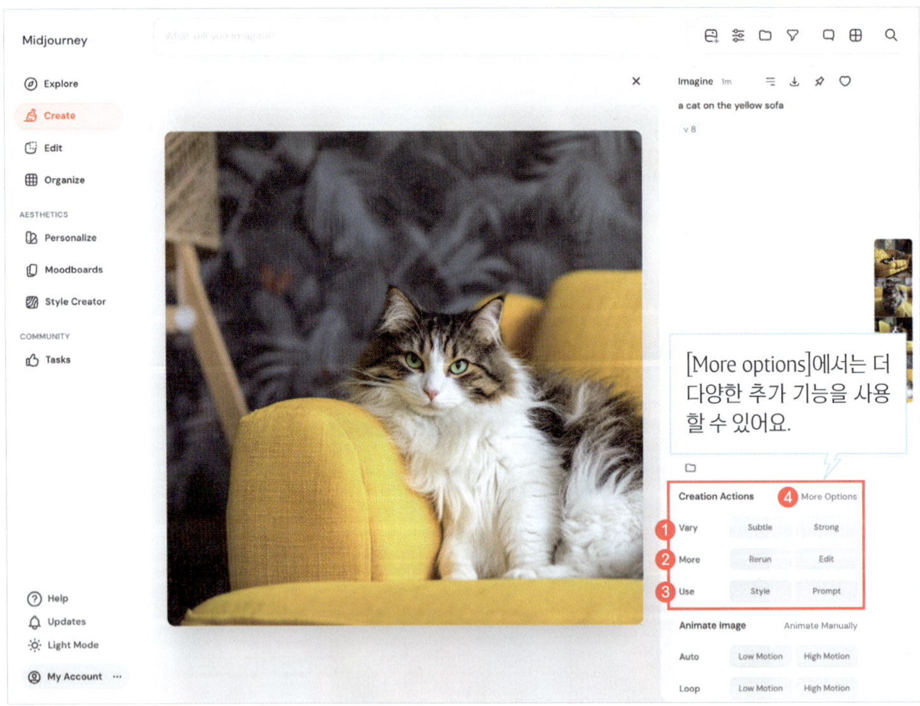

기능	설명
❶ Vary(변형)	• Subtle: 지금 이미지에서 톤이나 배경 정도만 살짝 바꿔서 비슷한 느낌의 이미지를 다시 만들어요. • Strong: 콘셉트는 유지하면서 더 큰 변화가 들어간 이미지를 만들어요.
❷ More (추가 작업)	• Rerun: 같은 프롬프트로 이미지를 다시 한번 새롭게 생성해요. • Edit: 이미지 중 특정 부분을 선택해서 다시 그릴 수 있어요. 💜 리터치 기능 등 자세한 방법은 06-2절에서 다룹니다.
❸ Use(활용)	• Image: 지금 이미지를 이미지 프롬프트에 첨부할 수 있어요. • Style: 지금 이미지를 스타일 레퍼런스로 첨부할 수 있어요. • Prompt: 이 이미지에 사용된 프롬프트를 불러와서 다시 쓰거나 수정할 수 있어요.
❹ More Options (기타 기능)	• Remix: 기존 이미지를 바탕으로 프롬프트를 새롭게 수정해서 다시 변형할 수 있어요. • Pan: 이미지의 좌/우/상/하로 확장할 수 있어요. • Zoom: 이미지를 중심으로 바깥 영역을 추가하며 확대할 수 있어요.

V8 알파 버전에서 기능이 보이지 않는다면 버전을 낮춰 보세요.

4. 이미지 시안을 바꿔 보겠습니다. [Vary]에서 [Subtle] 또는 [Strong]을 눌러 이미지를 다양하게 변형해 보세요.

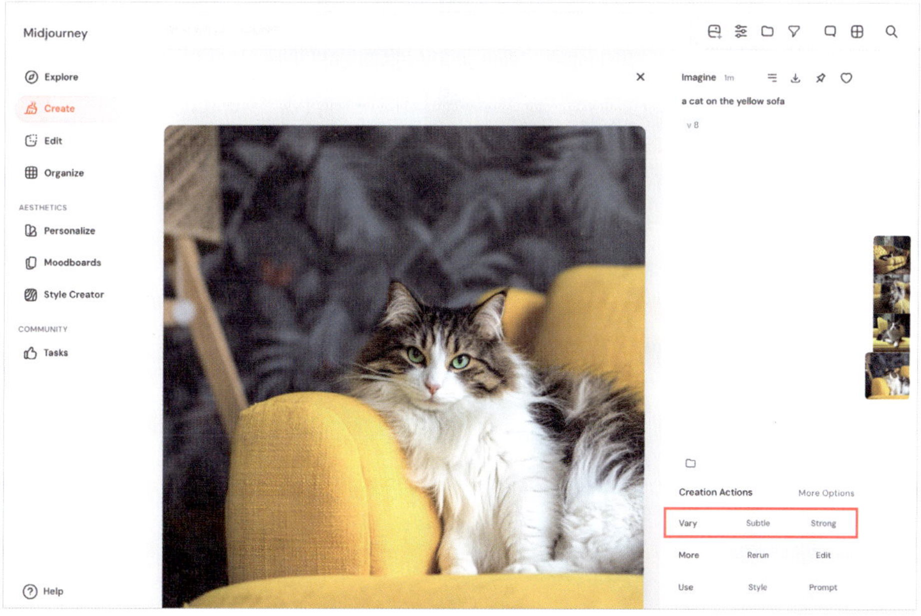

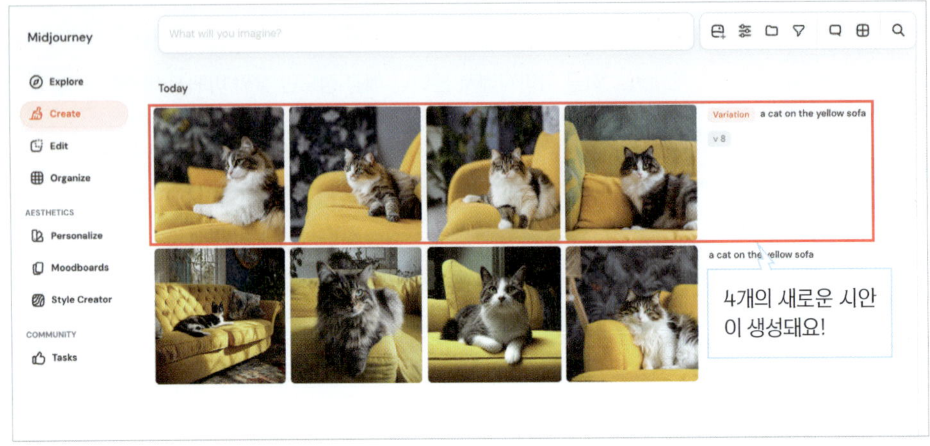

5. 이미지를 완성했다면 오른쪽 위쪽의 다운로드 아이콘(⬇)을 눌러 저장해요.

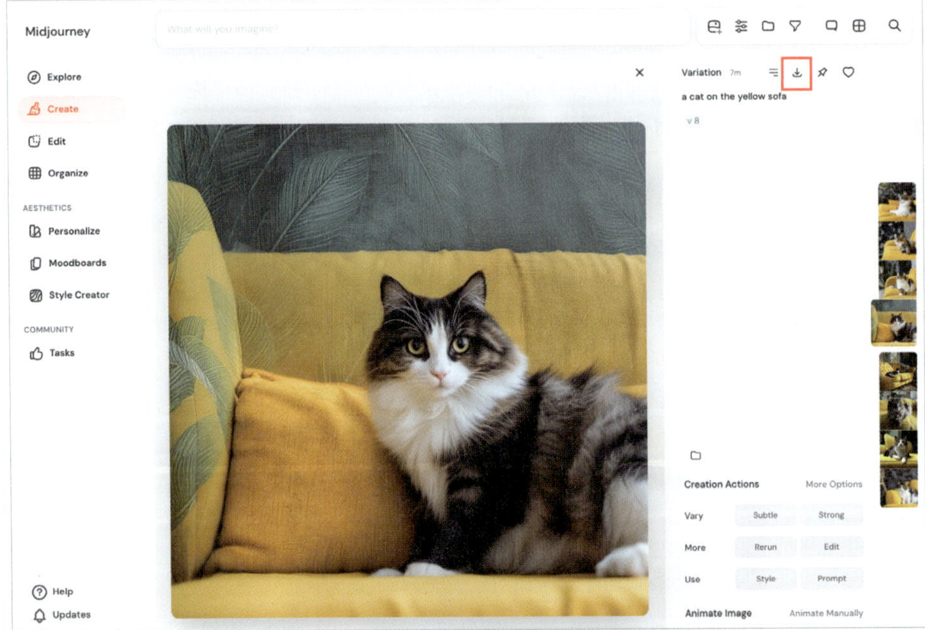

미드저니 사용자 프로필 설정하기

미드저니에는 내가 만든 이미지를 정리하고 다른 사람에게 보여줄 수 있는 개인 **프로필 페이지**가 있습니다. [Explore] 페이지에서 다른 사용자가 내 이름을 클릭하거나, 공유한 프로필 링크에 접속하면 이 페이지가 열립니다.

프로필 페이지에서는 사용자 이름, 프로필 이미지와 배너 이미지, 간단한 소개 글, 소셜 링크까지 한 번에 관리할 수 있습니다. 내 작업의 분위기나 성향을 한눈에 보여주고 싶다면 프로필 설정을 해두는 게 좋아요.

하면 된나!} 내 포트폴리오가 될 프로필 페이지 설정하기

1. 미드저니 웹 사이트에 로그인한 뒤, 화면 왼쪽 아래에 있는 [My Account]를 클릭하면 내 프로필 페이지로 이동할 수 있습니다.

💜 사용자 이름 옆에 있는 점 세 개 아이콘을 클릭한 뒤 [Profile Page]를 선택해도 됩니다.

2. 프로필 페이지는 크게 세 영역으로 나뉩니다.

❶ Spotlight(스포트라이트): 가장 마음에 드는 작품을 골라 보여주는 공간입니다.

❷ Archive(아카이브): 지금까지 공개한 모든 작품이 자동으로 정리됩니다.

❸ Following(팔로잉): 팔로우한 다른 크리에이터 목록을 확인하는 탭으로, 이 목록은 나에게만 보이며 외부에는 공개되지 않습니다.

3. 프로필 정보를 편집하겠습니다. 프로필 화면 위쪽, 이름 옆에 있는 **연필 아이콘(✎)** 을 클릭하면 프로필 편집 창이 열립니다.

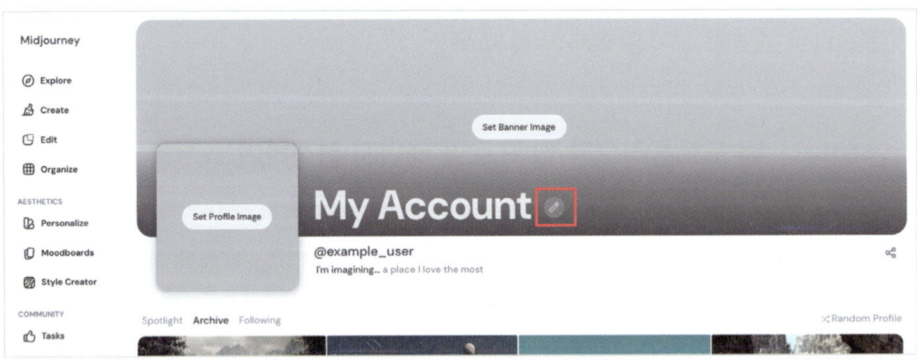

4. 다음 내용을 참고해 사용자 이름, 표시 이름, 자기소개를 입력합니다.

❶ **고유 사용자 이름(Unique Username)**: 프로필 URL에 사용되며 다른 사용자와 중복될 수 없고 공개됩니다.

❷ **표시 이름(Display Name)**: 익스플로러 페이지나 채팅 화면, 이미지·영상 파일 이름에 표시되는 이름입니다. 고유할 필요는 없기 때문에 비교적 자유롭게 설정할 수 있어요.

❸ **자기소개(Bio)**: 최대 1,000자까지 간단한 소개 문구를 작성할 수 있습니다.

❹ **소셜 계정**: X(트위터), 인스타그램, 핀터레스트, 유튜브 등 소셜 계정 링크를 추가할 수 있어요.

5. 프로필 이미지는 1:1 비율, 배너 이미지는 11:3 비율의 이미지 또는 영상을 사용할 수 있어요. 이때 선택할 수 있는 이미지는 개인화·무드보드·스타일 레퍼런스를 적용해 생성한 이미지로 제한됩니다. 또한 두 이미지 모두 미드저니에서 직접 생성한 이미지나 영상만 사용할 수 있어요.

프로필 또는 배너 이미지 영역의 **연필 아이콘**(🖉)을 클릭하면 갤러리에 있는 이미지 중에서 선택하거나, 새 이미지를 바로 생성할 수도 있습니다.

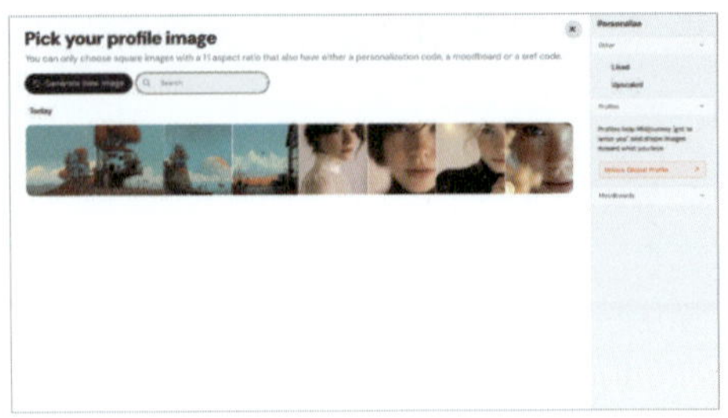

프로필 이미지 선택 화면

배너 이미지 선택 화면

6. 마지막으로 다른 크리에이터를 팔로우해 볼까요? [Explore] 페이지에서는 사용자 이름 옆의 ⊕ 아이콘을 눌러 바로 팔로우할 수 있습니다. 다른 사용자의 프로필 페이지에서 배너 아래에 [+ Follow] 버튼을 클릭해도 해당 사용자를 팔로우할 수 있어요.

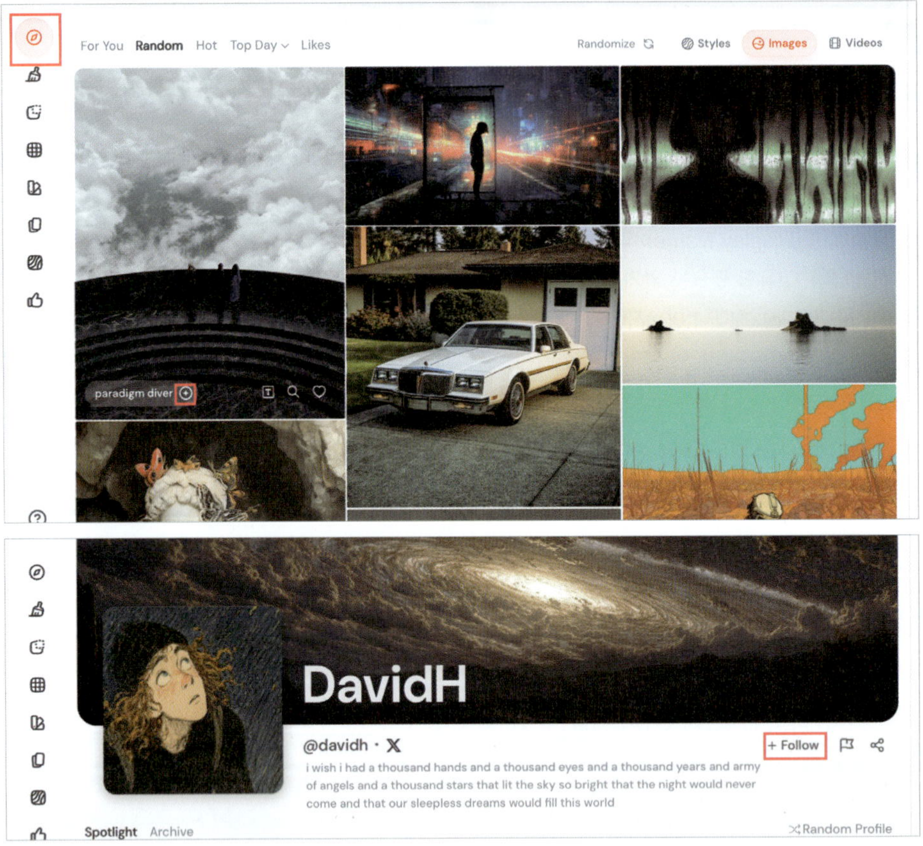

미드저니는 팔로워 수나 목록을 공개하지 않기 때문에, 숫자에 신경 쓰지 않고 작업과 탐색에 집중할 수 있습니다.

미드저니에서 잘 먹히는
프롬프트 작성법

미드저니에서 원하는 이미지를 얻으려면 AI에게 어떤 그림을 만들어야 하는지 정확하게 설명해 주는 프롬프트가 필요합니다. 그런데 이 프롬프트를 처음부터 잘 쓰는 건 생각보다 어렵죠. 짧고 명확하게, 그리고 스타일과 분위기까지 담아내야 하니까요. 이럴 때 챗GPT를 활용하면 훨씬 수월해집니다. 챗GPT가 미드저니에 맞는 간결하고 효과적인 영어 프롬프트로 바꿔 주기 때문이죠. 이번 절에서는 **미드저니 프롬프트를 구성하는 핵심 요소**와 함께, 챗GPT에게 어떻게 요청해야 원하는 스타일의 프롬프트를 만들 수 있는지 알아보겠습니다.

미드저니에 딱 맞는 프롬프트 작성법

미드저니로 이미지를 생성할 때 기본적으로 다음 3가지 요소가 있어야 합니다.

❶ **텍스트 프롬프트**: 이미지의 주제, 스타일, 색감, 분위기 등을 설명하는 문장입니다.

텍스트 프롬프트	Colorful summer illustration of a person drinking fruit juice --ar 2:3 --raw

❷ **매개변수**^{parameter}: 이미지의 비율이나 스타일 정도를 조절할 수 있는 설정 값이에요. 꼭 텍스트 프롬프트 뒤에 작성해야 합니다.

텍스트 프롬프트	Colorful summer illustration of a person drinking fruit juice --ar 2:3 --raw

❸ **이미지**: 참고 이미지를 함께 넣어 AI가 그 스타일이나 구조를 반영하도록 유도하는 방식이에요. 말로 표현하기 어려운 스타일이나 느낌을 전달할 때 효과적입니다. 이미지 프롬프트, 스타일 레퍼런스, 옴니 레퍼런스 ♥ 이 부분은 05장에서 자세히 다룹니다. 를 통해 적용할 수 있어요.

이미지 프롬프트

스타일 레퍼런스

옴니 레퍼런스

긴 문장보다는 짧고 명확하게!

미드저니는 긴 문장보다는 **짧고 명확한 키워드 중심의 프롬프트**에 더 잘 반응합니다. 예를 들어 다음과 같이 GPT 스타일 문장은 너무 길고 설명 위주라 미드저니에는 효과적이지 않아요. 오히려 핵심 키워드를 중심으로 간결하게 작성해야 미드저니가 더 잘 이해합니다.

미드저니가 이해하기 힘든 프롬프트 예시

> ✕
> 원하는 이미지가 나오지 않을 확률이 커요!

텍스트 프롬프트	Show me a picture of someone enjoying a fruit drink on a sunny beach, with the waves in the background and the sunlight sparkling on the ocean, in a colorful, happy style like a summer postcard (햇살 좋은 해변에서 과일 음료를 마시는 사람을 보여 주세요. 배경에는 파도가 있고, 바다 위로 햇빛이 반짝이며, 여름 엽서 같은 화사하고 즐거운 스타일이면 좋겠어요.)

미드저니가 쉽게 이해하는 프롬프트 예시

텍스트 프롬프트	colorful summer illustration of a person drinking fruit juice on a sunny beach (화사한 여름 해변에서 과일 주스를 마시는 사람의 일러스트)

위와 같이 미드저니는 긴 문장보다는 핵심 키워드를 중심으로 짧고 명확하게 작성한 프롬프트에 더 잘 반응합니다. 스타일이나 분위기도 문장으로 길게 설명하기보다는 **키워드 위주로 간결하게 표현**하는 것이 훨씬 효과적이에요.

좋은 프롬프트를 위한 체크리스트

그럼 어떻게 해야 프롬프트를 짧고 명확하게 쓸까요? 미드저니에서 텍스트 프롬프트를 잘 구성하려면 자신이 원하는 이미지의 핵심 요소를 명확하게 설명하는 것이 중요합니다. 무엇보다도 내가 어떤 장면을 만들고 싶은지, 그 안에 어떤 스타일과 감정을 담고 싶은지를 분명하게 정리해야 해요.

프롬프트를 구성할 때 다음과 같은 요소를 고려해 보세요.

☐ 주제(누구 또는 무엇인가요?)	예 인물, 동물, 캐릭터, 사물, 장소 등
☐ 매체(어떤 형식인가요?)	예 사진, 수채화, 일러스트, 조각, 낙서, 태피스드리 등
☐ 환경(어디서인가요?)	예 실내, 실외, 노시, 사연, 수중 등
☐ 조명(어떤 조명인가요?)	예 자연광, 스튜디오, 네온, 역광 등
☐ 색감(어떤 색조인가요?)	예 선명한, 부드러운, 밝은, 흑백, 단색 등
☐ 분위기(어떤 감정을 불러일으키고 싶나요?)	예 차분한, 유쾌한, 몽환적인, 우울한 등
☐ 구성(어떻게 프레임에 담을까요?)	예 클로즈업, 정면 초상화, 탑뷰, 와이드샷 등

미드저니, 드리미나, 믹스보드처럼 이미지 생성 AI 도구에 넣을 프롬프트가 필요할 때는 챗GPT, 클로드, 제미나이 같은 텍스트 AI에게 먼저 요청해 보세요. 어떤 스타일로 어떤 이미지를 만들고 싶은지 알려 주면 빠르게 프롬프트를 만들어 줍니다. 다만, 요청하는 방식이 명확해야 원하는 스타일을 정확히 반영한 문장을 받을 수 있어요.

1. 역할 지정하기

챗GPT 등 자신이 사용하기 편한 텍스트 AI를 실행합니다. GPT에게 역할을 먼저 부여해 주세요.

> **텍스트 프롬프트**　너는 Midjourney에 최적화된 프롬프트를 설계하는 프롬프트 엔지니어야.

♥ 아직 Enter 를 눌러 실행하지 말고 모든 프롬프트를 다 쓰고 한 번에 실행하세요.

2. 요청 목적과 조건 설명하기

무엇을 위한 프롬프트인지, 어떤 조건이 있는지를 알려 줘야 GPT가 방향을 잡기 쉬워요.

> **텍스트 프롬프트**　아래 조건을 반영해 영어 프롬프트를 코드블럭 안에 작성하고, 코드블럭 밖에는 영어 프롬프트의 구성 의도를 간단히 설명해 줘.

3. 구성 요소 정리해서 전달하기

GPT가 참고할 수 있도록 프롬프트 구성 요소(키워드)를 함께 제공하면 좋아요. 꼭 모든 요소를 빠짐없이 넣을 필요는 없습니다. 7가지 구성 요소 중에서 가장 중요하다고 생각하는 3~4개만 명확하게 골라주는 게 포인트예요.

> **텍스트 프롬프트**　주제: 한복 입은 한국인 여성
> 매체: 일러스트
> 조명: 스튜디오 조명
> 색감: 부드러운 파스텔톤
> 분위기: 차분하고 평화로운

4. 최종 요청 예시

최종적으로 다음과 같은 프롬프트를 입력하고 실행합니다. 그럼 GPT가 미드저니에 딱 맞는 프롬프트를 영어로 작성해 줍니다.

너는 Midjourney에 최적화된 프롬프트를 설계하는 프롬프트 엔지니어야. 아래 조건을 반영해 영어 프롬프트를 코드블럭 안에 작성하고, 코드블럭 밖에는 영어 프롬프트의 구성 의도를 간단히 설명해 줘.

주제: 한복을 입은 한국인 여성
매체: 일러스트
조명: 스튜디오 라이팅
조명 색감: 부드러운 파스텔 톤
분위기: 차분하고 평화로운 느낌

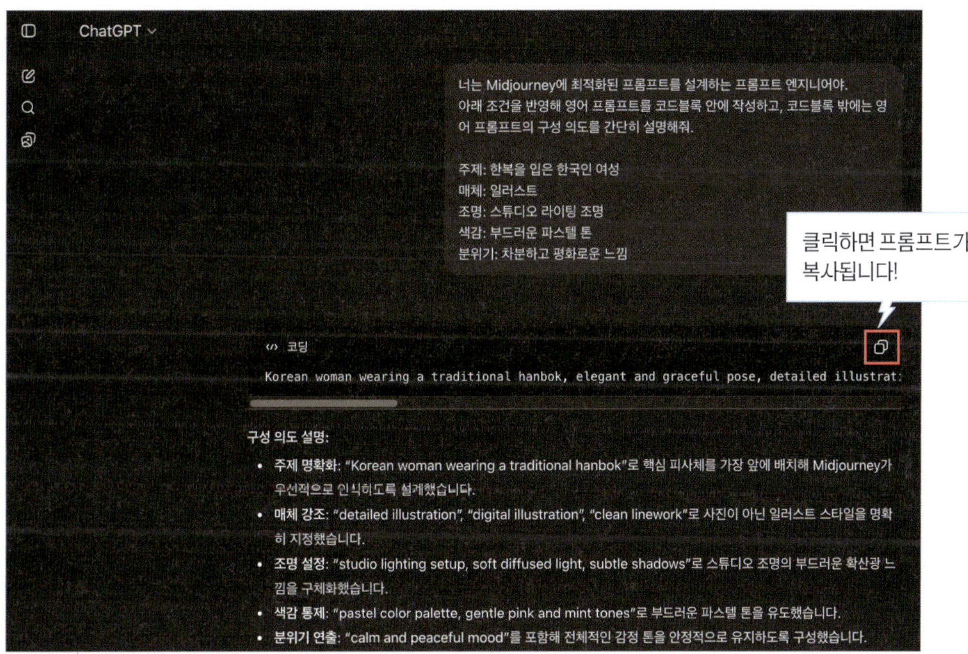

GPT가 생성한 프롬프트는 영어로 작성되기 때문에 **코드블럭 안에 넣어달라고 요청**하는 것이 좋아요. 이렇게 하면 복사해서 미드저니에 바로 붙여넣기 쉽고, 실습이나 자료 정리에도 훨씬 편리하거든요. 또 코드블럭 바깥에 한 줄짜리 한글 설명을 덧붙이면 이미지의 핵심 내용을 빠르게 이해할 수 있습니다.

이것만은 꼭!
핵심 매개변수 3가지

기본적인 프롬프트 작성법을 익혔으니, 두 번째 요소인 **매개변수**를 알아보겠습니다. 미드저니로 프롬프트를 처음 짜본다면 --raw, --ar, --s 이렇게 3가지만 기억하세요. 이미지의 분위기와 완성도를 결정짓는 가장 중요한 3가지 키워드입니다.

매개변수	설명
--raw 또는 --style raw	스타일 개입 없이 더 현실적인 이미지 생성
--ar	이미지의 가로세로 비율(aspect ratio) 조정
--s 또는 --stylize	스타일라이즈 정도, 미드저니의 스타일 개입 정도 조절

현실감 있는 이미지를 만드는 매개변수, --raw

--raw(--style raw) 매개변수는 프롬프트에 더 충실한 **현실적인 이미지**를 생성합니다. 스타일 개입이 줄어들기 때문에 과장된 표현 없이 더 자연스럽고 덜 인위적인 결과물을 얻을 수 있죠. 제품 이미지, 실사 콘셉트 아트 등에서 활용하면 좋습니다.

♥ --raw와 --style raw는 동일한 기능이에요. --raw로 입력해도 프롬프트 패널에는 자동으로 style raw로 표시돼요.

--raw를 사용해 **실사처럼 만든** 이미지

하지만 주의할 점도 있습니다. 프롬프트가 너무 짧거나 추상적인 경우에는 미드저니가 어떻게 해석해야 할지 모호해져 이미지의 퀄리티가 오히려 떨어질 수 있어요. 따라서 --raw는 프롬프트의 정확성과 구체성을 함께 챙길 때 가장 좋은 효과를 발휘합니다.

--raw를 적용하기 전

--raw를 적용한 후

하면 된다!} 사실적인 물체, 동물 이미지 만들기

1. 미드저니를 열고 [Create] 탭을 눌러 프로젝트를 시작하세요. 다음 프롬프트 중 하나를 입력하고 (Enter)를 누릅니다.

텍스트 프롬프트   • a black cat under moonlight
               • a girl holding a flower

2. 프롬프트 끝에 **--raw**를 추가하고 다시 [Enter]를 누릅니다. --raw를 추가하니 더 현실적인 디테일과 색감으로 묘사됩니다.

텍스트 프롬프트
- a black cat under moonlight **--raw**
- a girl holding a flower **--raw**

--raw, 이렇게 활용해요!

--raw 매개변수는 인물이나 도시, 제품처럼 실제로 촬영한 듯한 이미지를 만들고 싶을 때 적용하면 좋습니다. 공간 디자인, 광고용 목업, 인물 이미지처럼 **현실감을 중시하는 작업**이나 자연스러운 배경 합성, 실사 스타일 이미지 제작에 활용해 보세요.

실사형 인물 사진

자연 배경

제품 촬영 스타일의 이미지

실내 인테리어 목업

원하는 비율의 이미지로 만드는 매개변수, --ar

프롬프트뿐 아니라 이미지의 비율도 결과물에 큰 영향을 미칩니다. --ar 매개변수를 사용하면 Aspect Ratio^{가로세로 비율}를 설정할 수 있어요. 이 비율은 프레임 안에 들어가는 구도, 인물 크기, 배경 공간 등에 영향을 주기 때문에 원하는 연출에 맞는 비율 설정이 매우 중요합니다.

--ar로 가로세로 비율을 다르게 한 이미지

--ar의 기본값은 정사각형(1:1)이지만 콘텐츠 용도에 따라 다양한 비율을 설정해 결과물을 조정할 수 있습니다. 예를 들어 모바일용 세로 전체 화면에는 --ar 9:16, 프레젠테이션용 가로 배너에는 --ar 16:9 비율이 적합합니다. 자유로운 비율을 지정해 실험적인 이미지 생성도 가능합니다.

자주 사용하는 비율 예시

매개변수	형태	활용 예
--ar 1:1(기본)	정사각형	아이콘, 프로필 이미지, SNS 포스트
--ar 3:4	세로 직사각형	인물 중심 일러스트, 포스터
--ar 4:5	인스타그램 피드용	제품 컷, 캐릭터 전신
--ar 2:3	전신 인물 컷	패션 화보, 인물 촬영
--ar 9:16	세로 전체 화면	모바일 배경, 릴스, 스토리용
--ar 16:9	가로 전체 화면	프레젠테이션, 배경 화면, 영화 장면
--ar 21:9	시네마틱 와이드	영화 느낌의 장면, 풍경

하면 된다!} 가로, 세로로 긴 이미지 만들기

1. 미드저니를 열고 [Create] 탭을 눌러 프로젝트를 시작하세요. 다음 프롬프트를 입력하고 Enter 를 누릅니다. 넓은 풍경이 강조되는 가로로 긴 이미지가 생성됩니다.

텍스트 프롬프트   a small house under the sea with fish swimming around --ar 5:3

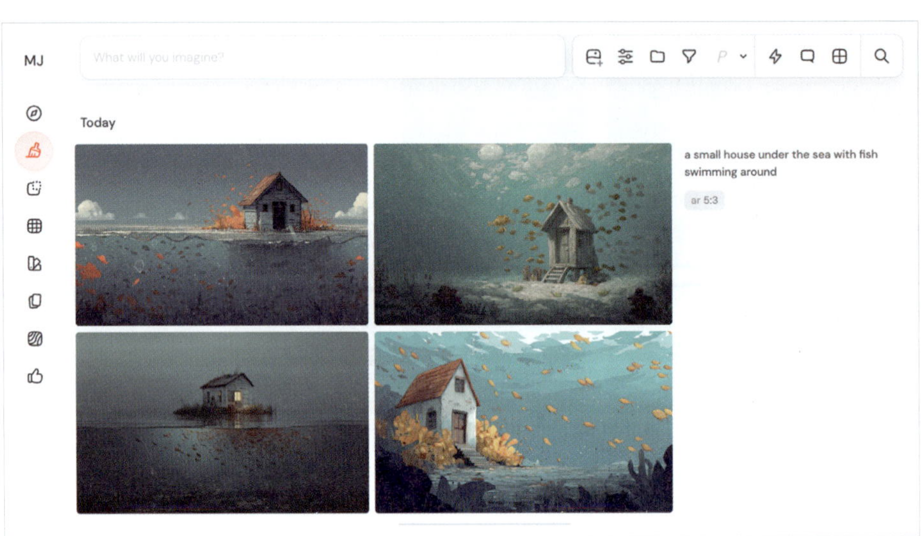

2. 세로로 긴 이미지도 만들어 보겠습니다. 다음 프롬프트를 입력하고 Enter 를 누릅니다.

텍스트 프롬프트   a house floating in the sky with balloons --ar 3:5

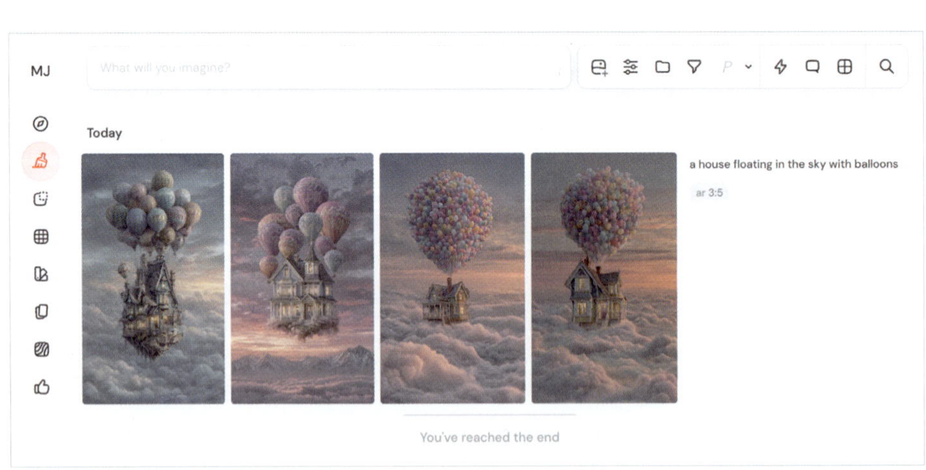

--ar로 비율을 설정하니 대상의 특징이 더 잘 구현되었지요? 이처럼 특성에 따라 적절한 비율을 설정하는 게 핵심입니다.

--ar 매개변수는 웹 배너, PPT, 카드뉴스처럼 매체에 따라 출력 비율을 최적화해야 할 때 유용하게 활용할 수 있습니다. 제품, 인물, 건물 등 대상의 형태에 따라 구도와 화면 비율을 조정하고 싶을 때도 효과적입니다.

한국의 아파트 단지 스타일(--ar 2:3)　　　인물 컷(--ar 3:4)

자동차 측면 와이드 컷(--ar 16:9)　　　웹 배너 배경(--ar 8:3)

이미지의 창의성을 조절하는 매개변수, --stylize

--stylize(--s)로 미드저니가 생성하는 이미지의 창의성 정도를 조절할 수 있어요. --stylize(--s) 뒤에 값을 함께 입력하는데, 기본값은 100이고 최댓값은 1000입니

다. 물론 값을 입력하지 않아도 괜찮아요. 기본값인 100이 자동으로 적용됩니다. 값이 높을수록 더 예술적이고 화려한 창의적인 이미지가 생성될 확률이 높고, 값이 낮다면 프롬프트에 충실한 이미지가 단순하고 사실적으로 표현됩니다.

--stylize 0

--stylize 100

--stylize 1000

동일한 프롬프트에 --stylize의 값을 다르게 한 이미지

상황별로 추천하는 --stylize 값

주제	추천 값	설명
제품, 인물, 건물 등 실사 기반 이미지	0 ~ 100	사실적이고 정확한 묘사에 적합
감성적인 일러스트	100 이상 ~ 500	자연스러운 감성과 분위기를 표현할 때 좋음
아트워크, 콘셉트 이미지	500 이상 ~ 1000	창의적이고 자유로운 스타일 표현에 적합

높은 값이 항상 좋은 건 아니에요. 의도와 용도에 따라 적절한 스타일 값을 선택하는 게 중요합니다. 예를 들어, 제품 이미지의 경우 --stylize의 값에 따라 심플한 이미지 또는 배경 연출 샷을 생성할 수 있어요.

--stylize 100

--stylize 1000

 판다 종이접기 이미지 만들기

--stylize 기능을 종이접기 이미지를 만들며 알아보겠
습니다. 앞서 배운 --raw 값도 함께 적용해 볼게요.

💜 매개변수는 띄어쓰기로 구분해
계속해서 추가할 수 있어요.

1. 미드저니를 열고 [Create] 탭을 눌러 프로젝트를 시작하세요. 다음 프롬프트를
입력하고 [Enter]를 누릅니다. 종이로 바로 접은 듯한 현실적인 종이접기 이미지가
생성됩니다.

텍스트 프롬프트　　panda, origami --raw --s 0

질문 있어요! 매개변수를 입력하는 순서는 상관없나요?

매개변수의 입력 순서는 상관없습니다. 단, 반드시 텍스트 프롬프트 뒤에 붙여 써야 정상적으로
작동해요.

2. 이어서 --s의 값을 100(기본값)으로 작성하고 다시 [Enter]를 누릅니다. --s
100은 기본값이기 때문에 프롬프트에 작성하지 않아도 돼요. --s 0에 비해 입체감
이 살아났어요.

텍스트 프롬프트　　panda, origami --raw --s 100

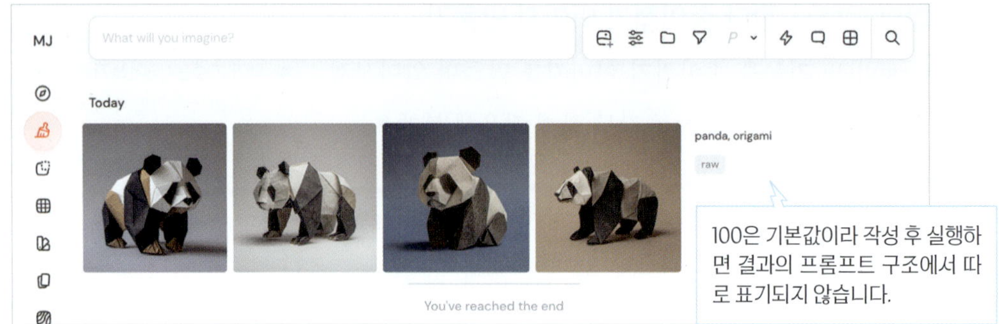

3. 이번엔 --s 값을 최대치인 **1000**으로 작성하고 다시 Enter 를 누릅니다.

텍스트 프롬프트　　panda, origami --raw --s 1000

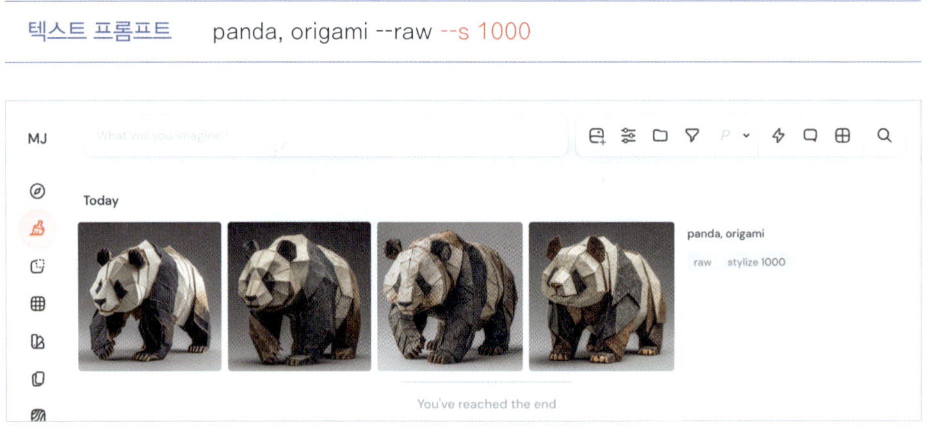

--s 100에 비해 입체적인 느낌이 더 강화되어 종이로 만든 3D 구조처럼 보입니다. 판다의 디테일이 더 추가되었고 배경 묘사도 더 추가되는 경향이 있습니다. 이처럼 같은 프롬프트라도 --s 값에 따라 이미지의 분위기와 디테일이 완전히 달라집니다.

--stylize(--s)의 값에 따라 단순하게 표현할 수도, 화려하게 표현할 수도 있어요. 도 달하고 싶은 결과물의 느낌에 따라 다르게 적용해 보세요.

| 텍스트 프롬프트 | juice bottle product mockup, orange tone --s 0 또는 100 또는 1000 |

--stylize 0   --stylize 100   --stylize 1000

| 텍스트 프롬프트 | a beautiful beauty model, close-up portrait, studio lighting, minimal background --s 0 또는 100 또는 1000 |

--stylize 0   --stylize 100   --stylize 1000

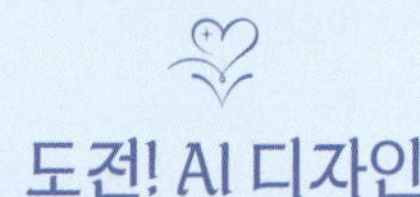

감성적인 인물 이미지 만들기

미션 다음 조건을 만족하는 인물 이미지를 미드저니로 직접 만들어 보세요.

조건 **스타일 실험 --s 200**
감성적인 분위기를 연출해요.

세로 비율 포스터 구도 --ar 3:4
인물 이미지에 적합한 세로 비율로 설정해요.

사실적인 인물 묘사 --raw
과장 없이 자연스러운 인물을 생성해요.

예시 다음 프롬프트는 감성적이고 사실적인 여성 인물을 세로 비율의 이미지로 생성해 줍니다.

프롬프트 a portrait of a woman in a trench coat, cinematic lighting --ar 3:4 --raw --stylize 200

미드저니로 영상도 만들 수 있어요!

미드저니에서 비디오 기능으로 영상을 만들 수도 있습니다. 하나의 이미지를 시작 프레임으로 지정하고 선택적으로 텍스트 프롬프트를 덧붙이면 AI가 그 이미지를 바탕으로 5초 길이의 짧은 영상 시퀀스를 만들어 줍니다. 정지된 이미지가 마치 살아 움직이듯, 카메라가 천천히 이동하거나 피사체가 부드러운 변화를 보여 주는 장면을 자동으로 연출해요.

영상의 길이와 해상도 설정하기

영상은 기본적으로 5초 길이로 만들어지며, [Extend] 기능을 이용하면 최대 21초까지 늘릴 수 있어요. 저장 형식은 .mp4 또는 .gif 중 선택하고, 모든 플랜에서 사용할 수 있습니다.

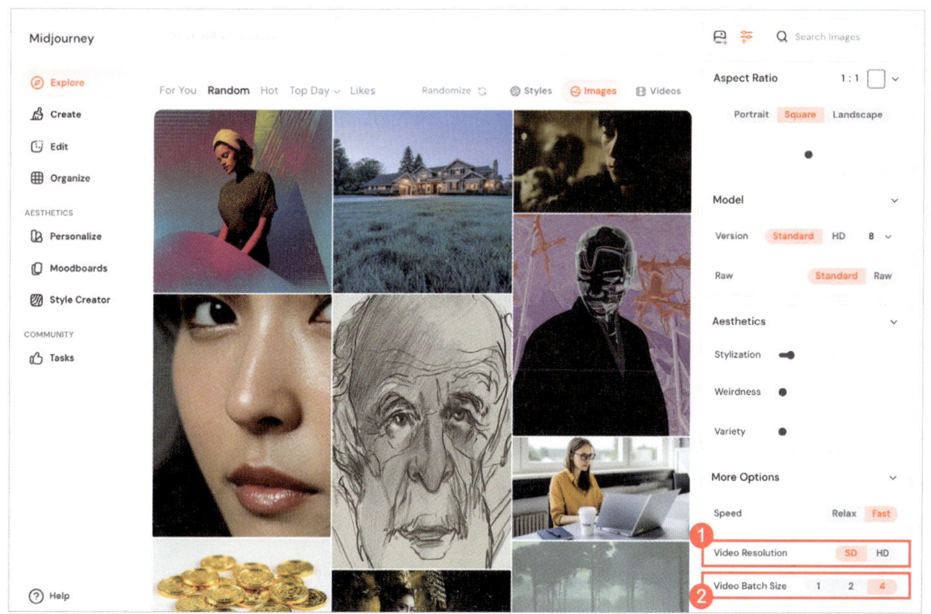

❶ Video Resolution: 화질을 선택할 수 있어요.
- SD(Standard Definition): 일반 화질(480p)로 빠른 테스트용 영상에 적합해요.
- HD(High Definition): 고화질(720p)로 디테일이 필요한 영상에 적합해요. HD 영상은 [Standard] 플랜 이상부터 지원되며, [Pro], [Mega] 플랜은 [Relax] 모드(SD 화질만 해당)에서도 사용할 수 있어요.

❷ Video Batch Size: 한 번의 프롬프트로 생성할 영상 개수를 정할 수 있어요. 미드저니는 기본적으로 4개의 영상을 동시에 생성하지만, GPU 시간을 절약하려면 1개나 2개로 줄여 설정할 수도 있습니다. 숫자가 클수록 여러 시안을 한 번에 확인할 수 있지만, 그만큼 GPU 소모도 함께 늘어나요.

하면 된다!} 나만의 미드저니 영상 만들기

1. [Create] 탭에서 영상으로 만들고 싶은 이미지를 선택합니다.

2. 오른쪽 아래의 [Animate Image]에서 원하는 영상 형태를 선택하세요. 기본 영상을 만들고 싶다면 [Auto], 시작과 끝이 연결된 반복 영상을 생성하고 싶다면 [Loop]에서 선택합니다.

[Auto]와 [Loop]에는 영상의 움직임 강도를 조절할 수 있는 2가지 옵션이 있습니다.

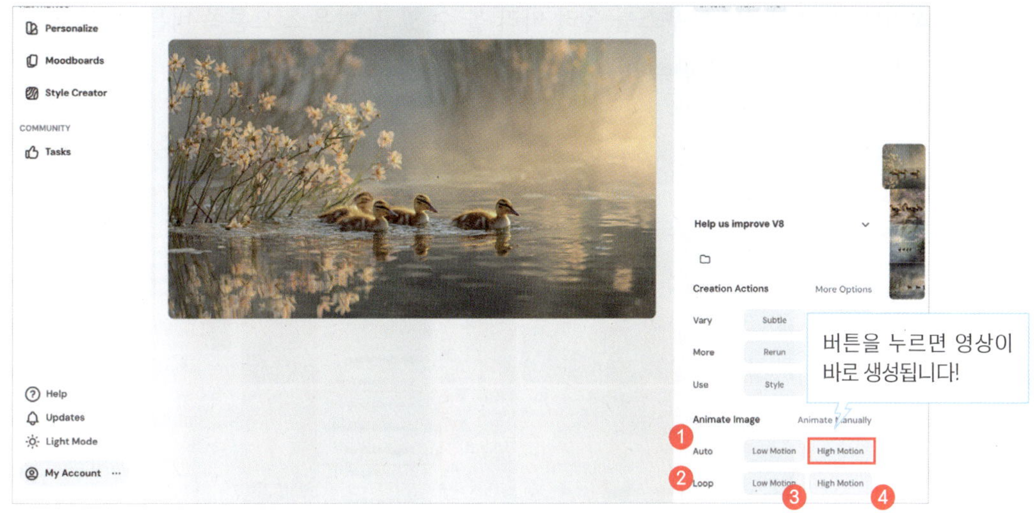

1 Auto: 기본 영상을 생성합니다.

2 Loop: 시작과 끝이 연결된 반복 영상을 생성합니다.

3 Low motion: 카메라가 느리게 이동하고, 미묘하게 움직임입니다(기본값).

4 High motion: 카메라가 다이내믹하게 이동하고, 인물이 보다 역동적으로 동작합니다.

3. 5초 영상이 자동으로 생성됩니다.

4. 영상이 생성되면 마우스를 올려 미리 볼 수 있고, 마우스 오른쪽 버튼을 클릭하면 3가지 방식으로 저장할 수 있습니다.

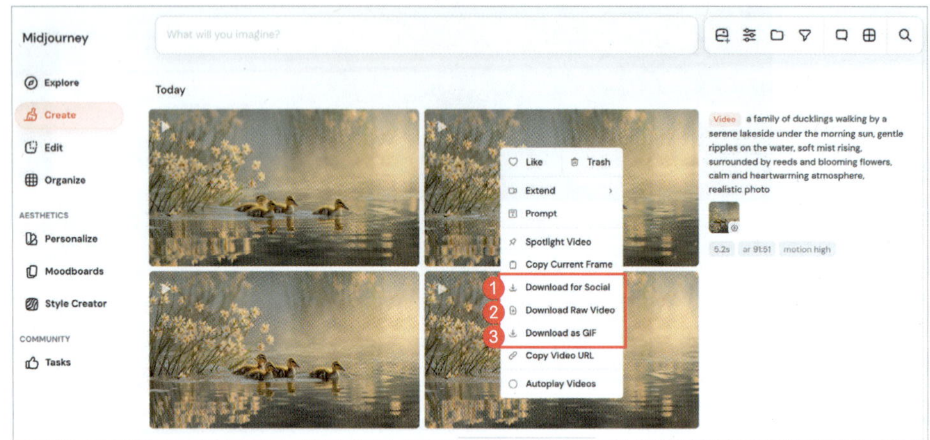

❶ Download for Social(Social Media용 다운로드): SNS에 최적화된 파일(.mp4)로 저장합니다.

❷ Download Raw Video(원본 다운로드): 미드저니에서 생성된 원본 파일(.mp4)로 저장합니다.

❸ Download as GIF(GIF): 웹용 애니메이션 파일(.gif)로 저장합니다.

하면 된다!} 영상 길이 확장하기

1. 기본 영상은 5초 길이로 만들어지지만, [Extend] 버튼을 눌러 한 번에 4초씩 최대 4번, 총 21초까지 늘릴 수 있습니다.

❶ Extend Auto(자동 확장): 기존 프롬프트를 그대로 사용해 영상이 자동으로 이어서 생성됩니다.

❷ Extend Manual(수동 확장): 프롬프트를 수정하거나 새로운 요소를 추가해 장면을 이어서 생성합니다.

2. [Extend Auto]를 누르면 4초가 늘어나 9초 분량의 영상이 생성됩니다.

예상 밖 결과를 만드는 실험의 시간!

기본 매개변수만으로도 충분히 근사한 이미지를 만들 수 있지만,
여기서 한 걸음 더 나아가 예상하지 못한 결과 혹은 독특한 감성을 원한다면
이번에 소개하는 '비장의 무기'를 더해 보세요.
예를 들어 niji처럼 일러스트에 특화된 버전이나
--no, --chaos, --weird, --exp 같은 옵션들은
이미지에 한 끗 차이의 재미를 더해 주는 숨은 조력자예요.
04장에서는 이렇듯 '조금 색다른' 실험을 함께해 볼 거예요.

일러스트 스타일을 만들고 싶다면?
― 니지저니 버전

니지저니[niji]는 애니메이션과 일러스트 스타일에 특화된 미드저니의 전용 모델이에요. 특히 캐릭터 중심의 장면이나 만화풍 그림에 강하며, 인물 묘사, 감정 표현, 풍부한 컬러감과 역동적인 구도를 훌륭하게 표현해 줘요. 생동감 있는 일러스트나 감성적인 캐릭터 장면을 만들고 싶을 때 적합합니다.

니지저니 버전를 적용해 만든 일러스트 이미지

버전	설명
Nijijourney (--niji)	애니메이션과 일러스트 스타일에 특화된 모델

niji 7은 2026년 1월 기준 가장 최신 버전으로 전용 사이트도 함께 운영되고 있어요.

니지저니 웹 사이트 링크: nijijourney.com/ko/home

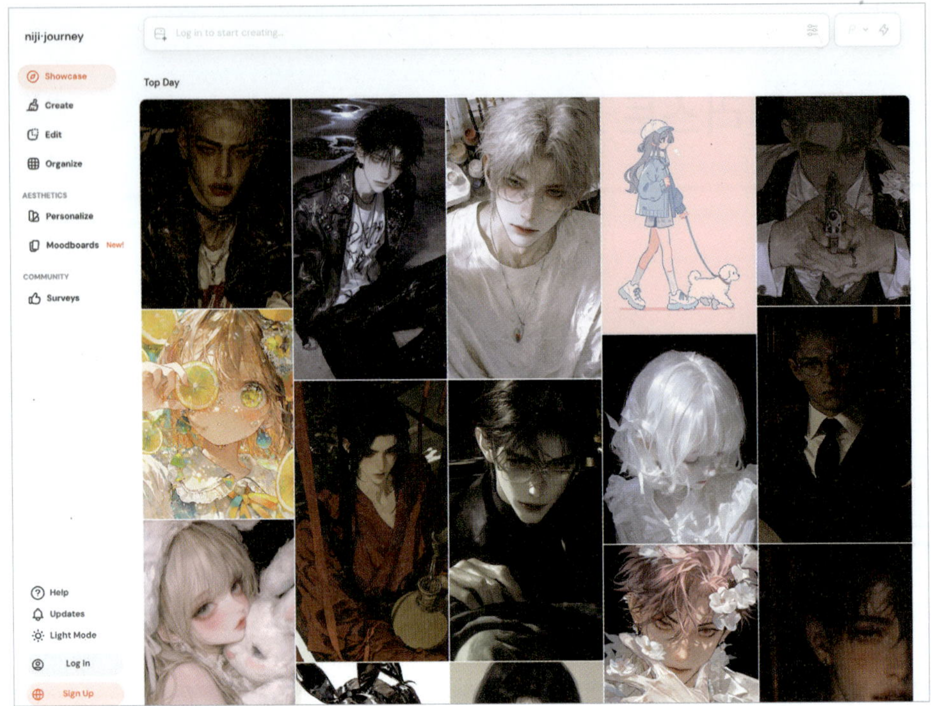

니지저니 전용 사이트

동일한 프롬프트를 넣더라도 니지저니 버전은 미드저니 V8과 달리 **만화, 동화, 애니 메이션** 느낌이 강하게 반영된 스타일로 완성됩니다.

미드저니 버전(V8)   니지저니 버전(niji 7)

1. 미드저니 바의 설정에서 버전을 [niji 7]로 바꿔 주세요. 또는 매개변수 --niji 7을 붙여도 됩니다. 아래 프롬프트 중 하나를 입력하고 Enter 를 누릅니다.

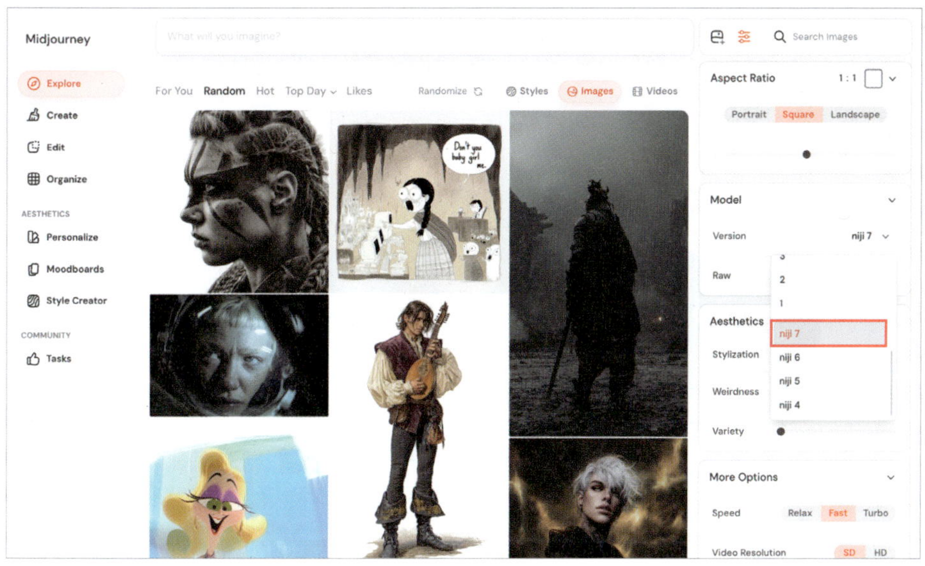

텍스트 프롬프트

- a student sitting at a desk --niji 7
- a girl riding a bicycle --niji 7
- a princess holding a bouquet of flowers --niji 7
- a boy inside a spaceship --niji 7

2. 동화 느낌이 물씬 풍기는 이미지가 만들어졌습니다.

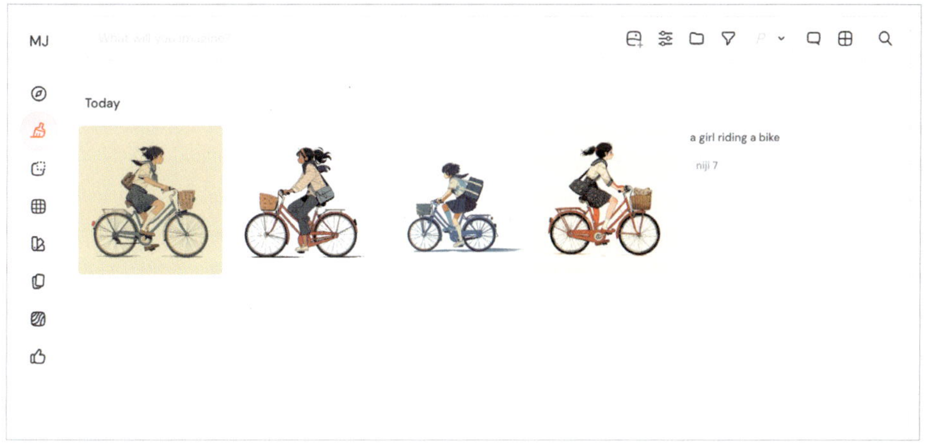

니지저니는 감성적인 캐릭터 일러스트나 애니메이션풍 장면 구성, 동화책, 웹툰, 굿
즈, 캐릭터 디자인 등 다양한 일러스트 작업에 잘 어울려요. 기본 버전(--v)과는 다
른 전용 모델이기 때문에, 감성 일러스트나 캐릭터 중심의 이미지를 만들고 싶다면
--niji 7를 사용하는 걸 추천합니다.

손그림 일러스트

감성적인 일러스트

웹툰 스타일 일러스트

캐릭터 디자인

미드저니 다른 버전도
확인해 보세요!

미드저니는 버전마다 이미지 스타일과 표현 방식이 다릅니다. 같은 프롬프트라도 버전에 따라 느낌이 달라지기 때문에 직접 비교해 보면서 자신에게 맞는 버전을 찾아보세요.

버전	특징
V8	프롬프트 이해력이 향상되고 디테일 유지가 안정적이며 생성 속도도 훨씬 빨라짐
V6~V7	디테일이 훨씬 더 정교하고 인물 묘사나 섬세한 표정, 스타일 표현에 특히 강함
V4~V5	사실적이고 안정적인 이미지 표현에 적합
V1~V3	실험적이고 거친 느낌이 강해서 창의적인 왜곡이나 독특한 스타일을 줄 때 유용
니지저니	애니메이션 스타일에 특화된 전용 모델로 캐릭터나 감성 일러스트 작업에 잘 어울림

원하는 느낌이 잘 나오지 않는다면 V7, V6 또는 niji 7도 함께 써보는 걸 추천합니다.

버전별 결과 비교하기

동일한 프롬프트에 다양한 버전을 적용해 비교해 보세요.

> 버전이 높다고 무조건 더 좋은 게 아니에요! 취향에 따라 선택해 보세요.

V8

V7

V6

V5

V4

V3

V2

niji 7

niji 6

미드저니 V8에서 달라진 점

2026년 3월, 미드저니가 V8 버전으로 업데이트되었습니다. 이번 버전에서는 이미지 퀄리티뿐 아니라 속도와 인터페이스, 개인화 기능까지 전반적으로 크게 개선되었어요. 아래 내용을 참고해 이미지 생성에 바로 활용해 보세요.

1. 이미지 퀄리티와 속도의 높은 향상

프롬프트를 이해하는 능력이 좋아지면서 더 정교한 이미지를 만들 수 있게 되었습니다. 이제는 단순한 키워드 나열이 아니라 문장 형태로 구체적으로 설명해도 잘 반영됩니다. 디테일 표현과 이미지의 전반적인 완성도도 높아져 인물, 질감, 구조가 이전보다 더 자연스럽게 이어집니다. 텍스트 표현 역시 개선되어 다양한 작업에 활용하기 쉬워졌어요.

미드저니 V8로 생성한 예시 이미지

또한 이미지 생성 속도가 이전보다 약 5배 빨라져 여러 시안을 빠르게 비교하고 수정하는 작업도 훨씬 편해졌습니다.

2. 더 편리해진 인터페이스와 작업 방식

V8 버전의 인터페이스에서 가장 큰 변화는 설정 메뉴가 사이드 바로 이동했다는 점입니다. 이제 [설정] 아이콘을 누르면 메뉴가 화면을 가리지 않고 오른쪽에 떠서 편하게 옵션을 조정할 수 있어요. 바뀐 인터페이스 덕분에 작업 흐름을 끊지 않고 파라미터를 변경할 수 있습니다.

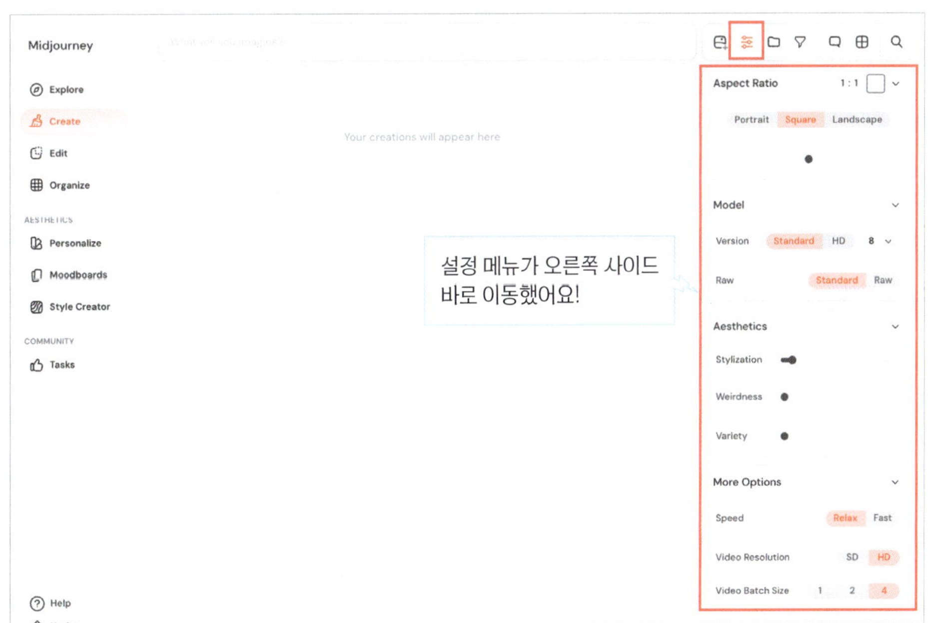

또 하나의 변화로 **그리드 모드**^{Grid Mode} ⊞가 생겼습니다. 그리드 모드는 [Create] 탭에서 여러 결과를 나열하는 대신 하나의 큰 이미지 세트에 집중할 수 있는 방식입니다. ⊞ 아이콘을 눌러 활성화할 수 있습니다. 결과를 한 화면에서 비교하며 선택하기 쉬워졌습니다.

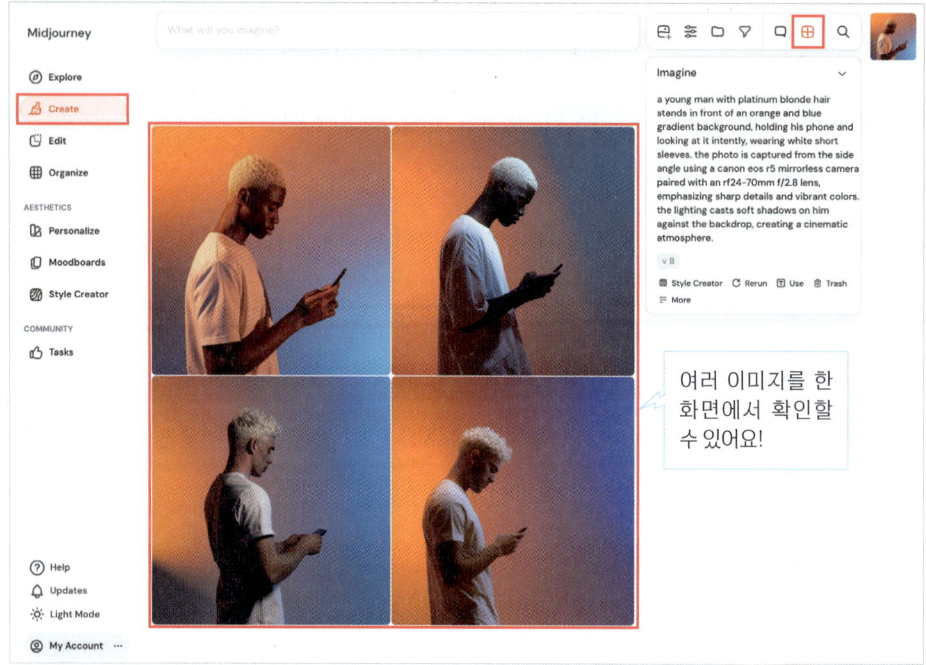

3. 강화된 해상도와 품질 옵션

--hd 매개변수(2K 네이티브 렌더링)

기본 1K(1024×1024) 해상도에서 2K(2048×2048)로 이미지를 생성할 수 있어요. 출력용 이미지나 디테일이 중요한 작업에서 특히 유용합니다.

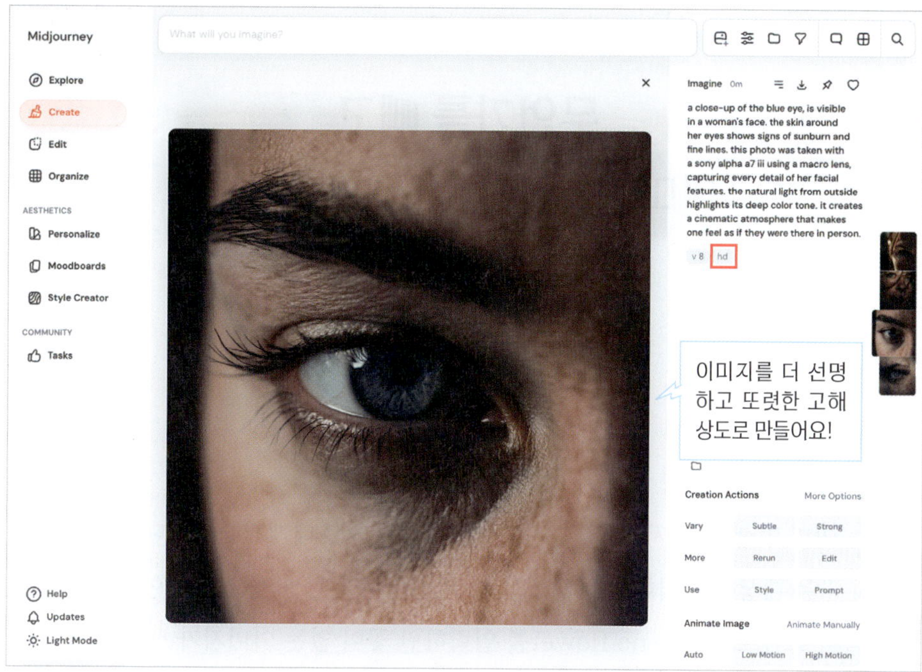

--q 4 매개변수

이미지의 일관성과 완성도를 더 높이고 싶을 때 사용할 수 있어요. 구성이 복잡한 장면이나 인물 중심 작업에서 안정적인 결과를 얻을 수 있습니다.

무언가를 빼고
이미지를 생성하고 싶다면?

생성할 때 이건 빼줘! --no

--no는 이미지 생성 시 제외하고 싶은 요소를 지정하는 매개변수입니다. --no 뒤에
원하지 않는 대상을 입력하면 해당 요소가 빠진 이미지가 나올 가능성이 높아져요.
예를 들어 프롬프트에 --no flower를 입력하면 꽃이 없는 이미지가 생성돼요. 복수
입력도 가능해서 --no fruit, apple, banana처럼 여러 요소를 한꺼번에 제외할 수
도 있습니다.

Spring --raw

Spring --raw --no flower

매개변수	설명
--no	이미지 생성 시 빼고 싶은 요소를 제외함

텍스트 프롬프트에서는 챗GPT처럼 AI와 대화하듯 입력하면 안 돼요. 예를 들어 '빼
줘', '하지 마', '제외해 줘' 같은 표현은 사용하지 않고 --no 뒤에 제외할 대상을 명
확한 키워드 형태로 적어야 합니다.

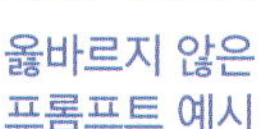

옳바르지 않은 프롬프트 예시	• portrait of a girl, please remove the glasses • fantasy landscape without any dragons • create a cityscape, but please remove cars	
올바른 미드저니 프롬프트 구조	• portrait of a girl --no glasses • fantasy landscape --no dragons • cityscape --no cars	

하면 된다!} 물고기 없는 바닷속 이미지 만들기

1. 미드저니를 열고 [Create] 탭을 눌러 프로젝트를 시작하세요. 다음 프롬프트를 입력하고 Enter 를 누릅니다.

텍스트 프롬프트   Under the sea --ar 5:3 --raw --no fish

바닷속 이미지를 생성하면 기본적으로 물고기가 함께 등장하는 경우가 많아요. 이때 프롬프트에 --no fish를 넣으면 물고기 없이 바닷속 풍경만 담긴 이미지를 만들 수 있습니다.

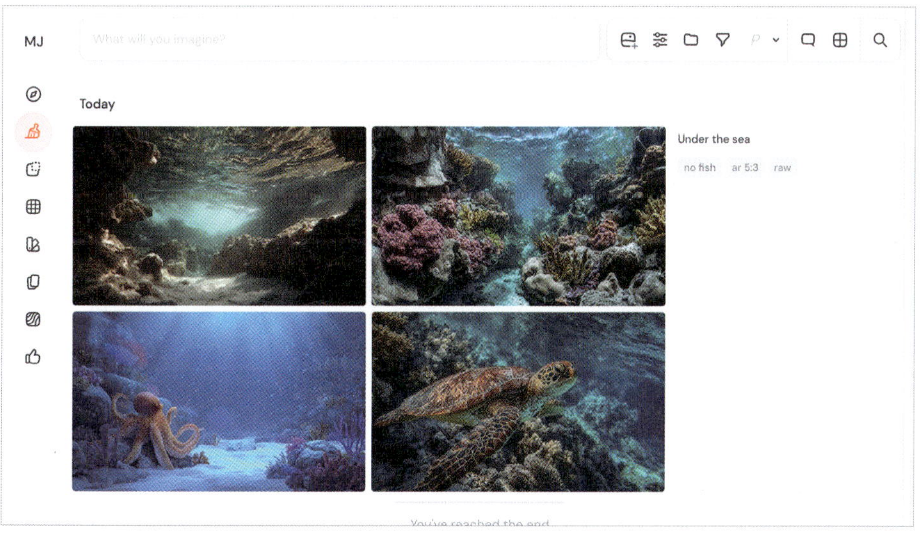

2. 다른 요소도 빼서 이미지를 생성해 볼까요? 다음 프롬프트를 입력하고 Enter 를 누릅니다. --no fish, octopus, turtle, jellyfish, coral처럼 5가지 요소를 한꺼번에 제외했는데, 정말로 그 요소들만 쏙 빠진 바닷속 이미지가 생성됩니다.

텍스트 프롬프트　　under the sea --ar 5:3 -raw --no fish, octopus, turtle, jellyfish, coral

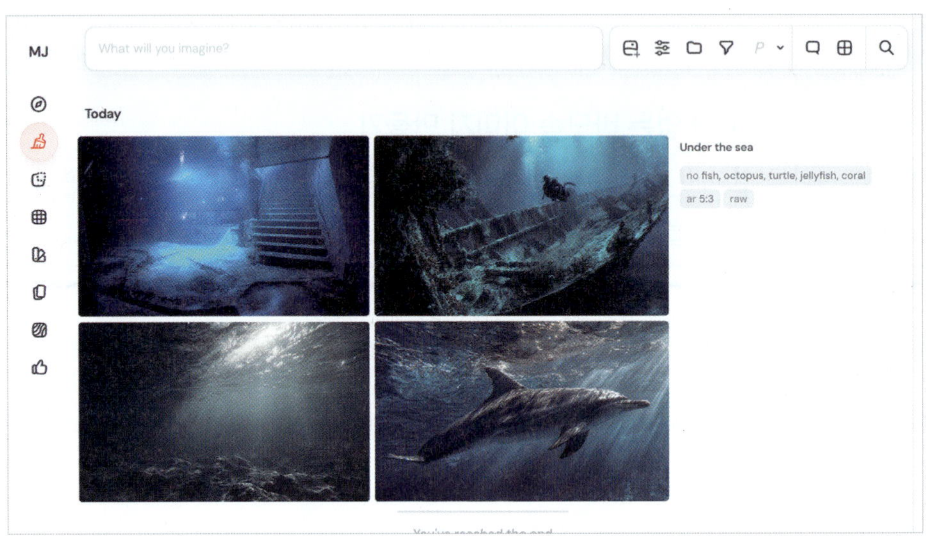

이처럼 --no 매개변수를 활용하면 평범한 요소들을 제외하고 생성하니 내가 미처 상상하지 못한 새로운 이미지를 만들어 주는 경우도 많아요.

하면 된다! } 주근깨 없는 여성 이미지 만들기

미드저니는 주근깨 있는 외국인 얼굴 데이터를 많이 학습했기 때문에 한국인 얼굴을 만들어도 피부에 주근깨가 보일 수 있어요. 이럴 땐 --no freckles를 입력하면 주근깨 없이 더 깔끔한 얼굴을 만들 수 있습니다.

--no freckles 적용 전

--no freckles 적용 후

1. 미드저니를 열고 [Create] 탭을 눌러 프로젝트를 시작하세요. 다음 프롬프트를 입력하고 Enter 를 누릅니다.

텍스트 프롬프트　　Korean beauty model, close-up, soft lighting, clear skin --no freckles

2. 주근깨 없이 깔끔한 한국인 얼굴이 생성되었어요.

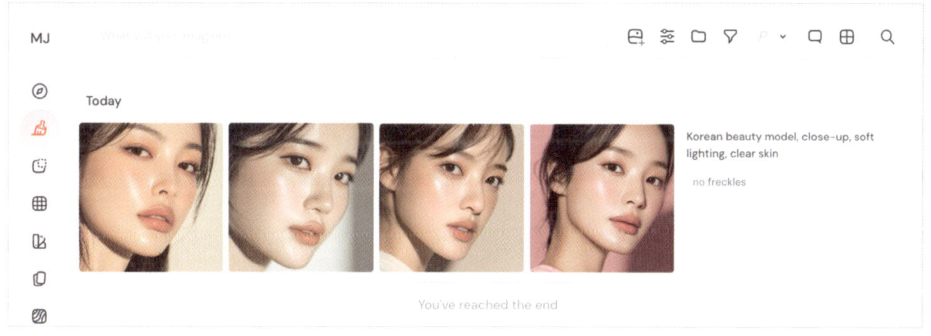

질문 있어요!　--no로 제외했는데도 여전히 생성될 수 있나요?

생성될 수 있어요! --no는 특정 요소가 생성될 확률을 낮추는 매개변수이지 절대 생성되지 않게 막는 명령어가 아니기 때문이에요. AI가 프롬프트를 얼마나 학습했는지, 해당 요소가 얼마나 자주 등장하는지에 따라 원하지 않는 요소가 그대로 생성될 수도 있고, 여러 번 재생성을 거쳐야 사라질 수 있어요.

아무리 해도 요소가 사라지지 않는다면 미드저니의 [Edit] 기능을 사용해 해당 부분만 다시 생성하거나, 포토샵 등의 프로그램으로 후작업하는 것이 더 효과적일 수 있습니다. AI가 모든 걸 한번에 완벽하게 해주는 건 아니니까요!　　💜 미드저니의 [Edit] 기능은 06-2절을 참고하세요.

--no 매개변수는 이미지에서 빼고 싶은 요소를 미드저니에 알려 주는 기능입니다. 뒤에 제외할 대상을 써주기만 하면 미드저니가 그걸 생성하지 않도록 조절해서 이미지가 훨씬 원하는 방향으로 나올 수 있어요.

green meadow --no clouds

a person walking in the rain --no umbrella

children's birthday party --no balloons, cake

뻔한 이미지 말고
독특한 이미지를 만들고 싶다면?

조금 더 예상 밖의 분위기나 미묘한 감정, 독특한 느낌을 표현하고 싶다면 --chaos, --weird, --exp 같은 매개변수를 함께 활용해 보세요. --chaos, --weird, --exp 는 이미지의 구성이나 주제를 크게 바꾸지 않으면서도 결과물에 감정의 농도나 스타일의 개성을 더해 줘요. 여기에 --tile까지 더하면 이미지가 끊김 없이 반복되는 구조로 만들어져 하나의 패턴처럼 사용할 수도 있습니다.

감성적인 연출부터 패턴 디자인까지 다양한 실험에 매개변수를 활용해 보세요!

매개변수	설명
--chaos	결과가 얼마나 다양하게 나올지 정함
--weird	이미지가 얼마나 독특하고 기묘하게 나올지 조절함
--exp	감정이나 분위기가 얼마나 강하게 표현될지 조절함
--tile	패턴으로 만들기 좋은 이미시로 생성함

결과물의 다양성을 조절하는 매개변수, --chaos

--chaos는 결과물의 변화 폭을 조절하는 매개변수예요. 미드저니로 이미지를 생성할 때 생성되는 4개의 이미지 각각에 다양성을 주고 싶다면 --chaos를 써보세요.

--chaos의 기본값은 0이고 100까지 설정할 수 있어요. --chaos 0은 안정적이고 일관된 결과가, --chaos 100은 변화가 크고 예상치 못한 이미지가 만들어져요.

--chaos 0(기본값)   --chaos 100(최댓값)

동일한 프롬프트에 --chaos 값을 기본값과 최댓값으로 나눠 적용해 보면 결과 이미지의 다양성이 어떻게 달라지는지 확연히 느낄 수 있습니다.

기본값일 때는 4개의 이미지가 서로 유사한 분위기와 구성을 유지하지만, 값을 높일수록 이미지 간의 차이가 커지고 예측하지 못한 결과들이 나올 수 있어요. 나아가 프롬프트에서 살짝 벗어난 주제나 구성을 가진 이미지가 생성되기도 해서 실험적인 아이디어가 필요할 때 효과적으로 활용할 수 있습니다.

독특한 이미지 스타일을 만드는 매개변수, --weird(--w)

--weird 매개변수를 사용하면 의도적으로 기이하고 독특한 이미지를 생성할 수 있습니다. 예술적인 실험이나 독특한 무드를 표현하고 싶을 때 특히 효과적인데, 값을 높일수록 이미지에 기묘한 왜곡이 더해져 점점 더 추상적인 느낌으로 변해요.

--weird 매개변수의 기본값은 0이고, 최댓값은 3000까지 설정할 수 있어요. 값을 크게 설정할수록 프롬프트의 의도에서 많이 벗어난 이미지가 생성될 수 있기 때문에, 실

험적으로 사용할 때에도 주의가 필요합니다. 특히 너무 높은 값을 설정하면 예상하지 못한 결과가 나올 수 있으니, 단계적으로 값을 조정하면서 사용하는 것이 좋아요.

--weird를 추가해 만든 이미지

하면 된다!} 아이가 그린 외계인 그림 만들기

1. 미드저니를 열고 [Create] 탭을 눌러 프로젝트를 시작하세요. 프롬프트를 입력하고 Enter 를 누릅니다. 프롬프트에 --weird 매개변수를 추가해 값이 달라질수록 결과가 어떻게 바뀌는지 살펴보세요.

텍스트 프롬프트	
	• a child's crayon drawing of alien --weird 0
	• a child's crayon drawing of alien --weird 20
	• a child's crayon drawing of alien --weird 1000
	• a child's crayon drawing of alien --weird 3000

2. 같은 프롬프트를 사용해도 --weird 값에 따라 이미지가 표현되는 방식이 크게 달라집니다. 기본값인 --weird 0에서는 비교적 안정적인 구도의 외계인이 등장하지만, --weird 20부터는 색감이나 눈빛, 분위기에서 미묘한 변형이 느껴지기 시작해요. 값을 --weird 1000, --weird 3000까지 높이면 형태가 점점 더 왜곡되고, 배경이나 포즈에도 상상력과 기괴한 감성이 깊게 스며들어요.

--weird 0(기본값)

--weird 20

--weird 1000

--weird 3000

이처럼 --weird는 단순히 '이상하게' 만드는 것이 아니라, 익숙한 주제를 더 실험적이고 창의적으로 표현하는 데 활용할 수 있습니다. 현실적인 장면에서 벗어나 과장된 상상력이나 예술적인 기괴함을 연출하고 싶을 때 유용하게 사용할 수 있는 매개변수예요.

감정과 스타일 표현을 조절하는 매개변수, --exp

--exp는 이미지에 담기는 감정, 스타일, 분위기의 표현 정도를 조절하는 매개변수예요. 값이 높아질수록 이미지가 더 감각적이고 예술적인 느낌을 띠게 되고, 반대로 값이 낮을수록 프롬프트에 충실한 사실적인 이미지가 생성됩니다.

--exp 매개변수는 0부터 100까지 설정할 수 있으며, 기본값은 0이에요. 기능상으로는 --stylize와 비슷하지만, 실제로 사용해 보면 그보다 더 디테일이 살아 있고 감정이나 스타일이 깊이 스며든 이미지가 만들어집니다. 이미지에 감각적인 스타일링이 필요하거나 감정이 묻어나는 장면을 만들고 싶을 때 유용하게 사용할 수 있어요. 특히 이미지의 디테일을 미묘하게 끌어올리고 싶을 때 한 번쯤 시도해 볼 만한 매개변수입니다.

다만 값을 너무 높이면 프롬프트 해석력이 떨어질 수 있으니, 이미지가 의도한 콘셉트에서 벗어나지 않도록 주의해서 사용하는 것이 좋아요.

--exp를 추가해 만든 이미지

하면 된다!} 미니멀한 한국인 여성 프로필 이미지 만들기

1. 미드저니를 열고 [Create] 탭을 눌러 프로젝트를 시작하세요. 프롬프트를 입력하고 Enter 를 누릅니다. 프롬프트에 --exp 매개변수를 추가하고 값을 조절해 보세요.

텍스트 프롬프트
- Korean woman in a minimal portrait photo, clean background --exp 0
- Korean woman in a minimal portrait photo, clean background --exp 100

---

2. 기본값인 --exp 0에서는 비교적 자연스럽고 'Korean'이라는 프롬프트가 잘 반영된 얼굴이 만들어집니다. 하지만 최대치인 --exp 100에서는 인물의 외형이 달라지면서 'Korean'이라는 키워드가 제대로 반영되지 않는 경우도 생겨요.

--exp 0(기본값)   --exp 100(최댓값)

이처럼 값을 너무 높이면 이미지가 의도한 콘셉트에서 벗어날 수 있으니, 감성 표현의 강도를 조절할 때는 프롬프트 해석력이 유지되는 범위 내에서 활용하는 것이 좋아요.

자연스럽게 이어지는 패턴을 만드는 매개변수, --tile

--tile 매개변수를 사용하면 이미지를 반복해 배치했을 때 경계가 자연스럽게 이어지는 타일형 패턴을 만들 수 있습니다. 벽지나 포장지, 배경 패턴처럼 **연속적인 이미지 디자인**이 필요할 때 유용하게 활용돼요. 단, 이 기능은 단일 이미지에만 적용되기 때문에, 완성된 패턴을 실제로 테스트해 보려면 별도의 툴이나 에디터에서 확인해 보는 것이 좋습니다.

--tile로 만든 패턴　　　패턴 적용

--tile로 만든 패턴　　　패턴 적용

하면 된다!} 가을 패턴 만들기

낙엽이 반복되는 따뜻한 가을 분위기의 패턴을 만들어 보겠습니다. --tile 매개변수를 활용하면 이미지가 끊김 없이 이어져 벽지나 포장지처럼 자연스러운 패턴으로 활용할 수 있습니다.

1. 미드저니를 열고 [Create] 탭을 눌러 프로젝트를 시작하세요. 프롬프트를 입력하고 [Enter]를 누릅니다.

텍스트 프롬프트　simple pattern of autumn leaves, maple and oak, warm orange and brown tones, soft watercolor illustration, cozy seasonal design --tile

2. 생성된 이미지를 클릭해 확대해 보세요. 경계 부분이 자연스럽게 이어지는 것을 확인할 수 있습니다.

--tile로 만든 패턴　　　패턴 적용

 패턴으로 사용 가능한지 확인하고 싶어요!

생성된 이미지를 실제 패턴으로 사용하고 싶다면 Seamless Pattern Checker(patter nchecker.com) 같은 패턴 제작 도구를 사용해 여러 타일이 어떻게 어울리는지 확인해 보는 것이 좋아요. 이런 도구를 활용하면 타일 간의 이음새가 자연스럽게 이어지는지, 반복 사용 시 어색한 부분은 없는지 확인할 수 있습니다.

패턴 이미지

패턴 적용(이음새 확인)

프롬프트 쉽게 쓰는 방법, 어디 없나요?

미드저니에서 작업하다 보면 '일단 빠르게 초안을 보고 싶을 때'와 '프롬프트 작성이 막막할 때'가 있어요. 이럴 때 유용하게 쓸 수 있는 기능이 바로 [Draft] 모드와 [Conversational] 모드입니다.

[Draft] 모드: 아이디어를 빠르게 확인하기

[Draft] 모드는 말 그대로 '초안용 모드'예요. 고품질 이미지를 기다리지 않고 저해상도로 빠르게 여러 시안을 만들어 볼 수 있습니다. 구도나 분위기만 먼저 보고 싶은 단계에서 특히 유용해요.

하면 된다!} [Draft] 모드로 빠르게 초안 만들기

1. [Draft] 모드 아이콘(⚡)을 눌러 활성화하고 프롬프트를 작성합니다.

2. 마음에 드는 초안 이미지가 생성되었다면 해당 이미지 위에 마우스를 올려 놓고 [Enhance] 버튼을 눌러 더 높은 품질로 재생성합니다.

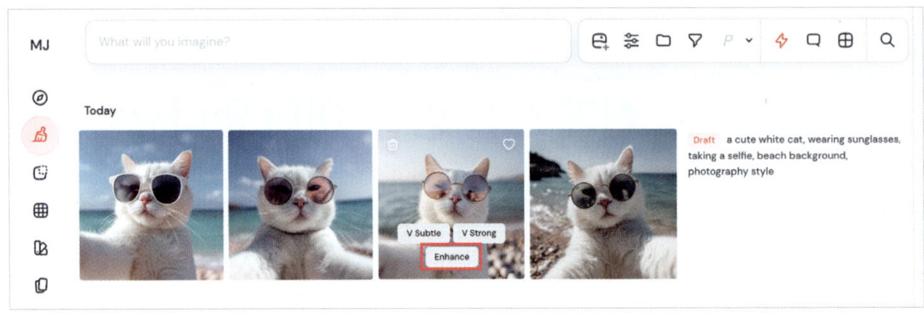

이렇게 하면 [아이디어 스케치] → [완성 이미지] 순서로 훨씬 빠르게 작업할 수 있습니다.

[Conversational] 모드: 대화하듯 이미지 만들기

[Conversational] 모드는 이름 그대로 AI와 대화하면서 이미지를 생성하는 기능입니다. '프롬프트를 어떻게 써야 하지?' 하는 고민이 필요 없이 떠오르는 키워드를 입력하거나 음성으로 말하면 AI가 알아서 문장을 다듬어 프롬프트를 완성해 줍니다. 내 아이디어를 기반으로 AI가 프롬프트를 대신 써주기 때문에 직접 작성할 필요가 없어요. [Conversational] 모드는 [Draft] 모드와 함께 사용해도 되고, [Draft] 모드 없이 단독으로 활용할 수도 있어요.

하면 된다!} [Conversational] 모드로 이미지 생성하기

[Conversational] 모드 아이콘(▢)을 눌러 활성화합니다. [Conversational] 모드는 다음과 같이 2가지 방법으로 사용할 수 있어요.

1. 텍스트 입력하기

첫 번째 방법은 텍스트를 입력하는 것입니다. 떠오르는 아이디어나 키워드를 입력하고 실행하세요. 그러면 AI가 입력된 아이디어를 토대로 살을 덧붙여 프롬프트와 이미지를 생성해 줍니다.

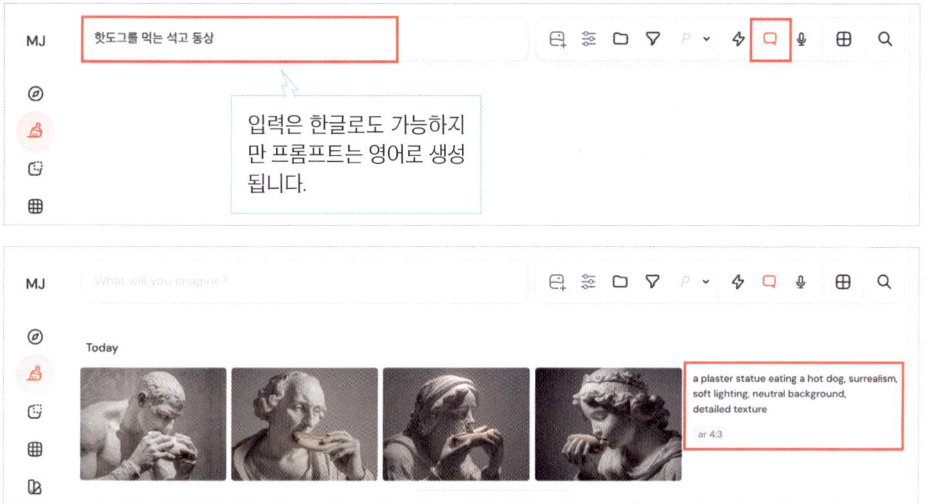

2. 음성 입력하기

두 번째 방법으로 음성으로도 프롬프트를 입력할 수 있습니다. **마이크 아이콘(🎤)**을 클릭하고 프롬프트를 말해 보세요. 한국어뿐만 아니라 다양한 언어로 아이디어를 말할 수 있어요.

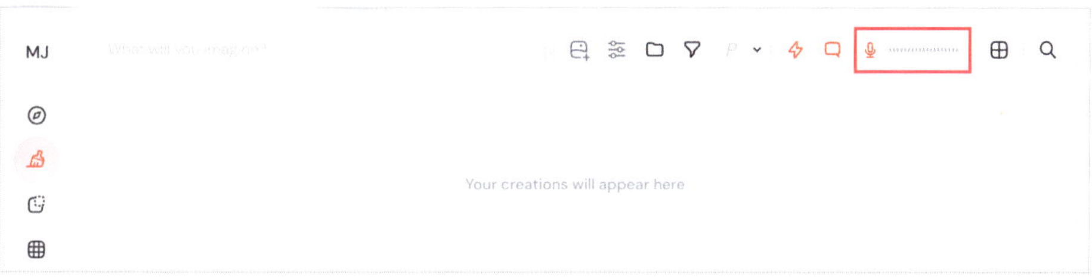

3. '공원에 있는 검은 고양이'라고 말했더니, 미드저니가 이를 해석해 'a black cat in a serene park, surrounded by lush greenery, soft sunlight filtering through the trees…' 같은 풍부한 프롬프트로 만들어 줍니다.

4. 이번에는 '공원에서 고양이와 함께 있는 여자를 추가해 줘'라고 말했어요. 그러자 미드저니가 자동으로 'a black cat in a serene park, a woman sitting nearby…' 같은 프롬프트를 만들어내고 고양이 옆에 여자가 함께 있는 장면을 생성했습니다.

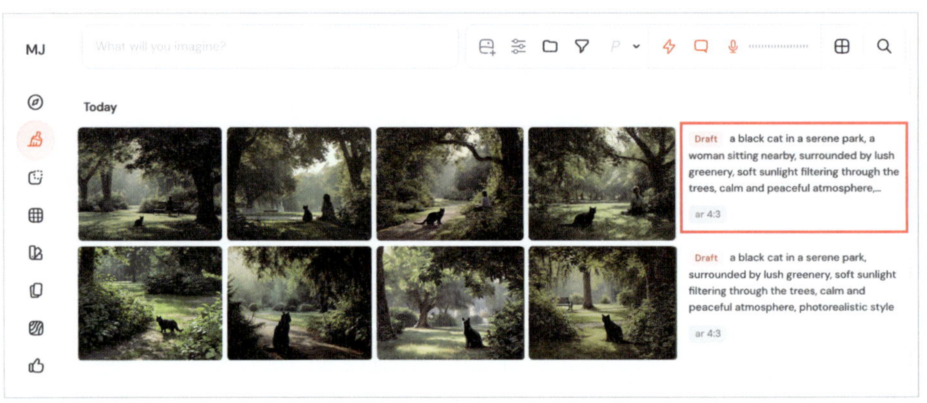

이처럼 [Conversational] 모드는 내가 말한 내용을 기반으로 프롬프트를 점점 확장하며 필요한 요소를 더해 주는 방식으로 이미지를 발전시킬 수 있습니다.

[Draft] 모드로 초안을 금방 확인하고, [Conversational] 모드로 아이디어를 대화하듯 이어가 보세요. 이렇게 2가지 기능을 같이 쓰면 미드저니 작업이 훨씬 편해지고 결과물도 더 빠르게 원하는 모습에 가까워질 거예요.

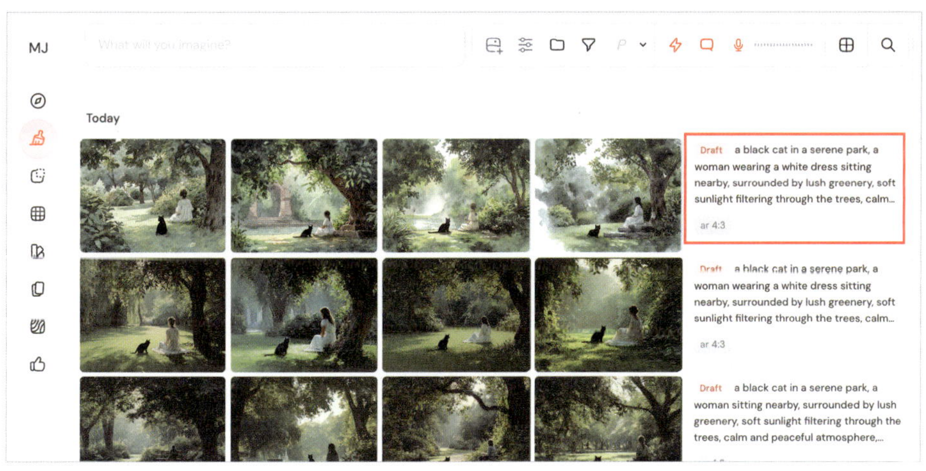

05

이미지를 같이 넣으면 AI가 더 잘 알아들어요!

미드저니에서는 텍스트뿐 아니라 이미지를 프롬프트처럼 활용할 수 있습니다.
내가 원하는 이미지의 느낌을 텍스트만으로는 설명하기 어렵다면 이미지를 함께 넣어 보세요.
사진 한 장만 입력해도 AI는 그 안의 인물, 구도, 스타일 등을 분석해 결과물에 반영합니다.
특히 말로 설명하기 어려운 콘셉트나 반복적으로 활용해야 하는
인물을 만들고 싶을 때 아주 유용합니다.
05장에서는 미드저니에 이미지를 넣는 방법부터
프롬프트와 함께 사용할 수 있는 실전 팁까지 하나하나 알아보겠습니다.

이미지를 같이 넣어 더 쉽게 결과물 만들기
— 이미지 프롬프트

미드저니처럼 [이미지 프롬프트]Image Prompts] 기능을 지원하는 도구에서는 텍스트 설명과 함께 이미지를 첨부하면 훨씬 더 정밀한 결과가 나옵니다. 예를 들어 'driving a car'라는 문장과 함께 운전석에서 바라본 도로 풍경처럼 특정한 구도의 이미지를 첨부하면 AI는 문장과 이미지를 참고해 훨씬 더 정확하고 의도에 가까운 결과물을 만들어 줍니다.

[이미지 프롬프트]를
사용하지 않은 경우

[이미지 프롬프트]를
사용한 경우

원하는 결과물을 더
쉽게 얻을 수 있어요!

이미지 프롬프트란?

이미지 프롬프트 Image Prompts는 **AI가 무엇을 만들지**를 시각적인 이미지로 직접적으로 설명합니다. AI는 첨부된 이미지를 분석해 내용, 배경, 구도, 색감 등을 참고하여 생성 결과의 방향을 잡습니다. 말로 설명하기 어려운 장면이나 느낌을 구체적인 예시 이미지로 보완하는 방식이죠.

이미지 프롬프트를 사용하는 3가지 방식

이미지 프롬프트는 다음 3가지 방식으로 사용할 수 있습니다.

❶ 단일 이미지 + 텍스트 프롬프트

1장의 이미지를 업로드하고, 생성하고 싶은 내용을 텍스트로 함께 입력합니다. 이때 텍스트에는 최종 이미지에 필요한 스타일, 배경, 감정, 조명 등을 구체적으로 써주는 것이 좋아요.

> V8 알파 사이트에서는 이미지 프롬프트와 옴니 레퍼런스가 보이지 않을 수도 있습니다. 하위 버전을 선택하고 진행해 보세요.

❷ 여러 이미지 프롬프트(텍스트 없이)

2장 이상의 이미지를 넣어 스타일이나 구도를 혼합할 수 있어요. 미드저니는 각 이미지의 시각적 특징을 분석해 새로운 스타일을 만듭니다.

❸ 여러 이미지 + 텍스트 프롬프트

여러 장의 이미지를 넣고 부족한 디테일은 텍스트로 보완하는 방식이에요. 예를 들어 이미지에는 없는 '따뜻한 조명'이나 '안개 낀 분위기' 같은 요소를 글로 설명하면, AI가 이를 참고해 완성도 높은 이미지를 만들어 줄 수 있어요.

하면 된다!} 미드저니에서 이미지 프롬프트 추가하기

03장에서 다룬 이매진 바를 기억하나요? 이미지 프롬프트는 바로 이 이매진 바에 추가합니다.

1. 먼저 화면 위쪽의 이미지 아이콘(ⓔ)을 클릭해 보세요.

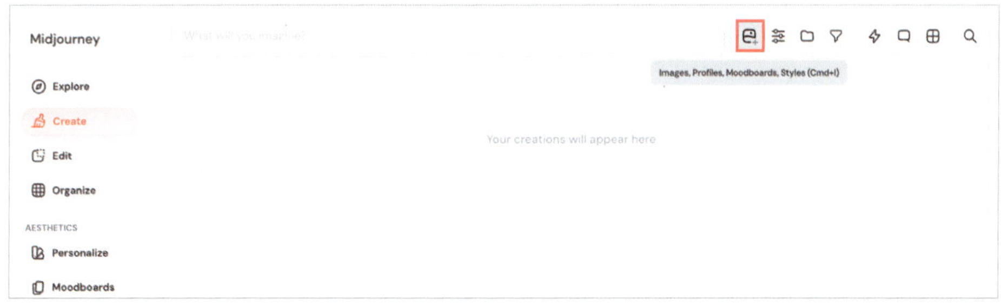

2. 오른쪽 사이드 바에 이미지 패널이 열립니다. [Image Prompts] 칸을 클릭해 선택하고, [Upload]를 클릭해 이미지를 불러오세요.

💜 나머지 [Style References], [Omni References]에 대해서는 각각 05-2절, 05-3절에서 다룹니다.

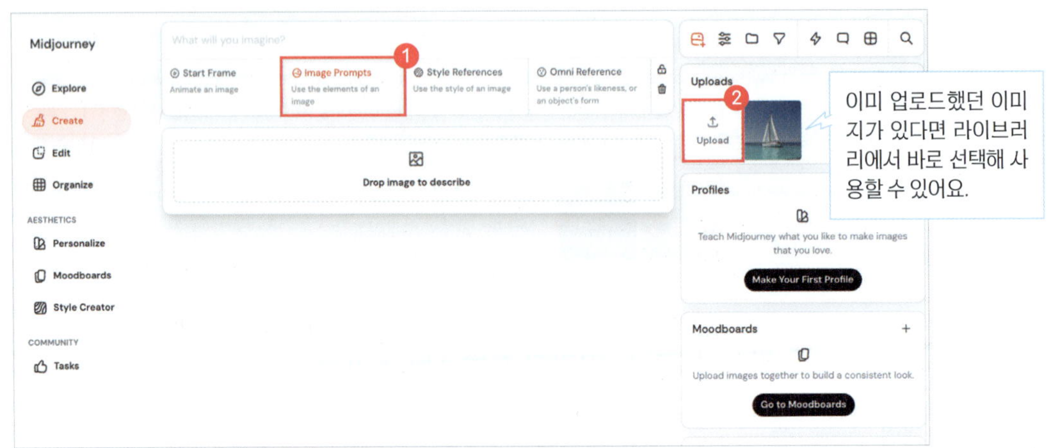

3. 불러온 이미지를 선택하면 [Image Prompts] 칸에 해당 이미지가 추가됩니다.

💜 이미지는 한 개만 프롬프트로 활용할 수도 있고, 여러 개의 이미지를 동시에 넣어 이미지 프롬프트로 활용할 수도 있어요.

💜 이미지를 제거하고 싶다면 이미지 위에 마우스를 올려 놓고 X 버튼을 클릭하면 됩니다.

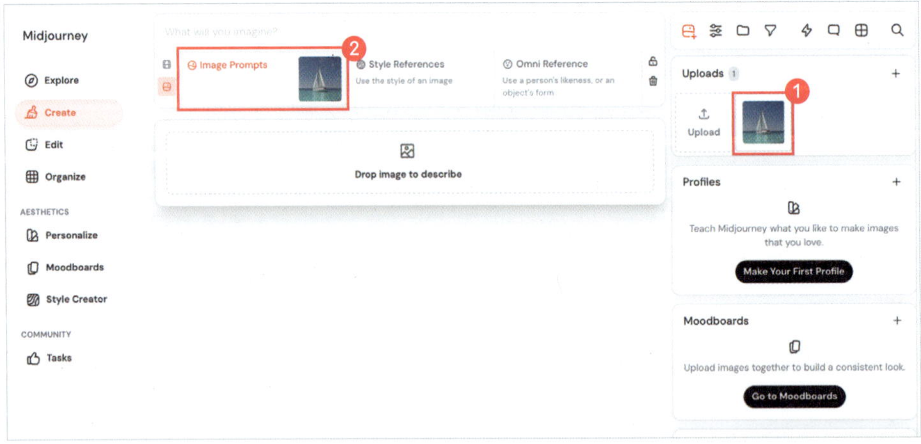

4. 또 다른 방법도 있어요. 컴퓨터에서 [Image Prompt] 칸으로 이미지를 직접 드래 그해 놓기만 해도 프롬프트에 이미지가 추가됩니다.

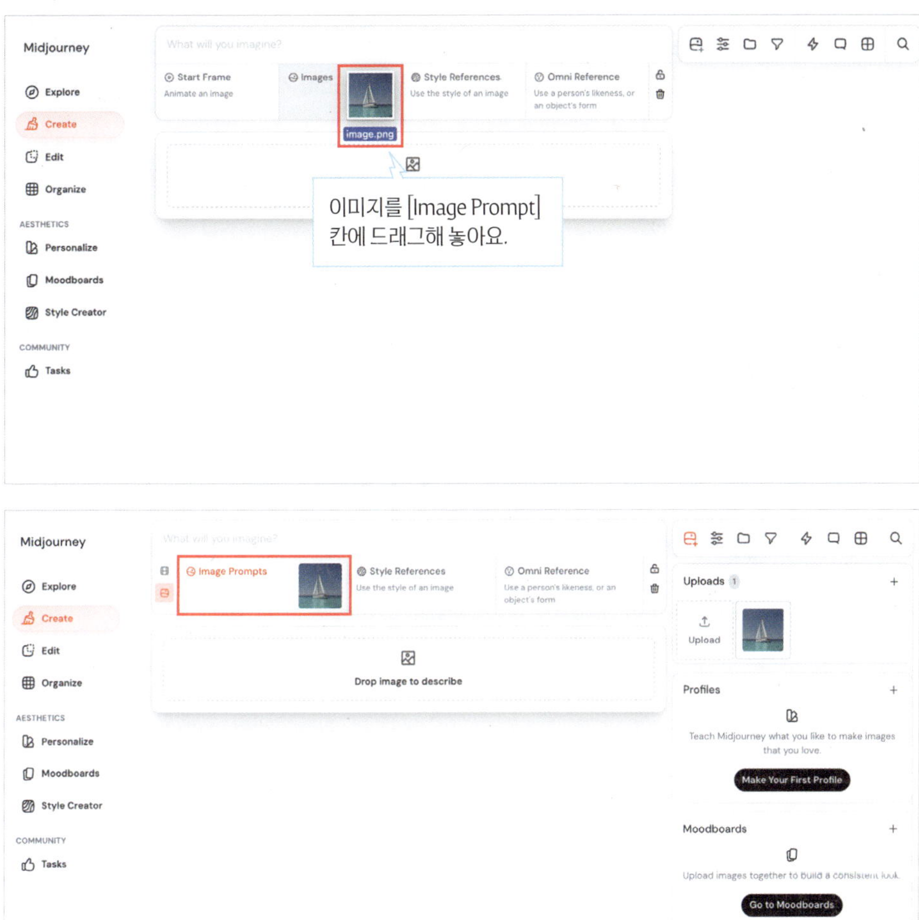

미드저니는 [Image Prompts]와 [Style References]로 넣은 이미지를 그대로 따라 그리는 것이 아니라, 이를 바탕으로 새로운 창작물을 만들어냅니다. 만약 특정 이미지를 직접 수정하고 싶다면 [Edit] 기능을 활용해 보세요.

1. 프롬프트로 수정한다면?

이미지를 프롬프트로 넣으면 원래 대상의 느낌은 남지만 그대로 유지되지는 않고 전체적인 분위기와 표현이 달라집니다.

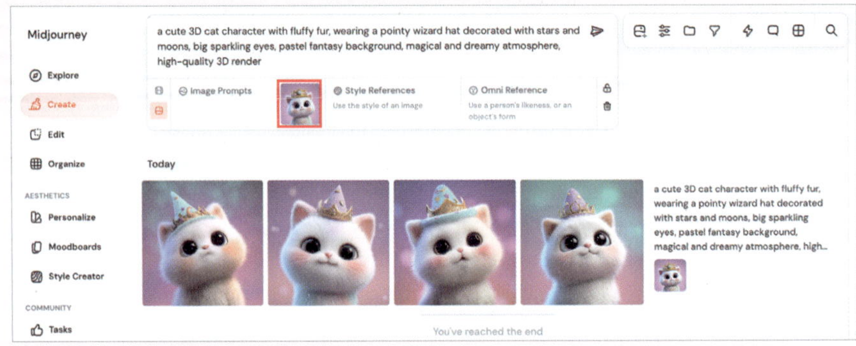

2. [Edit] 기능을 사용한다면?

구도와 고양이는 그대로 유지되면서 왕관 부분만 마법사 모자로 바꿀 수 있어요.

💜 [Edit] 기능은 06-2절에서 자세히 다룹니다.

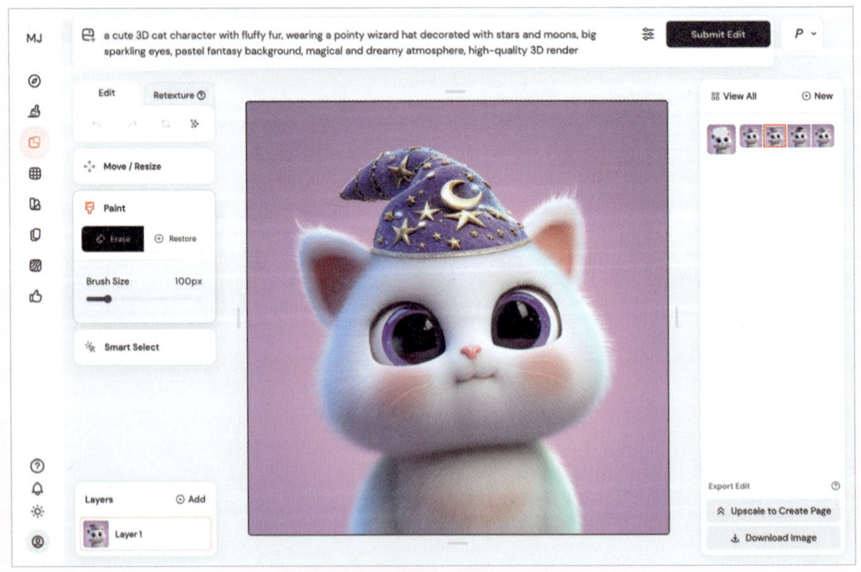

이미지 영향력 조절하는 매개변수, --iw

이미지 프롬프트의 **반영 강도**는 **--iw**^{image weight} 매개변수로 조절할 수 있어요. 기본값은 1이고, 일반적으로 0(최솟값)에서 3(최댓값) 사이의 값을 사용합니다. --iw 값을 높게 설정할수록 이미지의 내용, 색감, 구도 등이 강하게 반영되고, 낮게 설정할수록 텍스트 프롬프트의 영향력이 더 커집니다.

예를 들어 --iw 2.5처럼 값을 높이면 입력한 이미지의 분위기나 형태가 결과에 뚜렷하게 반영되고, --iw 0.5처럼 값을 낮추면 텍스트 위주의 이미지가 만들어집니다.

이와 같이 --iw 값을 조절하면 훨씬 더 유연하게 원하는 이미지를 만들 수 있어요.

텍스트 프롬프트   a cute teddy bear wearing a hoodie, digital illustration, pastel colors, soft shading, front view, cozy indoor environment, soft ambient lighting, calm and friendly mood **--iw 숫자**

이미지 프롬프트

--iw 0(최솟값): 이미지의 영향을 전혀 받지 않음

--iw 0.25

--iw 0.5

--iw 1(기본값)

--iw 2

--iw 3(최댓값): 이미지의 영향을 최대치로 받음

하면 된다!} 초현실적인 이미지 만들기

1. 미드저니를 열고 [Create] 탭을 눌러 프로젝트를 시작하세요. 다음 프롬프트를 입력하고 Enter 를 누릅니다.

텍스트 프롬프트   floating island in the sky, waterfalls, lush greenery, soft clouds, epic fantasy landscape

---

2. [Image Prompts] 칸에 준비한 이미지 05_01.jpg를 추가하고 Enter 를 누릅니다. 미드저니가 이미지의 구성과 색감을 참고해 이전과 다른 결과를 보여 줍니다.

텍스트 프롬프트   floating island in the sky, waterfalls, lush greenery, soft clouds, epic fantasy landscape

이미지 프롬프트

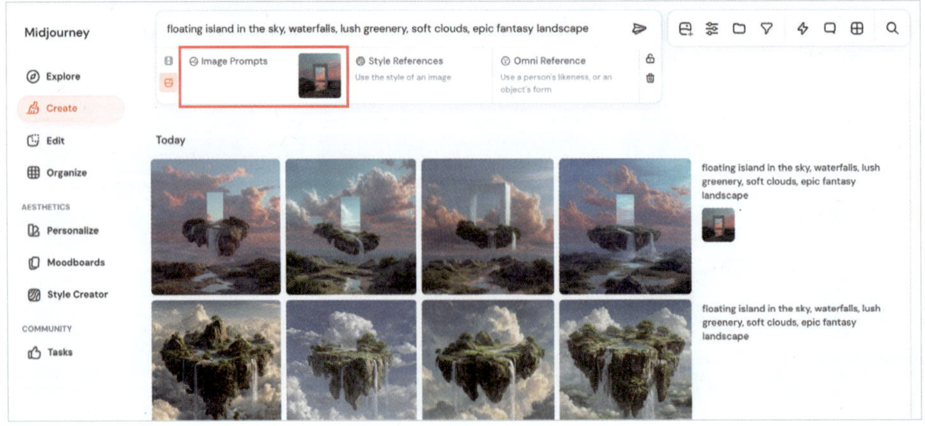

3. 텍스트 프롬프트 끝에 가중치(--iw 숫자)를 추가하고 Enter 를 눌러 보세요. 이미지 프롬프트의 가중치를 조정하며 원하는 느낌의 이미지를 생성합니다. 여기서는 --iw 1.25로 조절했습니다.

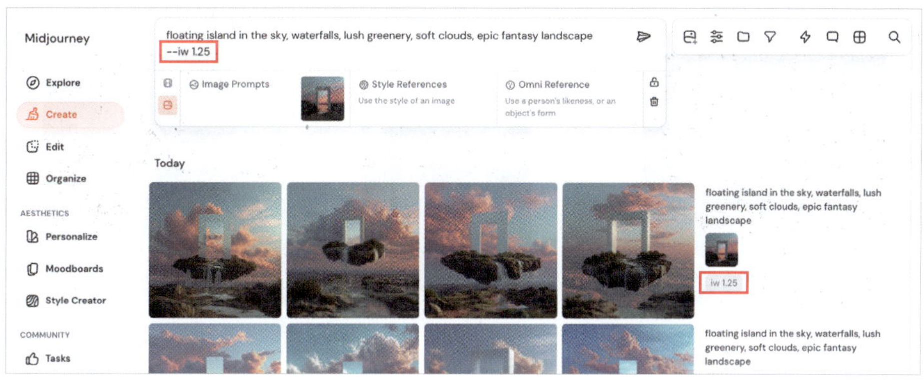

이미지 프롬프트, 이렇게 활용해요!

[Image Prompts] 기능은 언제 사용하면 좋을까요?

1 텍스트만으로는 설명이 부족할 때

'마법적인 파스텔 꽃밭'이라고 입력해도 '마법적'이라는 표현은 사람마다 다르게 해석될 수 있어요. 이럴 때 참고 이미지를 함께 넣어 주면 AI가 의도를 훨씬 더 정확하게 이해할 수 있습니다.

[이미지 프롬프트] 적용 전　　　　　　　　　　　　　[이미지 프롬프트] 적용 후

2 원하는 구도나 조명을 유지하고 싶을 때

촬영 각도와 조명의 느낌을 그대로 이어가면서 이미지를 변형하거나 확장할 수 있어요. 이렇게 하면 일관된 분위기를 자연스럽게 유지할 수 있습니다.

[이미지 프롬프트] 적용 전

[이미지 프롬프트] 적용 후

3 스타일이나 콘셉트를 직관적으로 전달하고 싶을 때

말로 길게 설명하는 대신 이미지 한 장이면 방향성이 명확해져요. AI에게는 이미지가 가장 빠르고 직관적인 언어예요.

[이미지 프롬프트] 적용 전

[이미지 프롬프트] 적용 후

그림의 스타일을 유지하고 싶다면?
— 스타일 레퍼런스

이미지의 분위기를 유지하면서 새로운 장면을 만들고 싶을 때가 있어요. 예를 들어 한 장의 이미지 스타일로 콘텐츠 시리즈를 만들거나, 같은 조명과 색감을 유지한 다른 인물 컷을 만들고 싶을 수도 있죠. 이럴 때는 이미지의 '스타일만' 따와서 다른 장면에 적용하는 방식이 유용합니다.

미드저니의 [스타일 레퍼런스Style Reference] 기능을 사용해 보세요.

[스타일 레퍼런스]를
사용하지 않은 경우

[스타일 레퍼런스]를
사용한 경우

동일한 느낌의 그림을
만들 수 있어요!

스타일 레퍼런스란?

스타일 레퍼런스 Style Reference는 '무엇을 만들지'가 아니라 **어떻게 만들지**에 가까운 기능이에요. 이미지에 담긴 색감, 재질 표현, 붓터치나 선의 흐름 같은 시각적 요소를 추출해 전혀 다른 장면에도 그 스타일을 덧입혀 새로운 이미지를 만들어 줍니다.

예를 들어 색연필로 그린 이미지를 스타일 레퍼런스로 넣으면 배경이나 인물이 전혀 달라도 비슷한 색연필 느낌의 이미지가 생성돼요. 장면이 바뀌더라도 일관된 분위기와 스타일을 유지하고 싶을 때 매우 유용하죠. 또한 스타일 레퍼런스에 여러 장의 이미지를 함께 넣어 복합적인 스타일로 만들 수도 있습니다.

하면 된다! } 미드저니에서 스타일 레퍼런스 추가하기

방법은 [Image Prompts]와 비슷합니다. 이미지 패널에서 [Style References] 칸을 클릭한 뒤, 스타일로 사용할 이미지를 업로드하세요. 이미 이전에 업로드한 이미지가 있다면 라이브러리에서 바로 선택해 사용할 수 있어요.

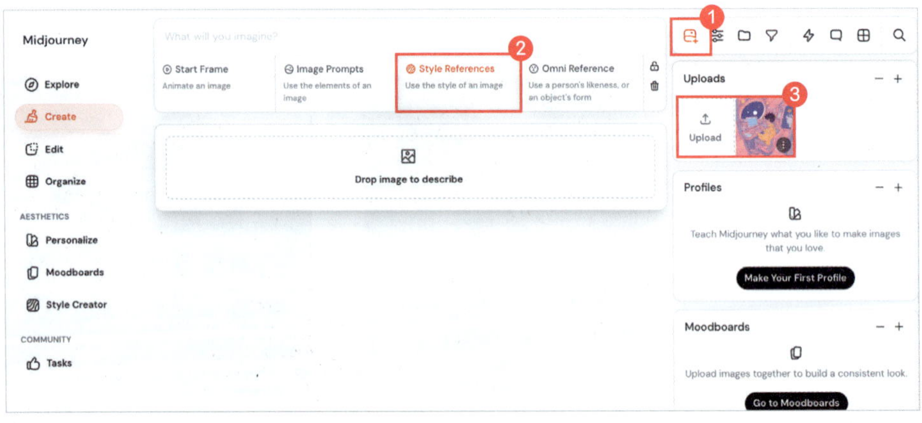

스타일이 반영되는 강도를 조절하는 매개변수, --sw

스타일 레퍼런스의 **반영 강도**는 **--sw**style weight 매개변수로 조절할 수 있어요. --sw는 0부터 1000까지 입력할 수 있으며, 기본값은 100입니다. 값이 높을수록 스타일이 더 강하게 반영되고, 낮을수록 원래 프롬프트의 내용이 우선시돼요.

예를 들어 --sw 800처럼 값을 높게 설정하면 스타일 특유의 색감이나 질감이 뚜렷하게 드러나고, --sw 20처럼 낮게 설정하면 스타일은 약하게 적용되고 텍스트 중심의 이미지가 만들어집니다.

스타일과 콘셉트 사이의 균형을 어떻게 잡을지는 작업 목적에 따라 달라져요. 원하는 결과에 따라 --sw 값을 조절해 보세요.

텍스트 프롬프트   a woman with long hair holding a flower bouquet --sw 숫자

스타일 레퍼런스

--sw 0(최솟값): 이미지의 영향을 전혀 받지 않음

--sw 50

--sw 100(기본값)

--sw 500

--sw 1000(최댓값): 이미지의 영향을 최대치로 받음

하면 된다!} 수채화 스타일의 동물 이미지 시리즈 만들기

1. 텍스트 프롬프트를 입력하고 준비한 05_02.png 이미지를 [Style References] 칸에 추가해 실행해 보세요. 미드저니가 첨부한 이미지의 시각적 특징을 학습해 스타일로 반영합니다.

텍스트 프롬프트   a cute fox in a forest, watercolor illustration

스타일 레퍼런스

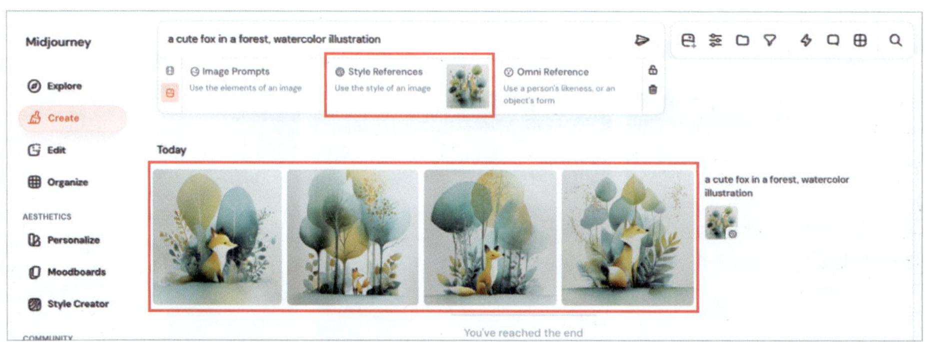

2. 텍스트 프롬프트 끝에 가중치(--sw 숫자)를 추가하고 Enter 를 누릅니다. 여기서는 --sw 300으로 설정했습니다.

스타일이 너무 강하게 반영된다면 --sw 값을 낮춰 보세요. 반대로 스타일의 느낌이 잘 드러나지 않는다면 --sw 값을 높여 더 뚜렷하게 표현할 수 있어요.

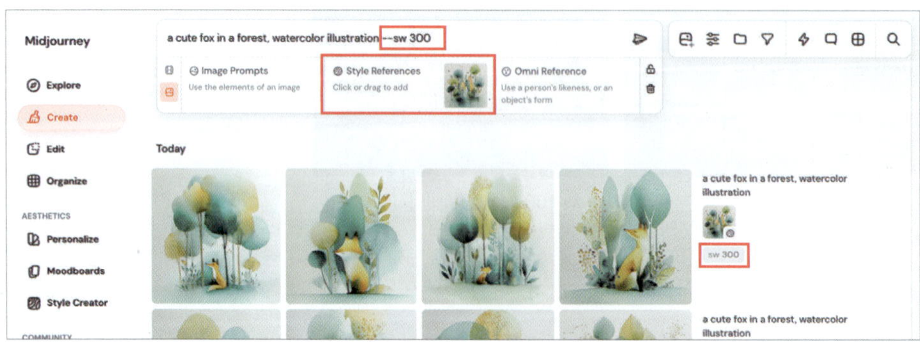

3. 다른 동물도 만들어 볼까요? 원하는 동물 키워드로 텍스트 프롬프트를 변경하고 이미지를 생성해 보세요.

텍스트 프롬프트　　a cute 동물 이름 in a forest, watercolor illustration

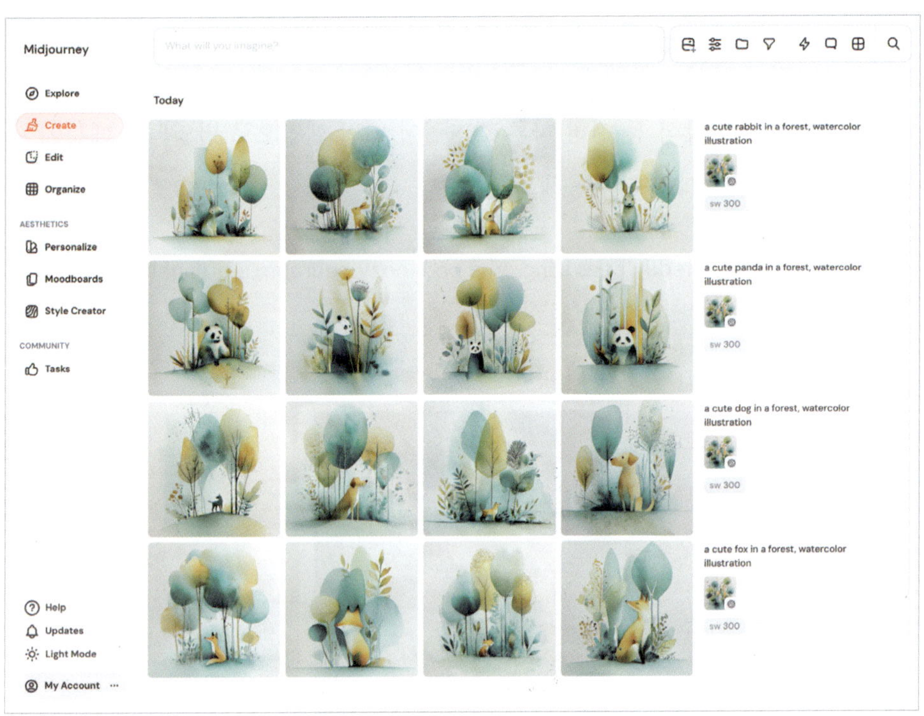

4. 동일한 수채화 스타일의 다양한 동물 일러스트가 완성되었습니다.

첨부한 [스타일 레퍼런스]　　　　　[텍스트 프롬프트] + [스타일 레퍼런스] 결과

참고할 이미지가 없다면 --sref random이라는 명령어로 다양한 스타일을 실험해 볼 수 있습니다. 이 기능은 미드저니 내부 라이브러리에 저장된 수많은 스타일 중 하나를 무작위로 적용해 주는 방식이에요. 즉 스타일 이미지를 직접 고르지 않아도 AI가 알아서 고유한 스타일을 선택해 생성 이미지에 적용해 줍니다.

색감, 질감, 드로잉 방식 등 전혀 다른 스타일이 매번 랜덤으로 반영되기 때문에 새로운 영감이 필요할 때 특히 유용해요.

텍스트 프롬프트 a teddy bear lying on a bed, cozy bedroom, soft lighting, realistic plush texture --sref random

1. 위 프롬프트를 입력하고 반복적으로 실행해 보세요. 각기 다른 스타일의 결과물이 나타납니다.

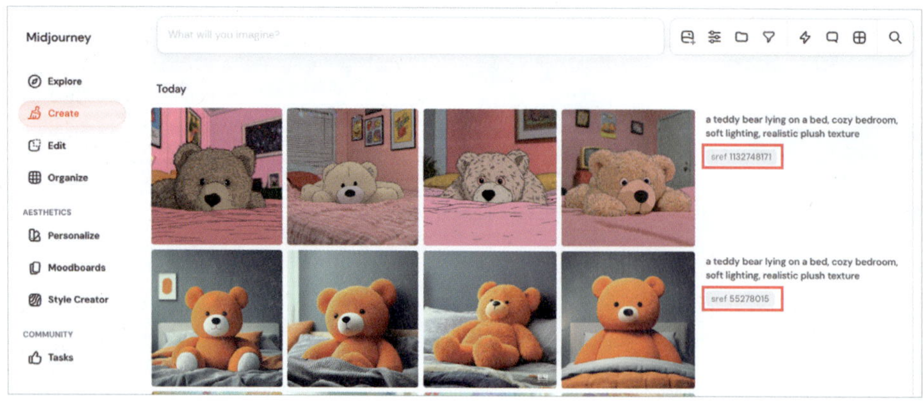

2. 결과 이미지 옆에 sref와 함께 나타난 숫자가 보이나요? 미드저니는 내부적으로 선택된 스타일에 고유한 숫자 코드^{sref 코드}를 자동 부여하며, 나중에 이 스타일을 다시 쓰고 싶을 때 해당 숫자를 --sref 코드로 입력하면 동일한 스타일을 재사용할 수 있어요. 예를 들어 --sref 3259481428 스타일을 쓰고 싶다면 다음과 같이 입력하면 됩니다.

텍스트 프롬프트

· A chubby panda astronaut on the moon with Earth in the background --sref 3259481428
· A woman in her 20s walking in an autumn park with falling leaves --sref 3259481428
· Three corgis standing on green grass under a bright blue sky with fluffy clouds --sref 3259481428

--sref random은 무작위 스타일 탐색에 효과적이고, 숫자 코드를 재사용하면 스타일의 일관성을 유지할 수 있습니다. 이처럼 미드저니는 랜덤성과 일관성을 모두 조절하는 강력한 스타일 제어 옵션을 제공합니다.

Style Explore란?

[Explore] 화면에서 [Styles] 탭을 누르면 미드저니의 다양한 코드를 한눈에 볼 수 있습니다. 여러 이미지가 그리드 형태로 나타나며 마음에 드는 스타일은 저장해 두었다가 필요할 때 다시 꺼내 쓸 수도 있습니다.

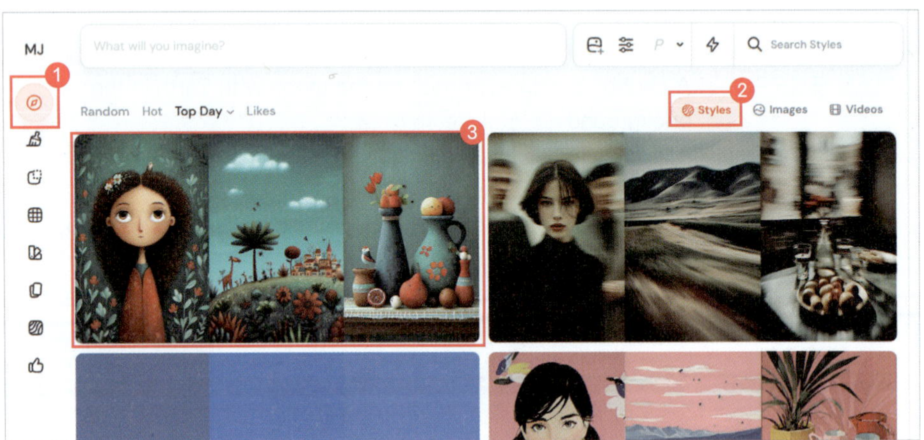

스타일 중 하나의 이미지를 클릭하면 해당 스타일로 생성된 예시 샘플을 확인할 수 있습니다.

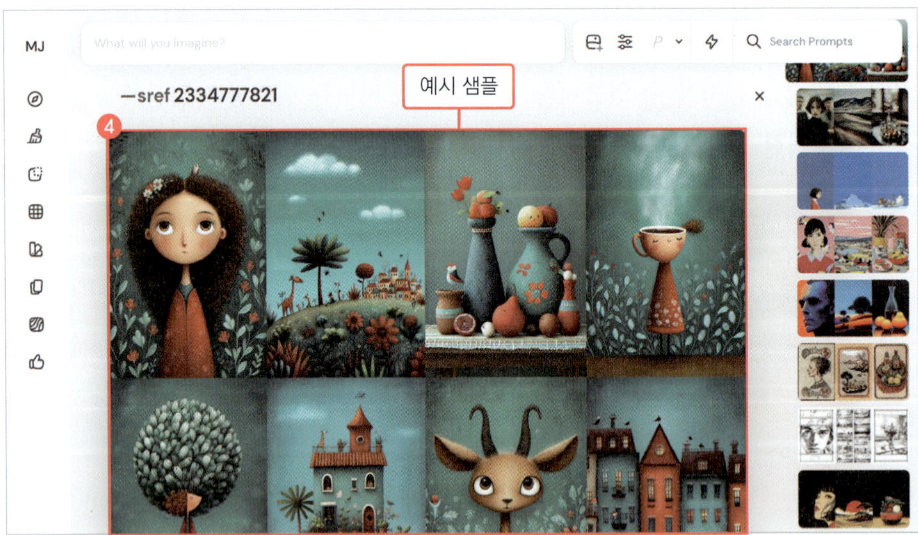

하면 된다!} Style Explore에서 스타일 찾아보기

프롬프트를 수정하지 않고 스타일만 바꿔 가며 이미지의 분위기와 표현이 어떻게 달라지는지 살펴보겠습니다.

1. [Explore] 페이지로 이동한 뒤 화면 오른쪽 위에 있는 [Styles] 탭을 선택하세요.

2. 이미지 그리드를 살펴보며 마음에 드는 스타일을 하나 선택해 보세요. 이미지 위에 마우스 커서를 올리면 왼쪽 아래에 스타일 코드가 표시됩니다.

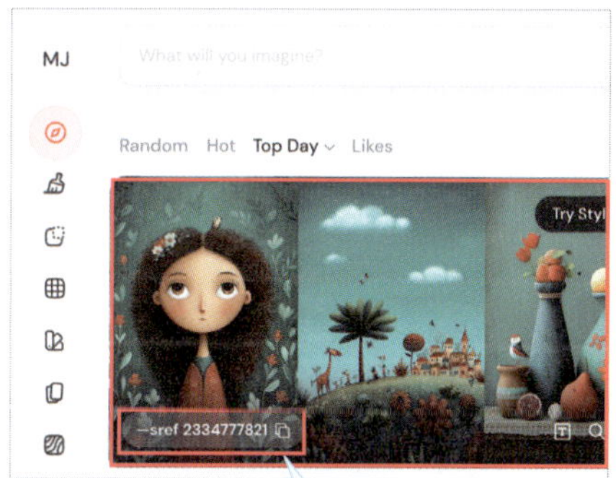

스타일 코드를 확인해요.

3. 해당 코드를 클릭하면 프롬프트 창에 코드가 추가돼요.

4. 프롬프트 창에 추가된 스타일 코드 앞에 다음 프롬프트를 추가로 입력해 보세요.
그럼 선택한 스타일 코드가 적용된 이미지가 생성됩니다.

텍스트 프롬프트	A cat swimming underwater, realistic photography, clear blue water, soft natural light rays, floating bubbles, calm and dreamy mood, centered composition, full body visible

5. 스타일을 바꿔 가며 결과를 비교해 볼까요? [Explore]에서 분위기가 다른 스타일을 하나 더 찾은 뒤 [Try Style] 버튼을 눌러 보세요. 최근 사용한 프롬프트에 새로운 스타일이 적용된 이미지가 바로 생성됩니다.

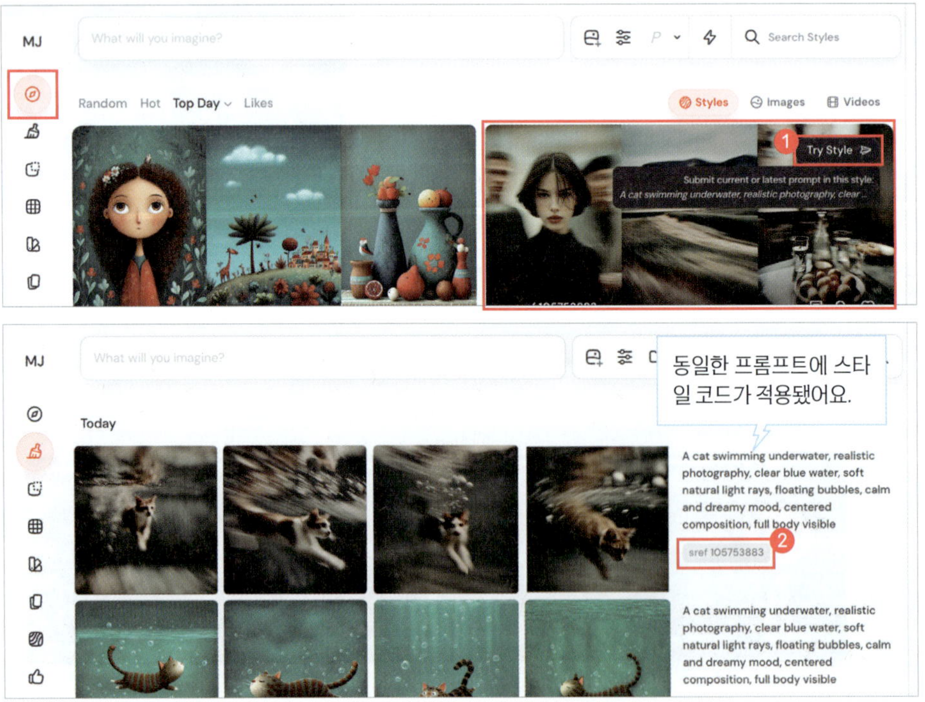

6. 마음에 든 스타일 코드를 저장해 둘 수도 있습니다. 나중에 또 쓰고 싶은 스타일의 이미지가 있다면, 해당 스타일에 표시된 코드를 하트 아이콘(♥)을 눌러 저장해 두세요. 그럼 [Likes] 탭에서 저장한 스타일 코드를 모아 볼 수 있습니다.

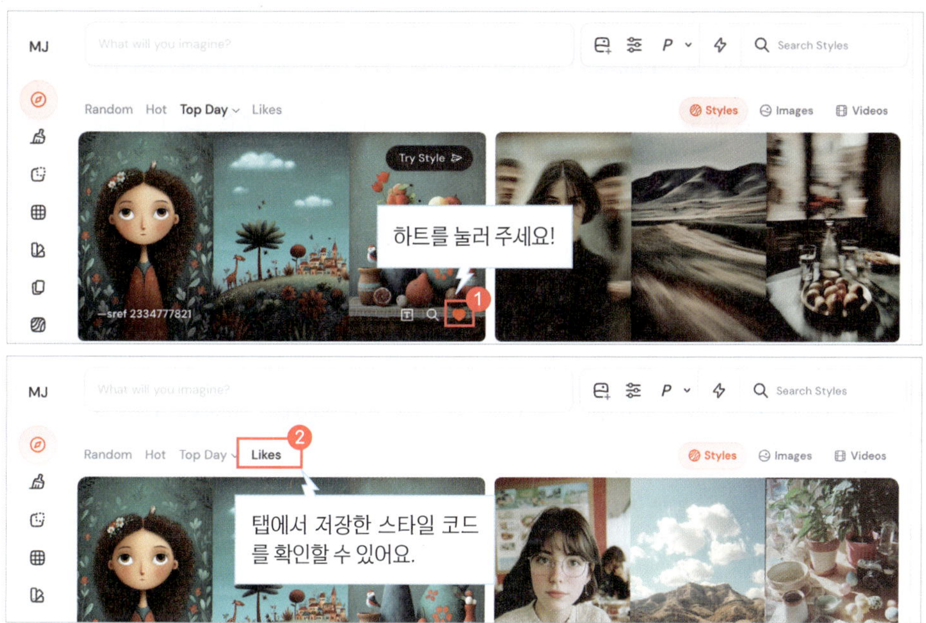

7. 스타일 검색도 가능합니다. [Explore] 위쪽의 검색창에 '사진', '애니메이션'처럼 키워드를 입력해 유사한 분위기의 스타일을 찾아보세요.

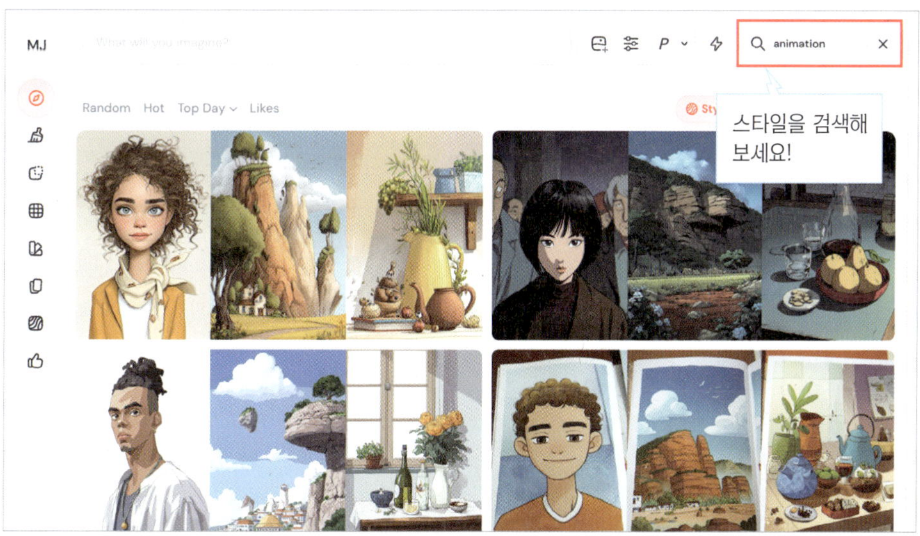

여러 번 실행하고 싶을 때 효과적인 매개변수, --repeat

AI 이미지 생성에는 항상 랜덤성이 포함되어 있어 동일한 프롬프트라도 결과물이 매번 조금씩 달라집니다. 같은 프롬프트를 여러 번 실행해 보고 싶다면 --repeat 매개변수를 사용해 보세요. 한 번에 여러 장을 생성해 비교할 수 있어 원하는 스타일이나 구도를 빠르게 찾을 때 효과적입니다.

사용 방법은 간단해요. --repeat 뒤에 원하는 횟수를 입력하면 됩니다. 예를 들어 --repeat 4라고 입력하면 같은 프롬프트가 네 번 실행되어 서로 다른 결과물을 한 번에 받아볼 수 있어요.

텍스트 프롬프트 A steaming cup of coffee by a rainy window --repeat 숫자

단, 사용 중인 요금제에 따라 생성 가능한 이미지 수에 제한이 있습니다.

- Basic 및 Standard 플랜: 최대 3장 생성
- Pro 및 Mega 플랜: 최대 12장 생성

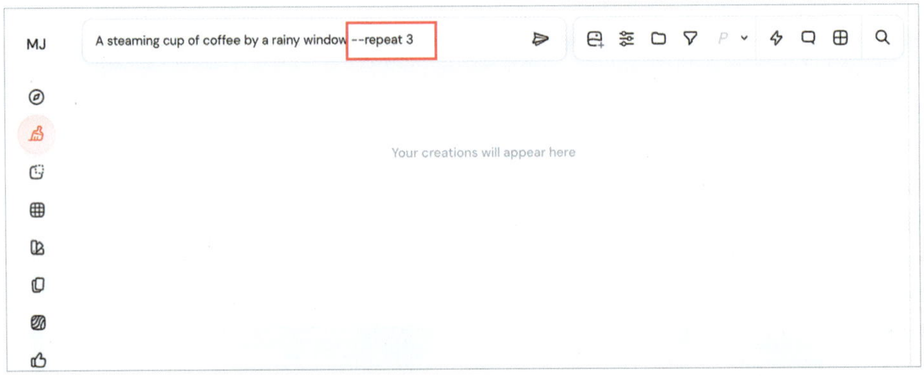

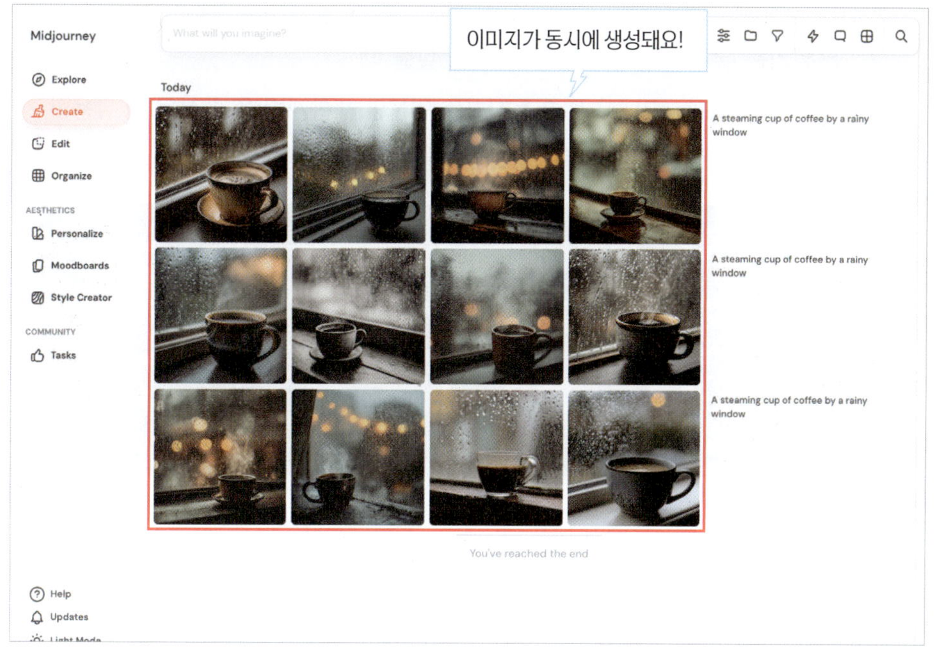

이 기능은 결과물을 비교해 고르거나 같은 프롬프트로 나올 수 있는 다양한 스타일과 구도의 차이를 테스트할 때 특히 유용합니다.

스타일 레퍼런스, 이렇게 활용해요!

[Style References] 기능은 언제 사용하면 좋을까요?

1 기존에 만든 이미지와 스타일 통일감을 유지하고 싶을 때

콘텐츠 시리즈나 브랜드 비주얼처럼 일관된 느낌이 중요한 경우 같은 스타일 레퍼런스를 반복 사용하면 전체적인 톤을 맞출 수 있어요.

[스타일 레퍼런스] 첨부   결과 이미지

 분위기는 유지하면서 인물을 바꾸고 싶을 때

원본 이미지의 무드는 그대로 두고 등장하는 인물만 새롭게 만들고 싶을 때 유용합
니다. 동일한 스타일 안에서 다양한 인물을 만들 수 있어요.

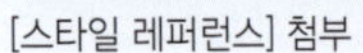

[스타일 레퍼런스] 첨부   결과 이미지

 브랜드의 컬러, 질감, 톤 등을 반영한 콘텐츠를 만들고 싶을 때

브랜드 아이덴티티를 살리면서도 다양한 이미지를 시도하고 싶다면 스타일 레퍼런
스로 톤을 통일할 수 있어요.

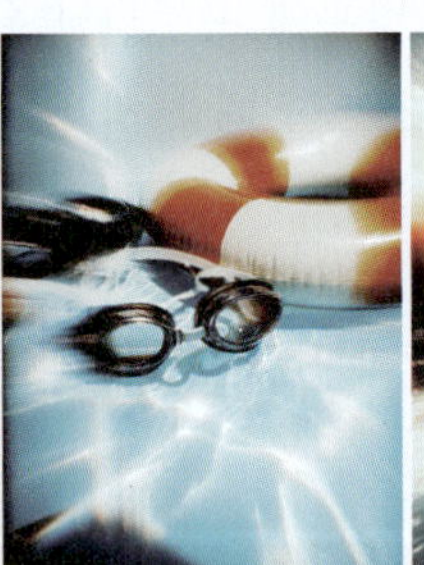

[스타일 레퍼런스] 첨부   결과 이미지

특정 인물이나 사물을 그대로 유지하고 싶다면?
─ 옴니 레퍼런스

같은 인물이 다양한 장소에 등장하거나 특정 캐릭터가 여러 장면에서 반복적으로 등장하는 이미지를 만들고 싶을 때가 있어요. 또는 브랜드 제품처럼 형태와 구조는 그대로 유지하면서 조명이나 배경만 바꿔 여러 이미지를 만들고 싶을 때도 있죠. 이럴 때 필요한 건 스타일이나 분위기만 흉내 내는 기능이 아니라, **대상의 고유한 정체성을 그대로 유지**한 채 새로운 장면으로 확장하는 기능이에요.

이런 작업을 가능하게 해주는 기능이 바로 [옴니 레퍼런스 Omni Reference]입니다.

[옴니 레퍼런스]를
사용한 경우

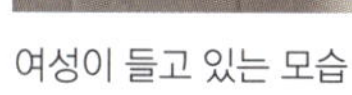

여성이 들고 있는 모습

침대 위에 배치한 모습

옴니 레퍼런스란?

옴니 레퍼런스^{Omni Reference}는 단순히 스타일이나 분위기를 따라 하는 것이 아니라, 특정 인물이나 사물의 **정체성을 유지**한 채 새로운 이미지를 생성하는 기능입니다. 미드저니에게 '이 사람(또는 이 사물)을 기준으로 만들어 줘'라고 말하는 것과 같죠.

예를 들어 곰 인형 하나를 기준으로 그 인형이 다양한 장소에 등장하거나 같은 인물이 다른 의상을 입고 등장하는 이미지를 만들고 싶을 때 아주 효과적입니다.

[스타일 레퍼런스]는 화풍이나 색감에 초점을 맞추지만, [옴니 레퍼런스]는 형태, 구조, 얼굴 생김새, 주요 속성 등 '대상 자체'를 고정한다는 점에서 차별화돼요. 시리즈 이미지 제작, 브랜드 콘셉트 유지, 동일 캐릭터 응용 작업 등에 꼭 필요한 기능입니다.

하면 된다!} 미드저니에서 옴니 레퍼런스 추가하기

이미지 패널에서 [Omni Reference] 칸을 클릭한 뒤 [Upload] 칸에 기준이 되는 인물이나 사물이 담긴 이미지를 업로드하세요. 이전에 업로드한 이미지가 있다면 라이브러리에서 바로 선택해 사용할 수도 있습니다.

💜 [Omni Reference]는 한 번에 하나만 사용할 수 있어요. 여러 이미지를 동시에 넣는 건 불가능하니 기준이 될 이미지를 잘 골라야 합니다.

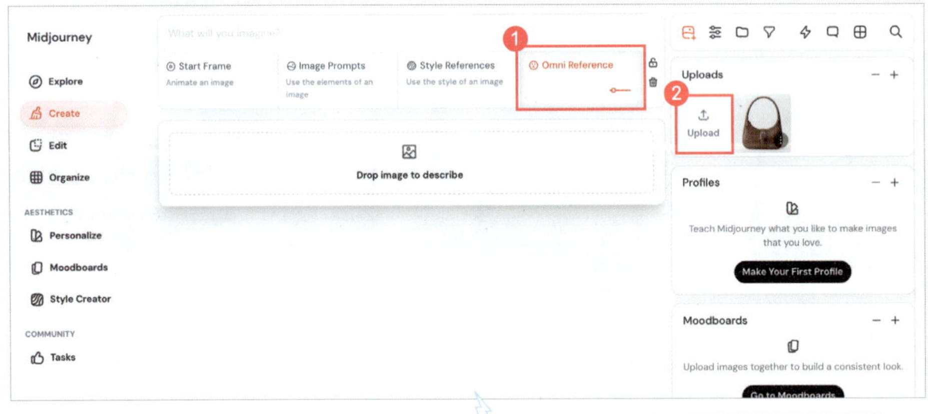

V8 알파 사이트에서는 옴니 레퍼런스가 보이지 않을 수도 있습니다. 하위 버전을 선택하고 진행해 보세요.

대상의 일관성 반영 정도를 조절하는 매개변수, --ow

[Omni Reference]의 영향력을 조절하고 싶다면 프롬프트 끝에 --ow^{omni reference weight} 매개변수를 입력하거나, 미드저니 웹 인터페이스에서 자동으로 표시되는 **Weight 조절 슬라이더**를 사용할 수 있습니다.

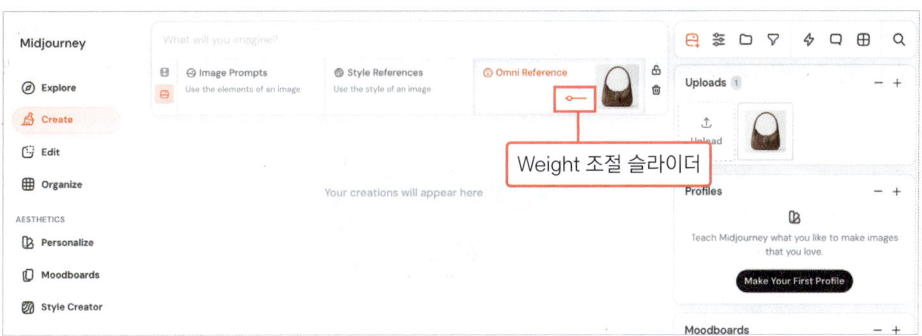

기본값은 100이고, 0부터 1000까지 설정할 수 있습니다. 단, 400 이상으로 값을 높이면 결과가 예측하기 어려워질 수 있기 때문에 주의가 필요해요. 특히 스타일 값(--stylize)이 높을수록 이미지가 강하게 스타일화되기 때문에, 이 경우에는 --ow 값을 400 미만으로 설정하는 것이 더 안정적입니다. 또한 텍스트 프롬프트가 너무 짧거나 추상적일 경우 이미지 참조의 영향력이 과도하게 작용할 수 있어요. 따라서 원하는 결과를 얻기 위해서는 텍스트와 이미지 간의 균형을 잘 맞추는 것이 중요합니다.

| 텍스트 프롬프트 | a cute black cat wearing a chef hat, upper body only, behind a large wooden table with a grilled salmon steak on a white plate, cozy kitchen background --ow 숫자 |

옴니 레퍼런스

--ow 1

--ow 50

--ow 100(기본값)

--ow 400

--ow 1000(최댓값): 예상하지 못한
이미지가 생성될 수 있음

하면 된다!} 동일한 여성 인물, 의상만 바꿔 보기

1. [Omni Reference] 칸에 기준이 될 여성 이미지 05_03.png를 첨부하고 텍스트 프롬프트를 입력해 이미지를 생성해 보세요. 인물의 얼굴과 특징은 유지하면서 새로운 의상을 적용한 이미지가 생성됩니다.

텍스트 프롬프트	a woman, wearing a pink shirt
옴니 레퍼런스	

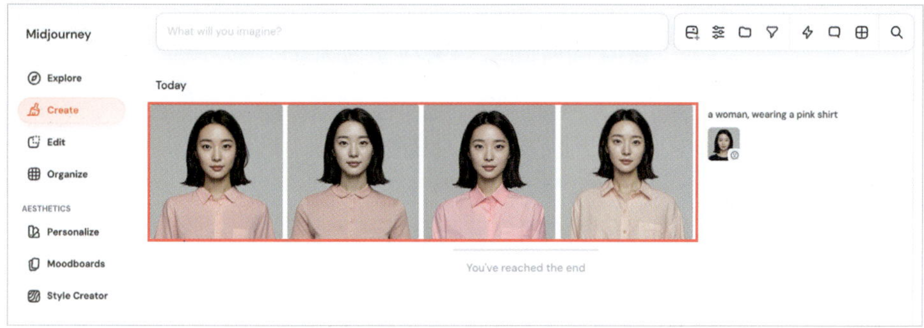

2. 텍스트 프롬프트에서 원하는 의상 키워드를 바꿔 가며 여러 번 재생성합니다.

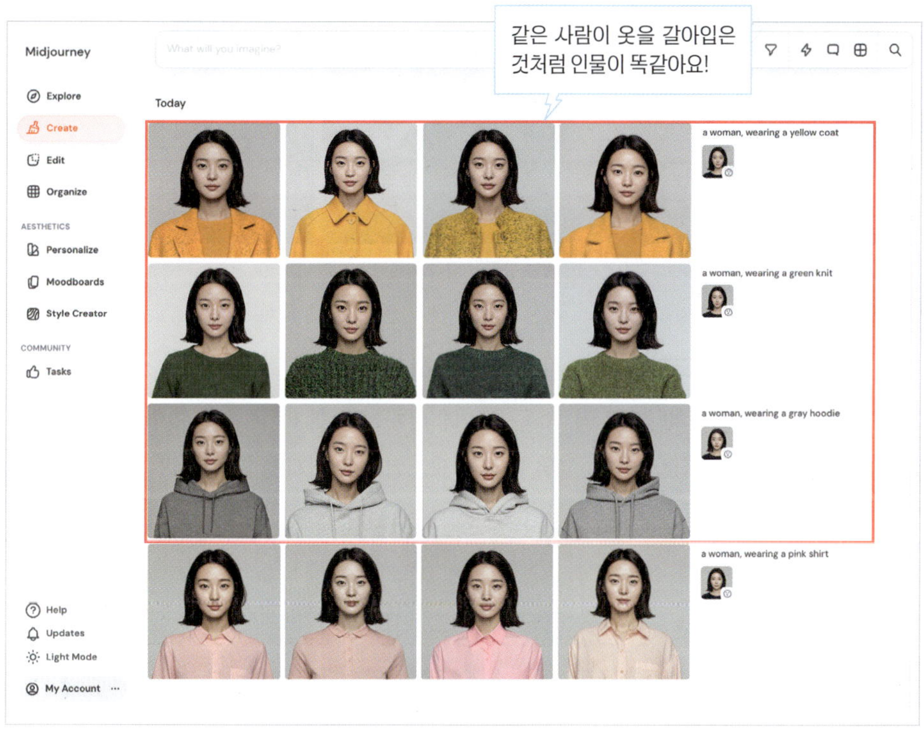

프롬프트를 수정해도 여성의 이미지는 그대로 유지되는 것을 알 수 있습니다.

첨부한 [옴니 레퍼런스]   [텍스트 프롬프트] + [옴니 레퍼런스] 결과

[Omni Reference] 기능은 언제 사용하면 좋을까요?

1 같은 인물이나 사물을 반복적으로 등장시키고 싶을 때

예를 들어 같은 인물로 다양한 장소나 계절, 의상을 배경으로 등장하는 시리즈 이미지를 만들고 싶다면 [Omni Reference] 기능을 활용해 인물의 얼굴이나 체형, 특징을 유지할 수 있어요.

[옴니 레퍼런스]　　　　　　인물을 유지한 결과 이미지

2 브랜드 제품 디자인을 일관되게 유지하고 싶을 때

하나의 제품을 여러 배경, 조명, 사용 환경에 배치해야 할 때 [Omni Reference]를 사용하면 제품의 형태나 비례, 고유 디자인 요소가 흐트러지지 않아요.

[옴니 레퍼런스]　　　　　　제품을 유지한 결과 이미지

 일관성이 중요한 비주얼 작업을 할 때

웹 사이트 섹션마다 같은 캐릭터나 아이콘을 반복 사용하거나 하나의 세계관 안에서 다양한 이미지를 만들어야 할 때 [Omni Reference]를 사용하면 전체적인 통일감을 유지할 수 있어요.

[옴니 레퍼런스]

캐릭터를 유지한 결과 이미지

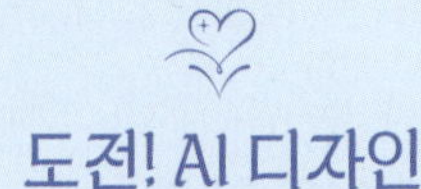

토끼 캐릭터의 여행기 만들기

미션 미드저니의 다양한 프롬프트, 어디까지 써봤나요? 다음 내용을 참고해 [텍스트 프롬프트] + [이미지 프롬프트] + [스타일 레퍼런스] + [옴니 레퍼런스] + [가중치 조절]까지 모든 기능을 조합해 다음과 같은 결과물을 만들어 보세요.

조건   프롬프트   a fluffy white bunny wearing a lace dress and a knitted scarf, side view, carrying a small fabric backpack with flowing straps, standing on colorful grass, dreamy pastel blue sky background with sparkles, soft lighting, highly detailed 3D render

이미지 프롬프트   스타일 레퍼런스   옴니 레퍼런스

♥ 실습 파일: 05_04.png, 05_05.png, 05_06.png

예시 여러 프롬프트를 적절히 조합해 보세요.

[이미지 프롬프트] + [스타일 레퍼런스]   [이미지 프롬프트] + [옴니 레퍼런스]   [이미지 프롬프트] + [옴니 레퍼런스]   [이미지 프롬프트] + [스타일 레퍼런스] + [옴니 레퍼런스]

이미지 프롬프트, 이렇게 사용하세요!

1. 텍스트 프롬프트

장면의 중심이 되는 '이야기 요소'를 텍스트로 설명합니다.

텍스트 프롬프트	a fluffy white bunny wearing a lace dress and a knitted scarf, side view, carrying a small fabric backpack with flowing straps, standing on colorful grass, dreamy pastel blue sky background with sparkles, soft lighting, highly detailed 3D render

[텍스트 프롬프트] 결과

2. 이미지 프롬프트

텍스트로 설명하기 어려운 장면의 구도나 스타일을 이미지를 통해 더 명확하게 전달합니다.

텍스트 프롬프트	a fluffy white bunny wearing a lace dress and a knitted scarf, side view, carrying a small fabric backpack with flowing straps, standing on colorful grass, dreamy pastel blue sky background with sparkles, soft lighting, highly detailed 3D render

[텍스트 프롬프트] + [이미지 프롬프트] 결과

3. 스타일 레퍼런스

이미지의 비주얼 톤앤매너(스타일)를 전달하기 위한 이미지를 함께 첨부합니다.

텍스트 프롬프트

a fluffy white bunny wearing a lace dress and a knitted scarf, side view, carrying a small fabric backpack with flowing straps, standing on colorful grass, dreamy pastel blue sky background with sparkles, soft lighting, highly detailed 3D render

스타일 레퍼런스

[텍스트 프롬프트] + [스타일 레퍼런스] 결과

4. 옴니 레퍼런스

캐릭터의 형태와 특징을 전달하기 위한 이미지를 사용합니다.

텍스트 프롬프트	a fluffy white bunny wearing a lace dress and a knitted scarf, side view, carrying a small fabric backpack with flowing straps, standing on colorful grass, dreamy pastel blue sky background with sparkles, soft lighting, highly detailed 3D render
옴니 레퍼런스	

[텍스트 프롬프트] + [옴니 레퍼런스] 결과

5. 가중치 조절(--iw, --sw, --ow)

이미지 프롬프트, 스타일 레퍼런스, 옴니 레퍼런스의 영향력을 미세하게 조절합니다.

가중치 매개변수	역할	범위
--iw(image weight)	구도나 스타일 반영 강도 조절	0~3
--sw(style weight)	스타일 반영 강도 조절	0~1000
--ow(omni weight)	캐릭터 고정 강도 조절	0~1000

지금까지 프롬프트 하나만 입력하던 방식에서 벗어나 미드저니에게 내가 원하는 장면을 더 구체적으로 전달하는 방법을 연습해 봤습니다. 앞으로 어떤 이미지를 만들더라도 이 조합을 잘 활용하면 더 정교한 결과물을 얻을 수 있을 거예요.

스타일 크리에이터로 직접 스타일 코드 만들기

스타일 크리에이터란?

사용자가 직접 미드저니 스타일을 만들 수 있는 기능이 추가되었습니다. 바로 **스타일 크리에이터**Style Creator예요. 스타일 크리에이터는 '이 장면을 이렇게 그려 줘'라고 말하기 전에, '나는 이런 분위기의 이미지를 만들고 싶어'라는 기준을 먼저 잡아 주는 도구라고 생각하면 이해하기 쉽습니다.

적용 전

적용 후

스타일 생성기는 두 가지 방식으로 사용할 수 있어요. 먼저 미드저니 메인 화면에서 [Style Creator]를 눌러 스타일 생성기 페이지로 이동한 뒤, 프롬프트를 입력해 스타일 생성을 시작할 수 있습니다.

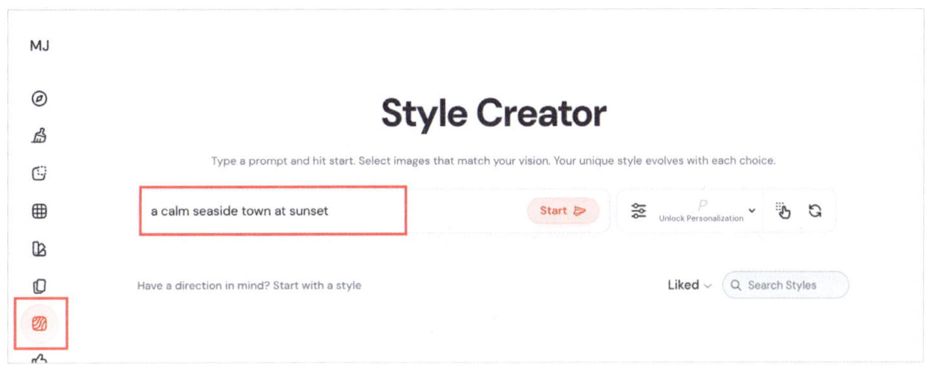

또는 이미지를 생성할 때 사용한 프롬프트 영역에 마우스를 올리면 나타나는 [Style Creator] 버튼을 클릭해 해당 프롬프트를 그대로 활용해 스타일을 만들 수도 있어요.

이때 스타일 크리에이터에서 입력한 프롬프트는 새 스타일을 평가하기 위한 미리보기 이미지를 만드는 데 사용됩니다. 나중에 실제로 사용할 프롬프트와 결과가 완전히 같지는 않을 수 있어요. 그래서 이 단계에서는 복잡한 설정보다는, 스타일의 성격이 잘 드러나는 간단한 프롬프트가 오히려 도움이 됩니다.

스타일 크리에이터에서 프롬프트를 입력하면 여러 스타일의 이미지가 나타납니다. 이중에서 마음에 드는 스타일 이미지를 고르고, 마음에 들지 않는 이미지는 제외하면서, 미드저니에게 '이런 쪽으로 가자'라고 알려주는 방식이에요.

스타일 크리에이터로 나만의 스타일 만들어 보기

마음에 드는 분위기를 골라 미드저니가 참고할 스타일의 기준을 만들어 봅니다.

1. 미드저니 웹 사이트에 접속한 뒤 왼쪽 메뉴에서 [Style Creator]를 클릭합니다.

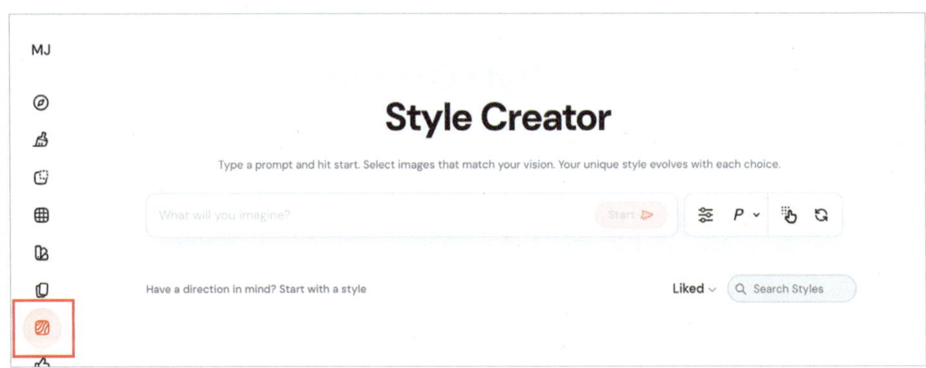

2. 스타일의 성격을 확인할 수 있는 간단한 프롬프트를 입력합니다.

이 단계에서는 결과물을 완성하려는 게 아니라 스타일의 방향을 확인하는 것이 목적이므로, 너무 복잡하지 않은 프롬프트가 적합합니다.

텍스트 프롬프트　　a round fish bowl with one goldfish

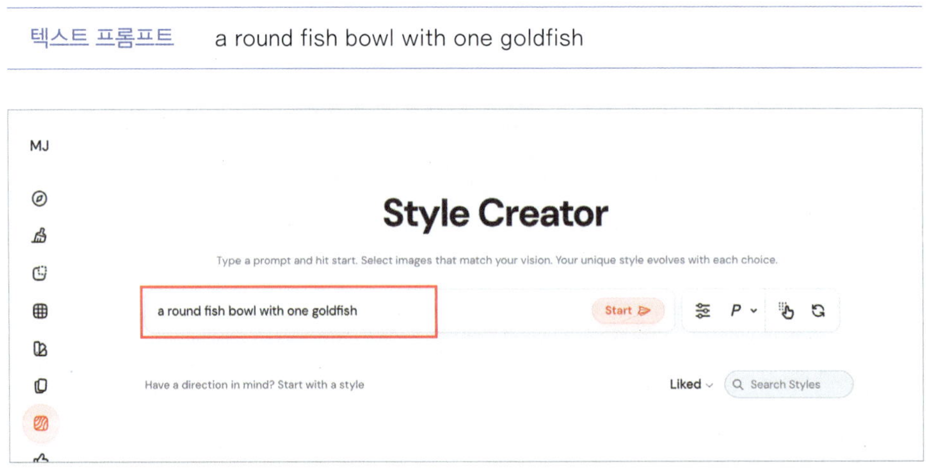

3. 페이지를 아래로 스크롤하면 다양한 샘플 스타일 이미지가 보입니다. 이 중에서 내가 만들고 싶은 분위기와 가장 잘 맞는 이미지를 클릭해 선택해 주세요. 이 과정은 '정답을 고른다'기보다는 스타일의 방향을 좁혀가는 단계라고 생각하면 됩니다.

4. 화면을 마우스로 스크롤하며 선택을 이어갑니다. 페이지를 스크롤하며 이미지를 선택할수록 스타일은 점점 한 방향으로 정리돼요. 이 과정에서 미드저니는 사용자가 고른 이미지를 기준으로 사용자 지정 스타일 코드(--sref)를 자동으로 업데이트하고 프롬프트를 반복 실행해 새로운 미리보기를 계속 만들어 줍니다.

💜 샘플 스타일 중 마음에 드는 이미지가 없다면 스크롤로 새 이미지를 불러오거나 그냥 건너뛰어도 괜찮아요.

💜 처음 몇 단계에서는 스타일이 비교적 다양하게 나타나고, 샘플 이미지가 다소 무작위처럼 느껴질 수 있어요. 하지만 이건 오류가 아니라, 스타일 크리에이터가 사용자의 선택을 바탕으로 취향을 파악하는 정상적인 과정이에요.

5. 새롭게 나타나는 미리보기 섬네일 이미지 위에 마우스를 올리면 세 장의 이미지를 조금 더 크게 확인할 수 있고, 섬네일을 클릭하면 선택한 이미지가 사이드 바에 고정됩니다. 이런 방식으로 스크롤을 이어가며, 원하는 스타일에 가장 잘 맞는 이미지를 계속 골라 주세요.

6. 보통 5~10회 정도 선택을 거치면 스타일의 방향이 어느 정도 안정되기 시작하고, 10~15회 단계에 들어가면 색감이나 질감 같은 디테일이 더 정교하게 맞춰집니다. 그 이후부터는 큰 변화보다는 분위기가 조금씩 다듬어지는 정도로 이어집니다. 이쯤 되면 스타일이 거의 완성 단계에 가까워졌다고 봐도 됩니다.

7. 스타일이 충분히 정리되었다면 [End Session] 버튼을 클릭해 세션을 마무리합니다. 세션은 한 번 종료하면 다시 열 수 없기 때문에, 종료하기 전에 스타일이 충분히 정리되었는지 한 번 더 확인하는 게 좋아요.

8. 세션 중에 생성된 미리보기 이미지와 스타일 코드는 자동으로 [Create] 페이지에 저장됩니다. 따로 저장 버튼을 누르지 않아도 이후 이미지 생성에서 바로 사용할 수 있어요.

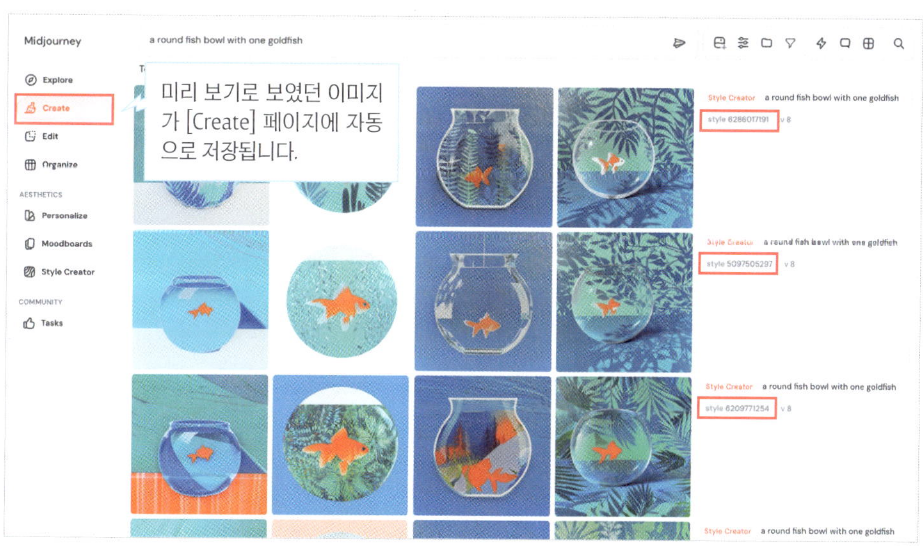

9. 만든 스타일 코드를 실제 이미지 생성에 써 볼까요?

[Create]에서 프롬프트를 입력한 뒤 방금 만든 스타일 코드를 함께 붙여 보세요. 여러분이 생성한 스타일로 이미지가 생성됩니다.

텍스트 프롬프트   a single candle with a small flame

다른 사람이 쓴 프롬프트가 궁금해요!

프롬프트를 처음부터 쓰는 게 부담스럽다면 미드저니의 [Describe] 기능과 웹에서 제공하는 [Explore] 탭을 활용해 보세요. 이미지 하나만 있어도 프롬프트를 만들어 주고, 다른 사용자의 작업물을 참고해 내 작업으로 확장할 수 있답니다. 입문자도 또 바쁜 실무자도 효율적으로 쓸 수 있는 기능이에요.

이미지를 넣으면 프롬프트를 자동으로 제안해 주는, [Describe]

[Describe]는 내가 업로드한 이미지를 기반으로 미드저니가 프롬프트를 제안해 주는 기능이에요. 이미지를 보고 '이건 이런 키워드들로 만들어졌을 거야!'라고 AI가 자동으로 작성해 줘요. 특정 스타일이나 구도를 복사하고 싶을 때 정말 유용합니다.

히면 된다!} 미드저니가 제안한 프롬프트로 이미지 생성하기

1. 프롬프트로 바꿀 이미지를 클릭해 이매진 바로 드래그해 보세요. 그러면 [Drop image to describe] 영역에 이미지를 끌어놓을 수 있는 패널이 나타납니다. 이곳에 닿았을 때 마우스를 떼 이미지를 넣어 보세요.

💜 [Create] 탭에서 생성된 이미지를 마우스 오른쪽 버튼으로 클릭한 뒤 나타나는 메뉴에서 [Describe]를 선택해도 같은 기능을 사용할 수 있어요.

이미지

2. 미드저니가 업로드한 이미지를 분석해 4가지 프롬프트를 제안합니다.

3. 이 중 마음에 드는 프롬프트를 복사해 사용할 수 있고, [use prompt] 버튼을 눌러 바로 이미지를 생성할 수도 있어요. 필요하다면 키워드를 살짝 수정해 원하는 스타일에 맞게 응용하는 것도 가능합니다.

4. 미드저니가 제안한 프롬프트를 바탕으로 이미지를 생성했어요.

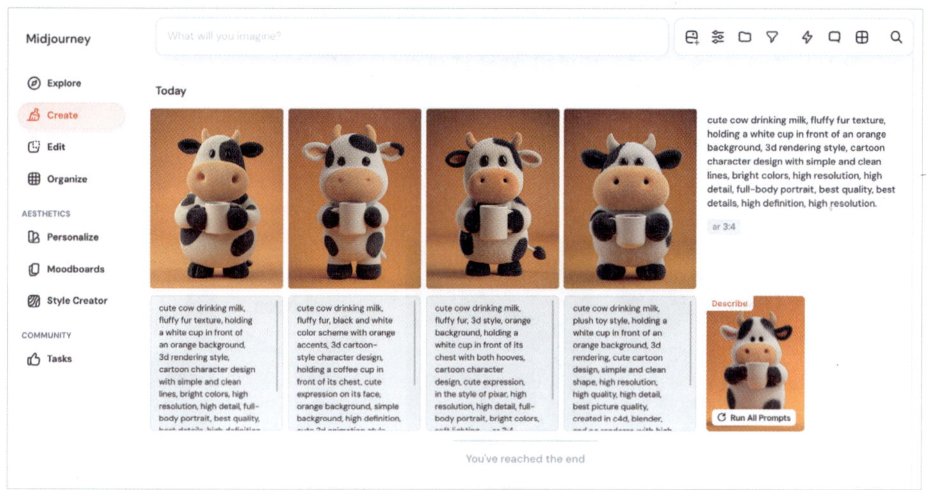

[Describe]는 프롬프트 작성이 익숙하지 않거나 비슷한 스타일로 새로운 이미지를 만들고 싶을 때 특히 유용해요. 이미지를 업로드한 뒤 [Describe] 기능으로 시작하면 부담 없이 출발할 수 있기 때문입니다. 이미지를 설명하는 방식이 궁금할 때, AI 가 어떤 식으로 이미지를 해석하는지 확인하고 싶을 때 활용해 보세요.

단, 한 가지 주의할 점이 있어요. 페이지를 새로 고치거나 다른 작업을 하면 생성된 프롬프트 제안이 사라집니다. 마음에 드는 프롬프트가 있다면 꼭 미리 복사해 두는 걸 추천해요.

다른 사람의 이미지를 참고할 수 있는, [Explore]

[Explore]는 미드저니 웹의 '탭 메뉴' 중 하나로, 전 세계 사용자들이 만든 이미지를 볼 수 있는 갤러리입니다. 마음에 드는 이미지를 클릭하면 그에 쓰인 프롬프트 전체 가 공개되고, 그대로 생성해 보거나 내 스타일대로 변형해 볼 수도 있어요.

1. 미드저니의 [Explore] 탭에서 다양한 이미지를 스크롤하며 둘러보거나, 원하는 스타일이나 주제를 키워드로 검색해 찾아보세요.

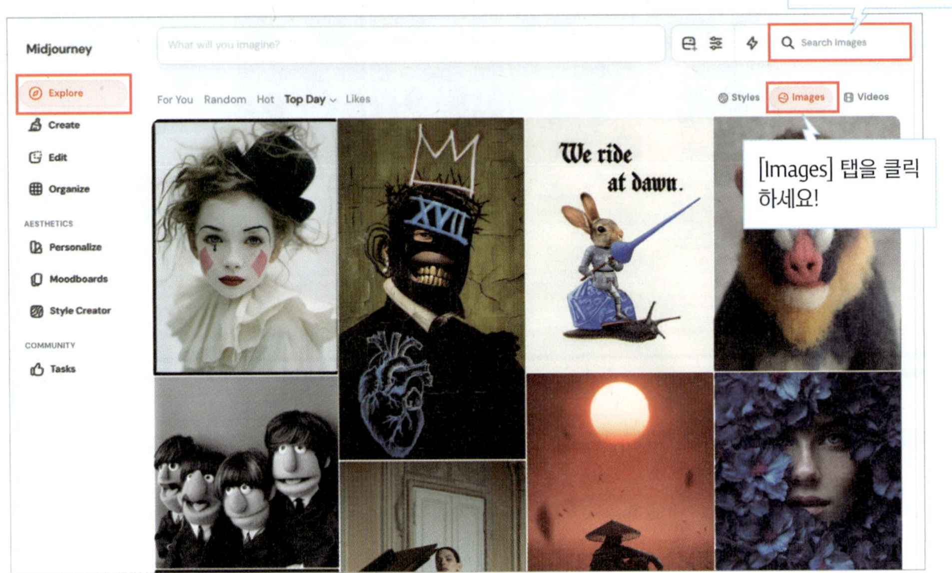

2. 마음에 드는 이미지를 클릭하면 해당 이미지에 사용된 프롬프트가 함께 표시됩니다. 프롬프트 문장을 그대로 클릭하거나 [Use in prompt] 섹션에서 원하는 항목을 눌러 이매진 바에 바로 적용할 수 있어요.

❶ Image: 이미지 프롬프트로 첨부
❷ Style: 스타일 레퍼런스로 첨부
❸ Prompt: 프롬프트 전체 복사(텍스트 프롬프트, 이미지 프롬프트, 매개변수 전부 복사)

3. 마음에 드는 이미지는 하트 아이콘을 클릭해 [Likes] 탭에 저장해 둘 수 있어요. 자주 참고하거나 다시 활용하고 싶은 이미지들을 모아 보세요.

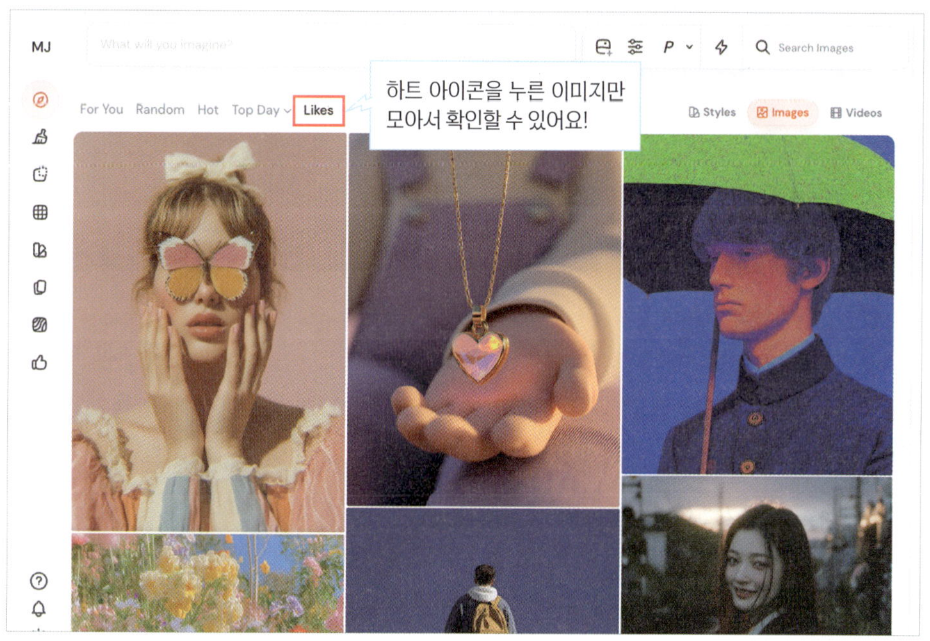

4. 특정 이미지와 비슷한 이미지를 더 찾아보고 싶다면 이미지 오른쪽 위에 있는 **돋보기 아이콘**(🔍)을 눌러 보세요.

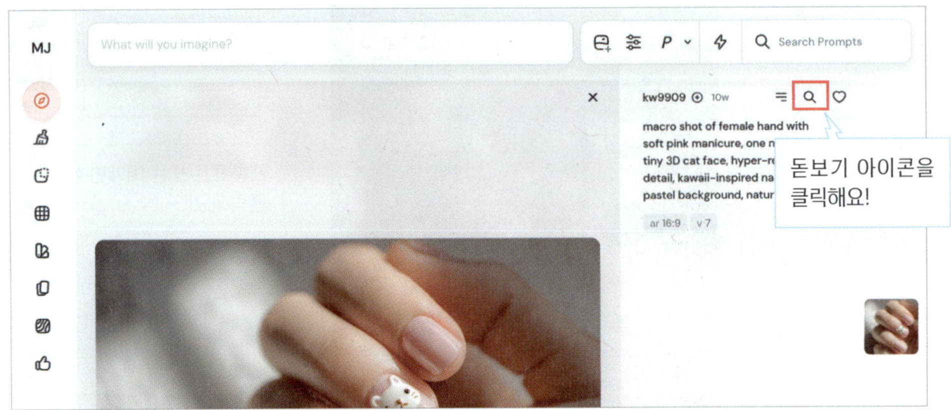

5. 해당 이미지의 주소URL가 검색창에 자동으로 입력되면서 미드저니가 비슷한 구도, 조명, 색감의 이미지를 바로 찾아 보여 줍니다.

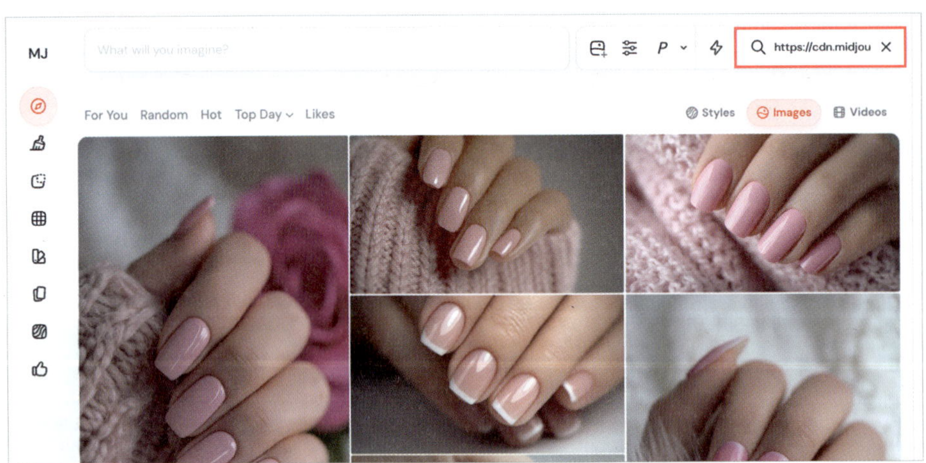

[Explore] 탭은 단순히 이미지를 구경하는 공간을 넘어 프롬프트를 배우고 다양한 스타일을 참고할 수 있는 유용한 공간이에요. '이런 스타일은 어떻게 만들지?' 싶은 이미지의 프롬프트를 직접 확인할 수 있고, 마음에 드는 스타일이나 톤앤매너를 그대로 적용해보는 것도 가능합니다.

매거진이나 시리즈 작업을 준비할 때, 또는 비주얼 레퍼런스를 수집할 때도 매우 효과적으로 활용할 수 있어요.

0 6

미드저니로 만든 이미지, 더 멋지게 수정하기

AI로 만든 이미지를 조금 수정하거나 분위기를 바꿔 다시 만들고 싶을 때가 있죠?
미드저니는 한 번 생성한 이미지를 그대로 두지 않고 프롬프트만 살짝 바꿔
다양한 버전으로 재생성하거나 수정할 수 있는 기능들을 제공합니다.
06장에서는 완성된 이미지를 더 멋지게 다듬는 3가지 방법을 배워 볼 거예요.
이미지를 처음부터 다시 만들지 않아도 부분만 고치거나 스타일을 바꾸는 등
원하는 방식으로 유연하게 다룰 수 있습니다. 직접 실습을 통해
'한 번 만든 이미지'를 얼마나 다양하게 활용할 수 있는지 경험해 보세요!

프롬프트만 살짝 바꿔서 다시 만들어 줘!
— Remix

미드저니에서 만든 이미지가 마음에 들긴 한데 인물을 바꾸거나 장소만 바꿔 보고 싶나요? [Remix] 기능을 활용하면 기존 이미지의 구성과 분위기는 그대로 유지하면서 프롬프트만 살짝 바꿔 새로운 이미지로 만들 수 있어요.

예를 들어 'a cat on a sofa'로 이미지를 만들고, 그 구도와 분위기는 그대로 둔 채 'a dog on a sofa'로 바꿔 볼 수 있어요.

a cat on a sofa

a dog on a sofa(Remix)

하면 된다!} 미드저니에서 [Remix] 사용하기

1. [Create] 또는 [Organize] 페이지에서 생성된 이미지 하나를 클릭해 보세요. 이미지가 열리면 오른쪽 아래에 다양한 기능 버튼들이 나타납니다. 오른쪽 아래의 [Creation Actions]에서 [Remix] 버튼을 찾을 수 있습니다.

질문 있어요! [Remix] 버튼이 보이지 않아요!

[Remix] 버튼이 보이지 않는다면 [More options]를 눌러 숨겨진 항목을 열고 [Remix] 항목의 체크 표시를 활성화해 보세요. 이 설정을 한 번 해두면 이후부터는 항상 [Remix] 버튼이 보입니다.

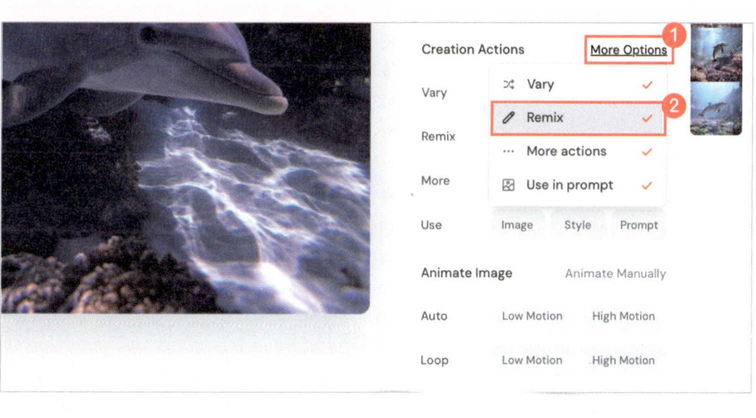

2. 원본과 얼마나 다르게 만들 것인지에 따라 [Subtle^{미묘함}] 또는 [Strong^{강함}] 중에서 선택할 수 있어요. 둘 중 하나를 누르면 프롬프트를 수정할 수 있는 창이 열립니다. 여기서 텍스트, 이미지 프롬프트, 스타일 프롬프트, 옴니 레퍼런스 등을 추가할 수 있습니다.

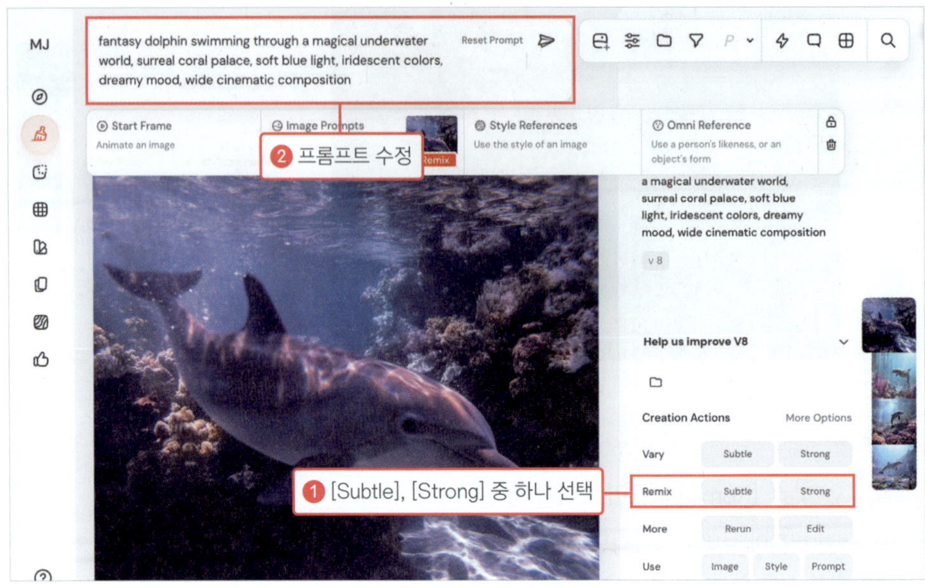

💜 이 방식은 [Vary](변형 이미지) 기능과 유사하게 작동합니다.

하면 된다!} 동화 일러스트의 배경 바꾸기

한 번 만든 결과물을 바탕으로 다양한 버전을 실험해 볼 수 있다는 점이 [Remix] 기능의 가장 큰 매력이에요. 이번에는 [Remix] 기능을 활용해 호랑이가 등장하는 동화 일러스트의 배경을 다른 것으로 바꿔 보겠습니다.

1. [Remix] 기능은 기존에 만든 이미지에서 시작합니다. 다음 프롬프트를 입력해 이미지를 생성하고, 생성된 4개의 이미지 중 마음에 드는 이미지를 선택하세요.

텍스트 프롬프트　　　a cute tiger, jungle background and sky

2. 오른쪽 메뉴에서 [Remix]의 [Subtle] 또는 [Strong]을 선택합니다. 전체 구도는 그대로 두고 배경 요소만 바꿔 볼게요. 다음과 같이 배경을 city로 바꾸고 실행해 보세요.

텍스트 프롬프트   a cute tiger, city background and sky

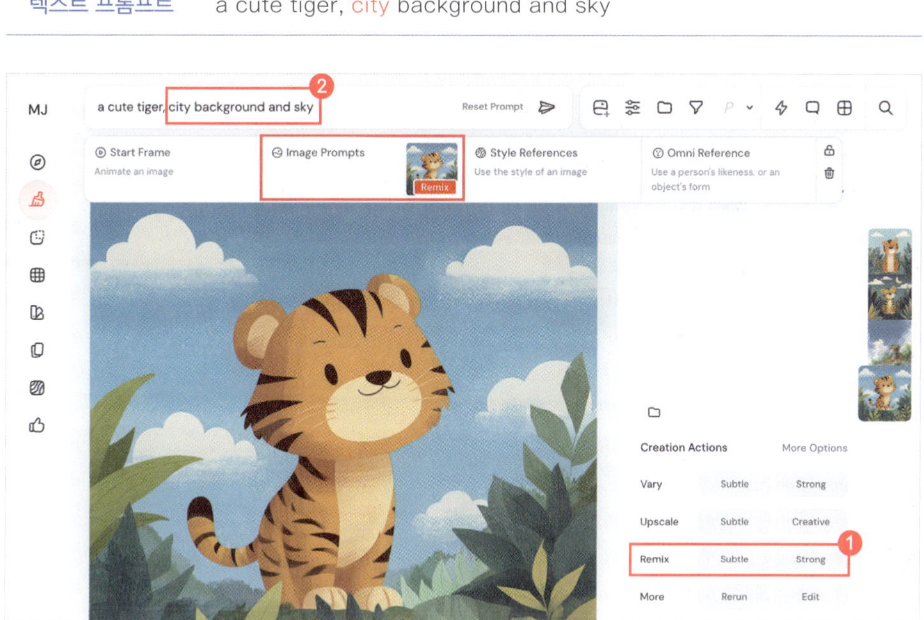

3. 배경에 건물이 추가로 생성되었습니다.

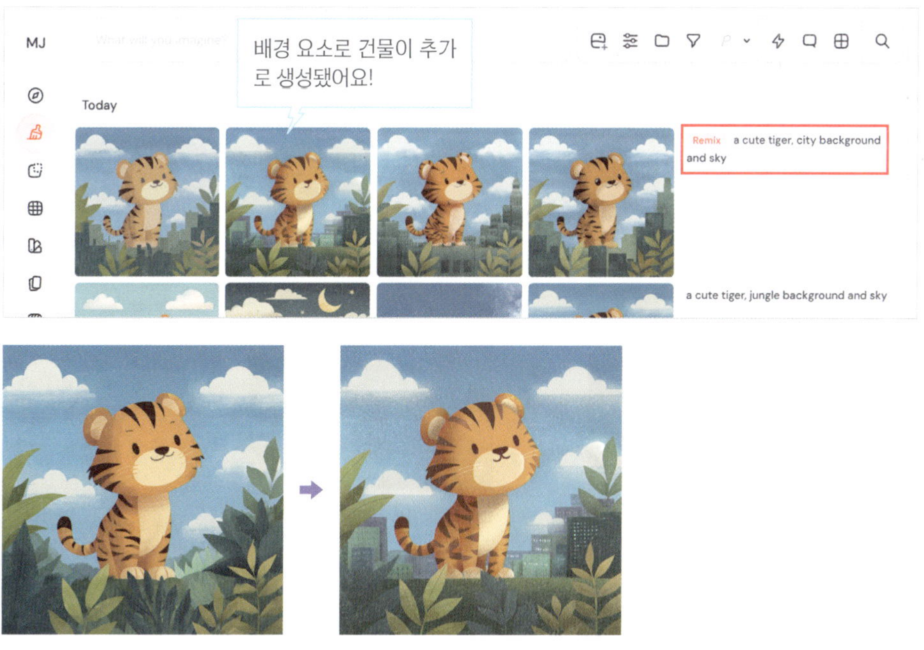

4. 이번엔 배경을 ocean으로 바꿔 보세요. 배경에 바다와 파도가 생성됩니다.

텍스트 프롬프트   a cute tiger, ocean background and sky

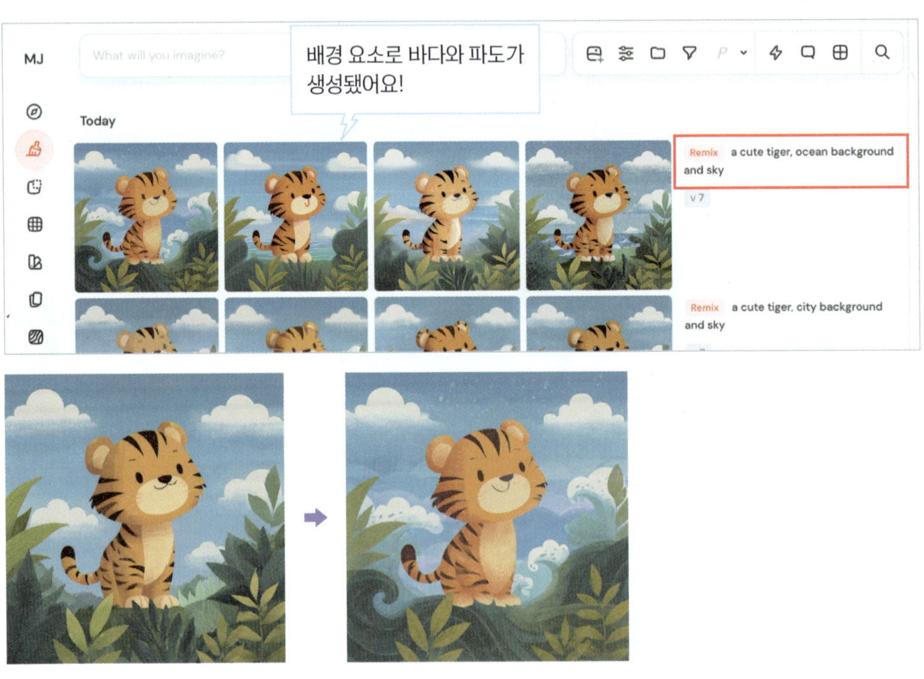

Remix, 이렇게 활용해요!

[Remix] 기능은 언제 사용하면 좋을까요?

1 이미지의 분위기는 만족스러운데 키워드만 바꾸고 싶을 때

[Remix] 적용 전

[Remix] 적용 후

2 같은 구도에 다른 색감이나 스타일을 입혀 보고 싶을 때

[Remix] 적용 전   [Remix] 적용 후

3 A/B 테스트용으로 여러 버전의 이미지를 빠르게 만들어야 할 때

[Remix] 적용 전   [Remix] 적용 후

이미지 일부분만 살짝 고치고 싶을 땐?
— Edit

이미지를 거의 다 완성했는데 딱 한 부분만 마음에 들지 않을 때가 있어요. 이럴 땐 처음부터 다시 만들 필요 없이 미드저니의 **[Edit]** 기능을 활용하면 됩니다. [Edit]는 생성된 이미지에서 **특정 영역만 선택해서 수정**하거나 다시 그려 주는 기능이에요. 예를 들어 인물의 의상만 바꾸고 싶다든지, 손가락이 어색하게 표현된 부분만 자연 스럽게 고치고 싶을 때 아주 유용하죠.

[Edit]는 미드저니에서 제공하는 **리터치 도구**라고 생각하면 쉬워요. 그림 전체는 그 대로 두고 손봐야 할 부분만 콕 집어 수정할 수 있기 때문에 작업의 효율도 높이고 디테일을 보완해 더 만족스러운 이미지를 만들 수 있어요.

1차 생성

2차 재생성(Edit)

하면 된다!} 미드저니에서 [Edit] 기능 사용하기

1. 먼저 이미지를 생성한 뒤, 수정하고 싶은 이미지를 클릭하세요. 이미지가 열리며 오른쪽에 다양한 기능 버튼들이 함께 나타납니다. 그중 [More]에서 [Edit] 버튼을 찾아 클릭하세요.

💜 [Edit] 버튼이 보이지 않는다면 [More options]를 눌러 숨겨진 기능 목록을 열어 보세요.

2. 그럼 간단한 리터칭이 가능한 '가벼운 버전의 Editor'가 함께 열립니다. 작업 흐름을 끊지 않고 바로 수정할 수 있기 때문에 생성부터 수정까지 한 번에 이어지는 게 큰 장점이에요.

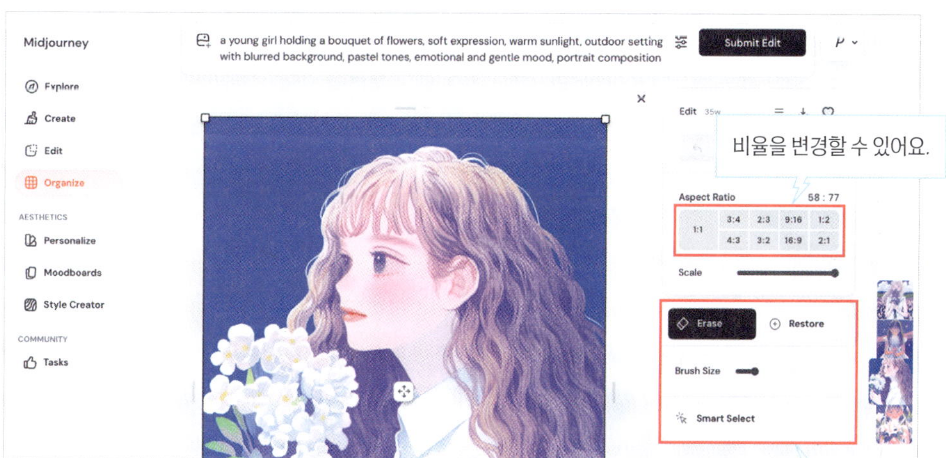

브러시 또는 [Smart Select]로 변경하려는 영역을 지정하세요.

3. [Erase] 모드에서 바꾸고 싶은 영역(예: 손가락, 배경 일부, 소품 등)을 브러시로 칠하며 지정합니다. 브러시 크기^{Brush Size}도 조절 가능해요. 그런 다음 프롬프트에 바꾸고 싶은 내용을 입력합니다. 기존의 프롬프트를 유지해도 되고, 필요한 키워드를 추가하거나 살짝 수정해도 됩니다. 예를 들어 'wearing glasses', 'red scarf', 'sunset sky'처럼 간단한 키워드를 입력합니다.

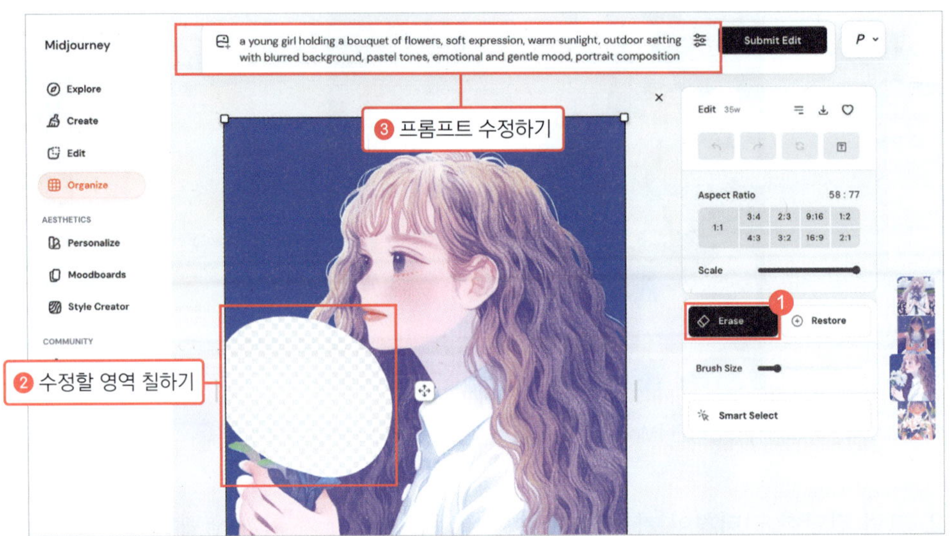

> **질문 있어요!** 실수로 너무 큰 영역을 선택했어요!
>
> 미드저니의 [Edit] 모드에서 사용하는 브러시는 원하는 영역만 선택적으로 수정할 수 있는 마스크 도구입니다. [Erase] 모드에서 브러시로 칠하면 해당 부분이 지워지고 입력한 프롬프트에 맞춰 새롭게 생성됩니다. 반대로 지워진 상태에서 원래 모습을 유지하고 싶다면 [Restore] 모드를 선택해 브러시로 칠하면 원본 이미지가 복구돼요.
>
> 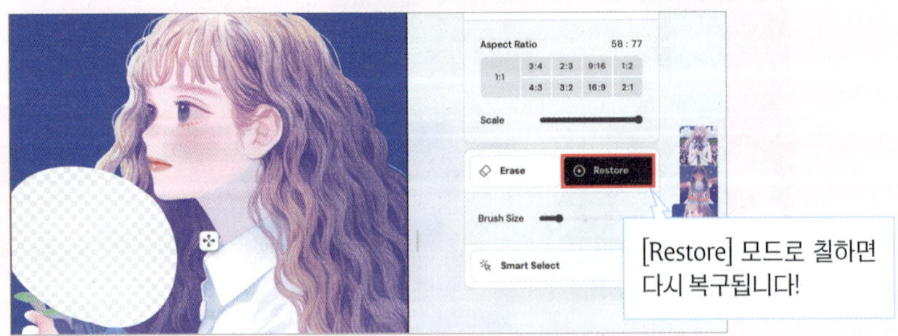
>
>
> 즉 브러시는 단순히 그림을 그리는 도구가 아니라 '어디를 지우고 새로 만들지, 어디를 그대로 남길지'를 지정하는 역할을 합니다.

4. [Generate] 버튼을 누르면 해당 영역이 수정된 새로운 이미지가 생성됩니다.

질문 있어요! [Smart Select]는 뭔가요?

[Smart Select]는 AI가 이미지를 분석해 영역을 자동으로 감지해 주는 기능이에요. 대상의 얼굴, 소품, 배경처럼 경계가 뚜렷한 요소를 빠르고 정확하게 지정할 수 있으며, 선택된 영역만 지우거나 반대로 선택 영역을 제외한 나머지를 지우는 방식도 설정할 수 있어 작업을 훨씬 더 효율적으로 진행할 수 있습니다.

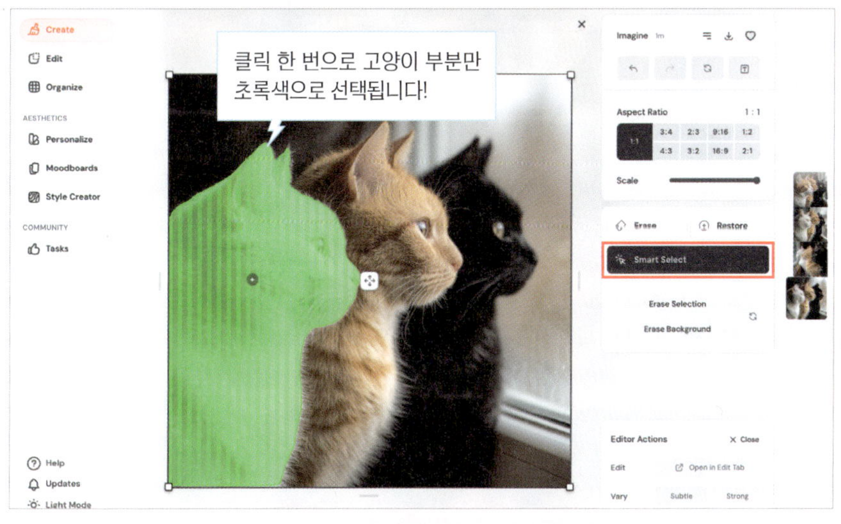

 여성의 선글라스만 바꾸기

[Edit] 기능을 사용해 여성의 선글라스만 다른 스타일로 바꿔볼 거예요. 전체 이미지를 다시 만들 필요 없이 선글라스 부분만 브러시로 선택해서 수정하겠습니다.

1. 먼저 다음 프롬프트를 입력해 선글라스를 착용한 여성 이미지를 생성하고 그중 하나를 선택합니다. 큰 창으로 나타나면 [Edit]를 클릭하세요.

텍스트 프롬프트	a stylish woman wearing sunglasses, fashion editorial style, studio background

2. 선글라스 부분만 브러시로 칠해 선택합니다.

3. 오른쪽 패널에서 이미지의 비율을 변경하거나 위쪽에서 프롬프트를 수정할 수 있습니다. 이미지 가운데에 있는 아이콘(✛)을 드래그하면 이미지를 이동할 수 있습니다. 원하는 수정 사항을 입력하거나 클릭하고 [Submit Edit]를 누르세요.

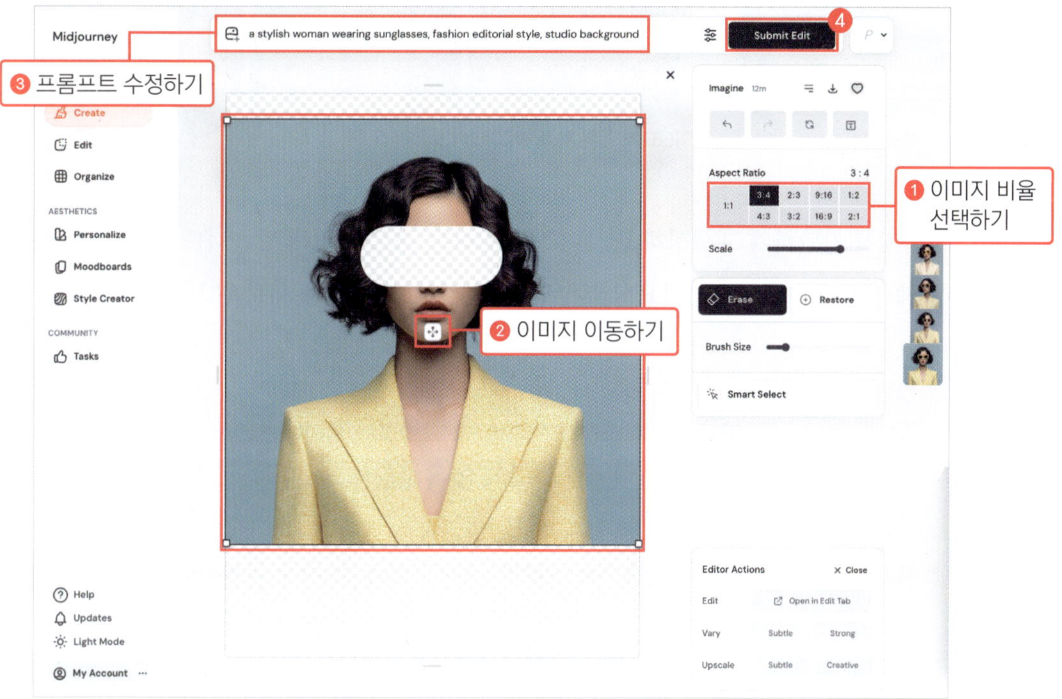

4. [Create] 탭을 누르면 선글라스만 다시 만들어진 이미지를 확인할 수 있습니다.

1차 생성 이미지   [Edit]로 부분 재생성한 이미지

이미지를 간단하게 재생성하고 사이즈도 원하는 대로 조정해 봤습니다. 이렇듯 전체를 새로 만들 필요 없이 필요한 부분만 살짝 손봐도 충분히 새로운 느낌을 줄 수 있어요.

Edit, 이렇게 활용해요!

[Edit] 기능은 생성된 이미지에서 일부만 고치고 싶을 때 아주 유용하게 쓰입니다. 잘 나온 이미지를 처음부터 다시 만들 필요 없이 필요한 부분만 콕 집어 자연스럽게 수정할 수 있죠. 특히 다음과 같은 상황에서 유용합니다.

1 손 모양이 어색하게 표현되어 자연스럽게 고치고 싶을 때

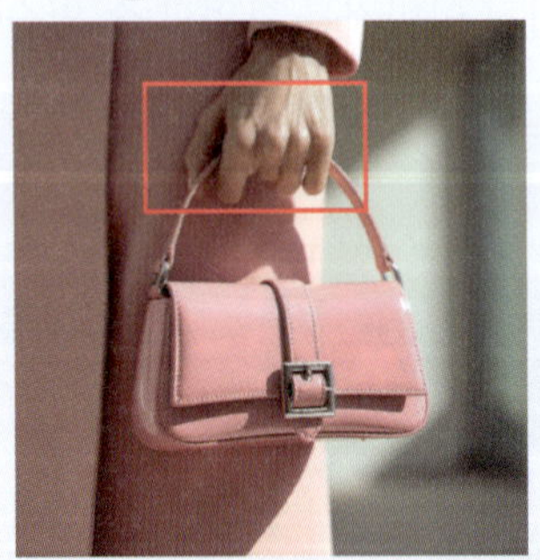

수정 전   [Edit]로 수정 후

2 의상이나 소품만 바꾸고 싶은데 전체 분위기는 유지하고 싶을 때

수정 전

[Edit]로 수정 후

3 전체는 만족스러운데 특정 요소만 다듬고 싶을 때

수정 전

[Edit]로 수정 후

복잡한 작업 없이 브러시로 영역을 선택하고 프롬프트만 간단히 입력하면 원하는 부분만 재생성된 이미지를 바로 얻을 수 있습니다. 작업 효율도 높이고 결과물의 퀄리티도 업그레이드할 수 있는 기능이에요.

외부 이미지를 미드저니에서 고치고 싶다면?
— [Edit] 탭

미드저니에서는 외부에서 가져온 이미지도 수정할 수 있습니다. 디자인 초안, 드로잉, 실사 이미지, 제품 사진 등 이미 만들어진 이미지를 불러와 그 위에 AI를 활용해 다시 그려낼 수 있죠. 이 기능은 미드저니의 [Edit] 탭에서 제공되며, 브러시로 수정 영역을 지정하고 새로운 프롬프트만 입력하면 기존 이미지를 기반으로 새로운 결과물을 만들 수 있어요.

원본(외부 이미지)

헤어스타일 수정(Edit)

의상 수정(Edit)

비율 수정(Edit)

배경 수정(Edit)

스타일 수정(Retexture)

예를 들어 한 장의 이미지를 불러온 뒤, 헤어스타일을 바꾸거나 의상을 교체하고, 비율과 배경을 조정하며, 마지막에는 색감이나 재질 같은 스타일까지 바꿀 수 있어요. 이렇게 순서대로 수정하면 동일한 인물을 유지하면서도 완전히 다른 분위기의 결과물을 얻을 수 있습니다.

하면 된다!} 미드저니의 [Edit] 탭 사용하기

[Edit] 탭은 기본적인 [Edit] 기능과 사용 방식은 비슷하지만, 직접 생성한 이미지를 수정하는지, 외부 이미지를 새로 업로드하는지에 따라 진입 방식이 조금 다릅니다.

1. 직접 만든 미드저니 이미지를 편집하고 싶다면?

작업 화면에서 [More] → [Edit]를 누르고, 다시 아래쪽에서 [Open in Edit Tab]을 눌러 사용할 수 있습니다.

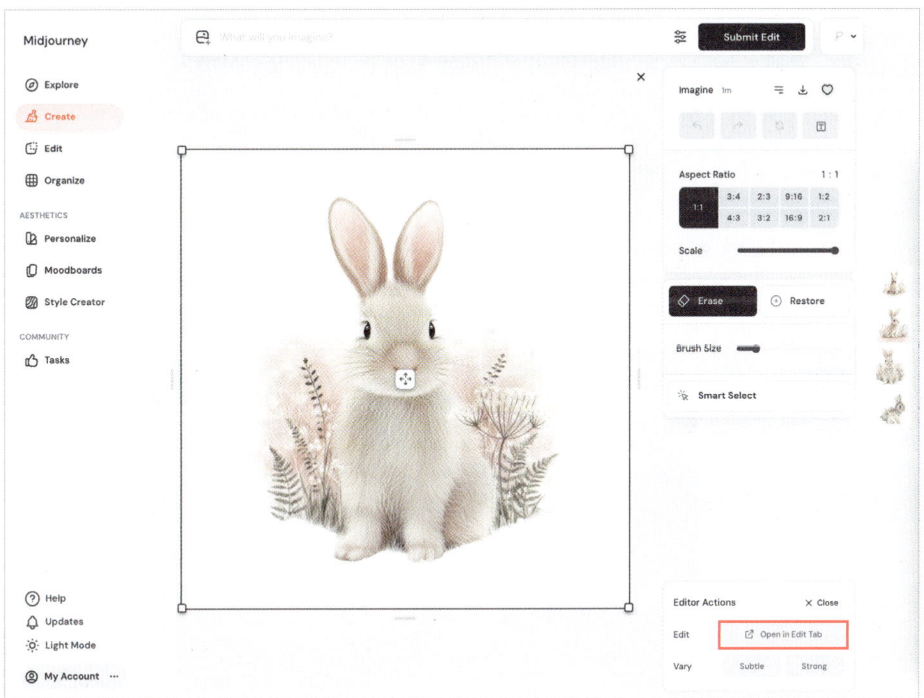

2. 외부 이미지를 불러와 편집하고 싶다면?

왼쪽 메뉴에서 [Edit] 탭을 선택한 후 [Edit from URL] 또는 [Edit Uploaded Image]를 눌러 원하는 이미지를 불러와 작업합니다.

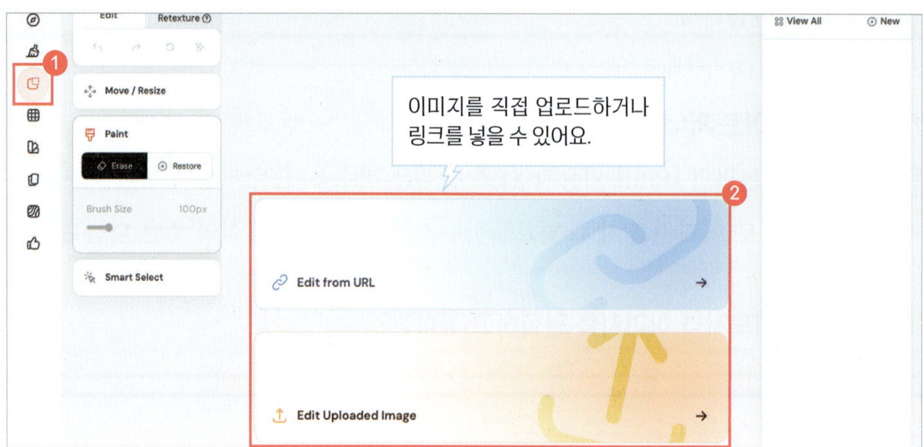

3. [Edit] 탭에서는 2가지 기능을 사용할 수 있어요. [Edit]는 이미지의 일부를 다시 그려 수정하는 기능이고, [Retexture]는 전체 이미지의 스타일이나 질감을 새로운 방식으로 바꿔 주는 기능이에요.

💜 [Retexture]를 사용하는 방법은 217쪽에서 다룹니다.

4. [Edit]는 06-2절에서 소개한 '가벼운 버전의 Editor'와 기본 원리와 사용법이 동일합니다. 브러시로 수정할 영역을 직접 칠해 지정한 다음, 프롬프트에 원하는 키워드를 추가하거나 수정합니다.

그런데 외부에서 가져온 이미지라 입력된 프롬프트가 없지요? Suggest Prompt 아이콘(✳)을 누르면 업로드한 이미지의 스타일과 내용을 분석해 미드저니가 자동으로 프롬프트를 작성해 줍니다. 작성된 프롬프트는 그대로 사용할 수도 있고, 원하는 키워드를 추가하거나 수정해 나만의 문장으로 바꿔 줘도 돼요.

💜 [Smart Select] 기능을 이용하면 AI가 자동으로 적절한 영역을 지정해 줍니다.

5. 결과물이 마음에 들지 않으면 같은 영역을 여러 번 재생성하면서 비교해 볼 수 있어요. 생성된 이미지는 오른쪽 패널에서 바로 확인할 수 있고, 다운로드 및 업스케일도 가능합니다. 기존에 작업한 이미지는 [View all] 버튼을 눌러 한곳에시 볼 수 있어요.

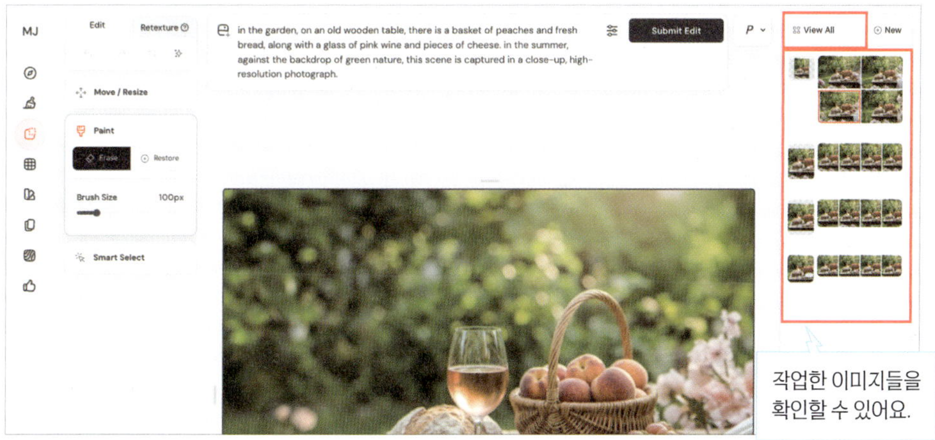

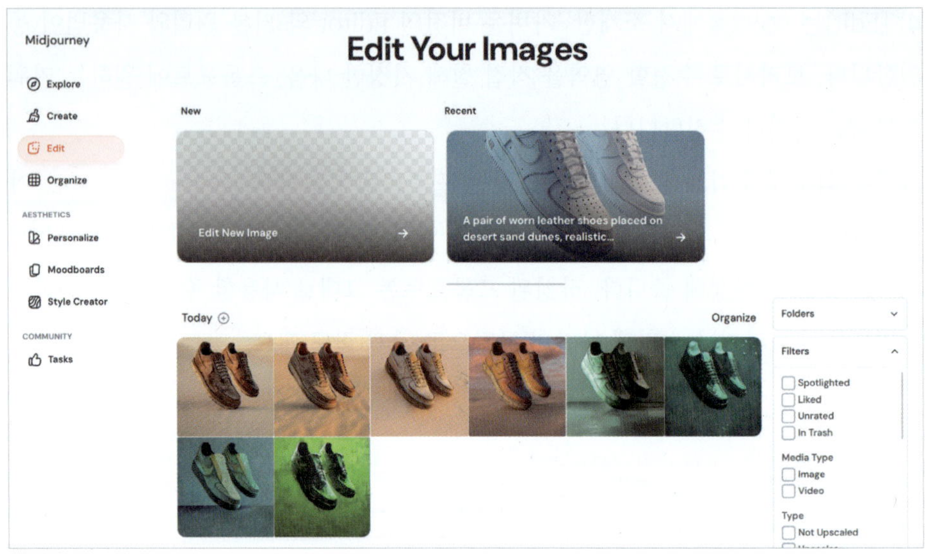

하면 된다!} 판다에게 여름 옷 입혀 보기

판다의 옷과 배경을 여름 느낌으로 바꿔 보겠습니다. 전체를 다시 그릴 필요 없이 브러시로 필요한 부분만 선택해 수정해 볼 거예요.

1. 미드저니에서 [Edit] 탭을 선택하고 [Edit Uploaded Image]를 클릭해 준비한 이미지 06_01.png를 불러옵니다.

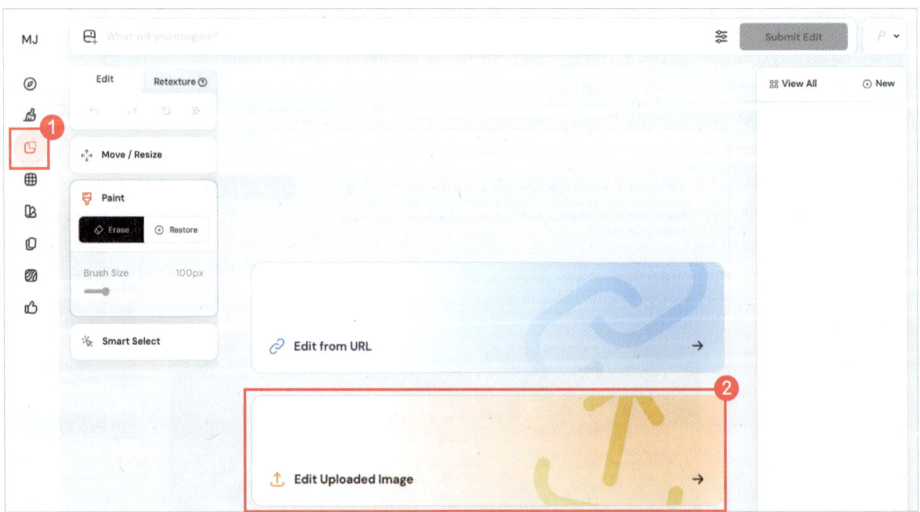

2. **[Edit]** 모드에서 옷 부분이나 배경 등 바꾸고 싶은 영역만 브러시로 쓱쓱 칠해 보세요. **[Smart Select]**를 누르고 옷 영역을 선택하면 자동 지정도 가능해요. **[Erase Selection]**을 눌러 선택한 부분을 지워 보세요.

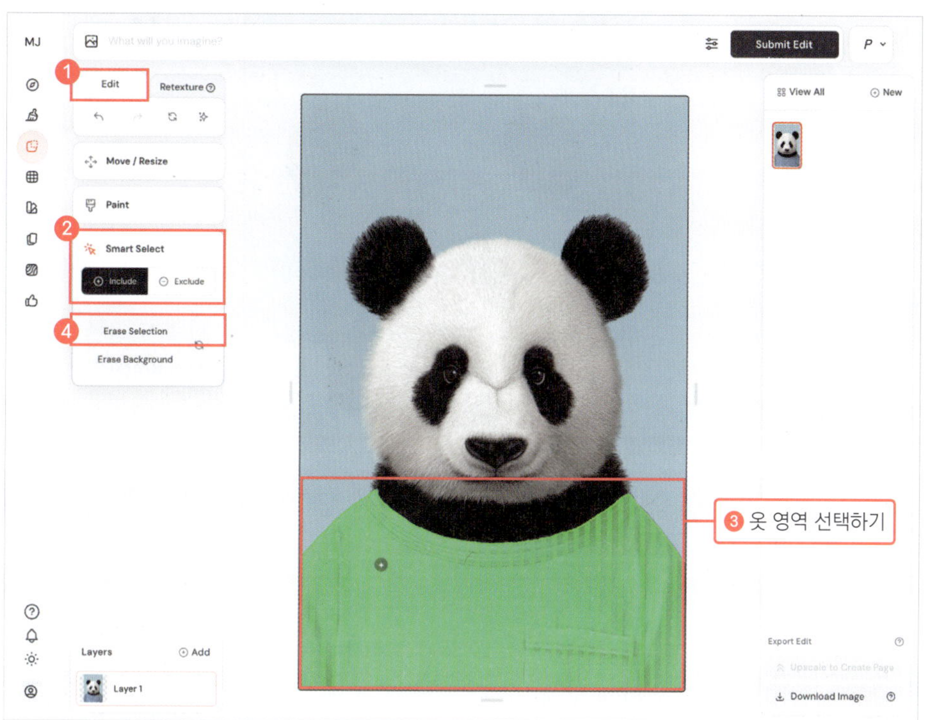

질문 있어요! [Smart Select]를 눌러도 제대로 선택되지 않아요!

[Smart Select]가 한 번에 원하는 영역을 정확히 인식하지 못할 수도 있어요. 이럴 땐 비슷한 위치를 여러 번 클릭하면 점점 정확하게 선택됩니다. 아직 완벽하게 한 번에 인식되긴 어렵지만, 몇 번만 시도해 보면 원하는 영역을 충분히 잡을 수 있어요.

3. 선택한 옷 영역만 깔끔하게 지워졌습니다.

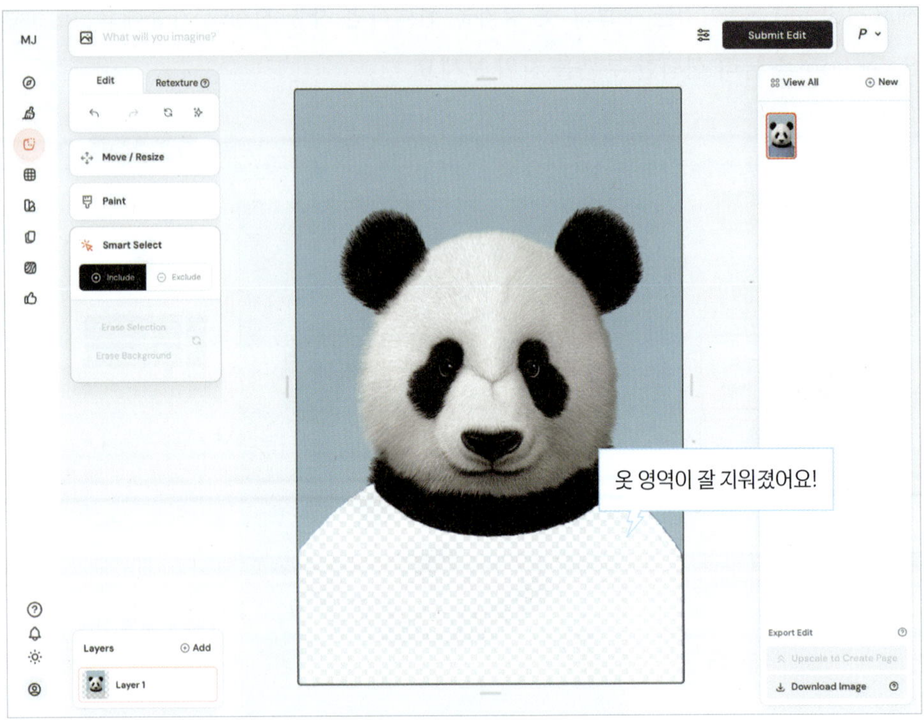

4. 판다에게 새로운 옷을 입혀 볼까요? 먼저 [Suggest Prompt] 기능을 사용해 자동으로 프롬프트를 작성합니다. 그런 다음 a blue hawaiian shirt처럼 원하는 옷을 나타내는 키워드로 프롬프트를 수정해 보세요. 옷의 재질이나 색상, 형태를 간단한 문장으로 입력하면 미드저니가 자연스럽게 반영해 줍니다. 오른쪽 탭에서 원하는 시안을 선택하세요.

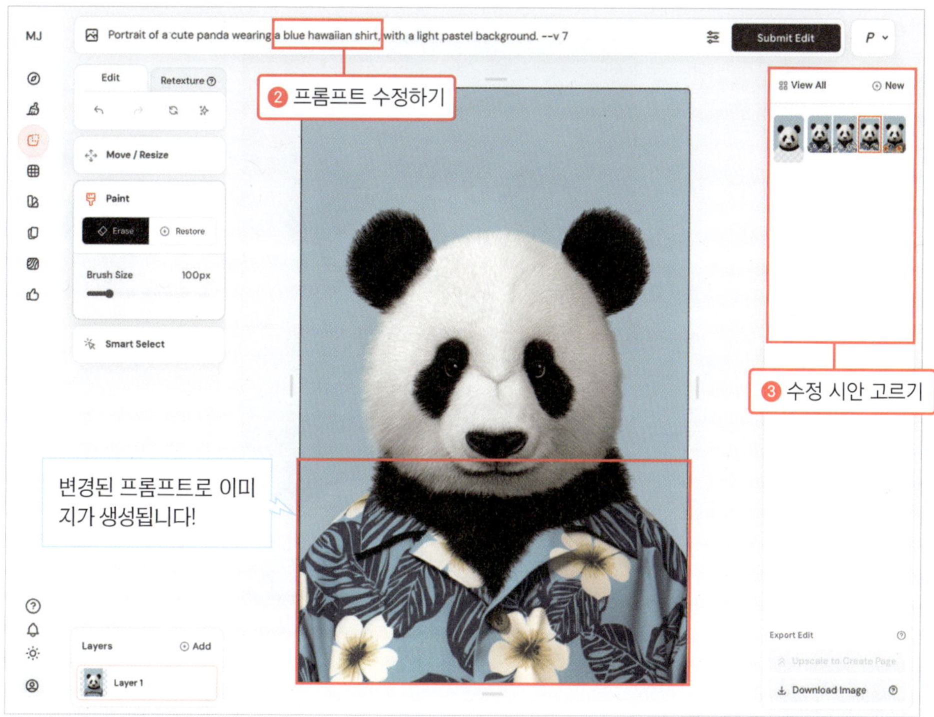

5. 배경도 옷에 어울리게 바꿔 볼까요? 브러시나 [Smart Select] 기능으로 배경을 지운 다음, 프롬프트에 a ocean background처럼 원하는 계절감이나 분위기를 표현하는 키워드를 입력해 보세요.

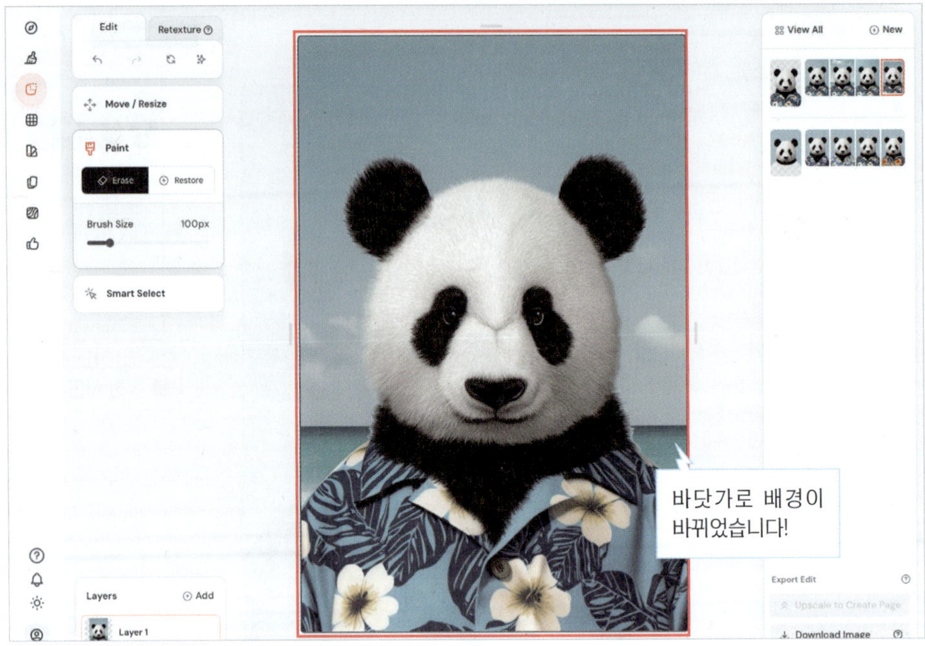

6. 배경을 확장하거나 축소하고 비율도 조절해 가며 원하는 크기로 이미지를 만들 수 있습니다. 왼쪽의 [Move/Resize] 탭에서 이미지 스케일은 50%로 줄이고 3:2로 수정하세요. [Submit Edit] 버튼을 누르면 비율에 맞춰 이미지 영역이 확대됩니다. 빈 공간은 자연스럽게 재생성되며 채워져요.

💜 전체 구도를 바꾸지 않고도 사이즈만 조정할 수 있어서 다양한 출력 용도에 맞게 활용하기 좋습니다.

7. 부자연스럽거나 어색한 부분이 보인다면 브러시로 해당 영역을 칠한 뒤 [Submit Edit] 버튼을 눌러 재생성해 보세요. 선택한 부분만 자연스럽게 다시 그려 줘서 전체 이미지를 망치지 않고 디테일만 깔끔하게 정리할 수 있어요. 오른쪽 패널에서 원하는 시안을 선택합니다.

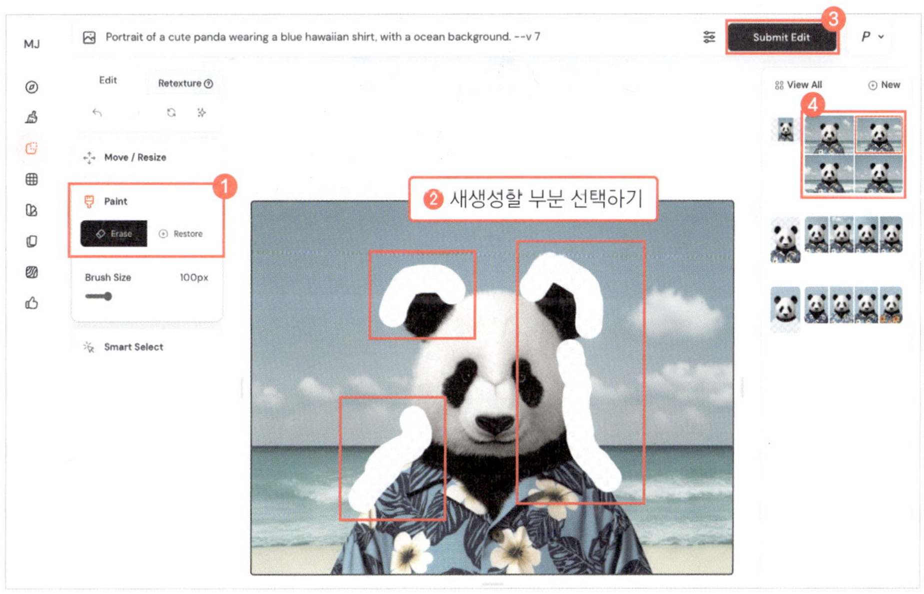

8. 완성된 이미지는 오른쪽 아래에서 다운로드하거나 업스케일할 수 있어요.

이번 실습에서는 귀여운 판다 이미지를 가져와 의상은 여름 옷으로, 배경은 시원한 바다 장면으로 바꿔 보았습니다. 미드저니의 [Edit] 기능을 활용하면 전체를 새로 만들지 않고도 기존 이미지의 일부만 자연스럽게 수정할 수 있어요. 옷만 바꾸거나 배경 일부만 덧그리는 식으로 효율적인 이미지 리터치가 가능합니다.

하면 된다!} 인물 이미지를 펜슬 드로잉으로 바꾸기

[Retexture] 기능을 사용하면 이미지의 구도나 형태는 그대로 두고 전체 스타일이나 질감, 분위기만 새롭게 바꿀 수 있어요. 예를 들어 같은 인물 이미지를 수채화 스타일로 바꾸거나 펜슬 드로잉 느낌으로 변환할 수 있습니다.

1. [Edit] 탭에서 [Edit Uploaded Image]를 눌러 준비한 이미지 06_02.png를 불러옵니다.

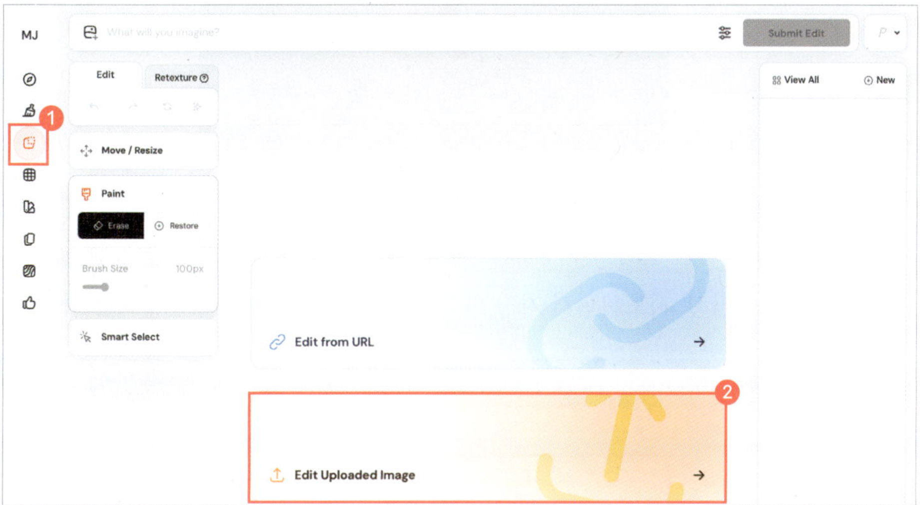

2. 수정 모드를 [Retexture]로 선택하고 Suggest Prompt 아이콘을 눌러 프롬프트를 생성합니다. 프롬프트에서 watercolor illustration, 3D cartoon style, vintage sketch 등 질감이나 연출 스타일을 표현하는 키워드를 넣은 뒤, [Submit Retexture] 버튼을 눌러 재생성해 보세요.

4. 같은 이미지가 다른 질감과 화풍으로 변경됩니다. [Retexture] 기능의 결과가 랜덤하기 때문에 여러 번 시도하면서 가장 마음에 드는 결과를 고르는 것을 추천합니다.

외부 이미지

[Retexture]로 스타일을 변경한 이미지

지금까지 배운 [Edit]과 [Retexture] 기능을 활용하면 미드저니에서 만든 이미지뿐 아니라 외부 이미지까지 더 멋지게 다듬을 수 있습니다.

<h2 align="center">[Edit] 탭, 이렇게 활용해요!</h2>

[Edit] 탭에서 이미지 하나만 업로드하면 브러시와 프롬프트만으로 섬세한 리터치가 가능해요. 복잡한 툴 없이도 내가 원하는 방식으로 이미지를 조정할 수 있다는 점이 가장 큰 장점이죠. 특히 다음과 같은 작업에 유용합니다.

1 내가 촬영한 사진의 재질, 색감, 스타일을 바꾸고 싶을 때

[Retexture] 적용 전

[Retexture] 적용 후

2 기존 이미지를 다르게 연출하고 싶을 때

[Retexture] 적용 전   [Retexture] 적용 후

3 외부 이미지의 빈 공간을 자연스럽게 채우고 싶을 때

기존 이미지   [Edit]로 수정

기존 이미지   [Edit]로 수정

이제 단순한 이미지 생성을 넘어 내가 원하는 스타일로 직접 손보는 AI 편집의 단계까지 경험해 보세요!

AI로 만든 인물인 게 너무 티가 날 때 해결책 2가지

1. 부정 프롬프트를 활용해 보세요

미드저니에서 사람 이미지를 생성할 때 카메라나 구도 설정은 좋아도 비현실적으로 생긴 인물이 만들어질 때가 있어요. 대표적인 예시는 너무 큰 눈, 길게 뻗은 목, 과장된 치아예요.

너무 큰 눈, 길게 뻗은 목

과장된 치아

이럴 땐 부정 프롬프트^{negative prompt}를 활용하면 도움이 됩니다. 예를 들어 다음과 같은 프롬프트를 마지막에 붙여줄 수 있어요.

텍스트 프롬프트   --no long neck, teeth, freckles

또한 'smiling woman'처럼 미소를 강조하면 너무 큰 입, 많은 치아가 생기는 경우도 많으니 'gentle smile', 'closed mouth', 'natural expression' 등으로 부드럽게 표현하는 것이 좋습니다.

2. K-pop idol 또는 Korean Influencer 키워드를 넣어 보세요

한국인 여성 인물을 예쁘게 만들고 싶을 때 가장 효과적인 키워드는 바로 K-pop idol 또는 Korean influencer예요. 프롬프트에 이 표현을 넣으면 눈매, 얼굴 비율, 스타일링 등이 아이돌이나 인플루언서 특유의 세련된 분위기로 바뀌어 훨씬 자연스럽고 선호도 높은 이미지가 생성됩니다. 이 키워드는 패션 화보, 셀피, SNS 콘텐츠 등에서 분위기를 정교하게 컨트롤하고 싶을 때 유용하게 활용할 수 있습니다.

텍스트 프롬프트	a realistic photo of a Korean woman in her 20s, K-pop idol style, pastel color background, ponytail hairstyle, sky-blue shirt, upper body portrait, clean and refreshing tone, balanced lighting --ar 3:4 --raw --p 1pp2n34

인물 표현에 강한 개인화 코드

위 두 항목은 실사 스타일 프롬프트를 더 정확하고 세련되게 만들기 위한 보완 요소입니다. 카메라/필름, 구도/샷 설정과 함께 사용하면 훨씬 자연스러운 고퀄리티 인물 이미지를 만들 수 있습니다.

나에게 꼭 맞는 미드저니로 개인화하기

매번 랜덤하게 나오는 이미지가 아쉽게 느껴졌다면
미드저니에게 내 취향을 알려 줄 차례예요.
07장에서는 미드저니의 [개인화]와 [무드보드] 기능을 활용해
나만의 스타일과 분위기를 반영한 이미지를 만드는 방법을 소개합니다.
좋아하는 색감과 조명, 내가 자주 선택하는 스타일이 자연스럽게 반영되고,
비슷한 무드를 반복해서 생성할 때도 훨씬 더 일관된 결과를 얻을 수 있어요.
미드저니와 함께라면 이미지 생성은 더 이상 복불복이 아니라
'나만의 감각'을 담아내는 창작이 될 수 있어요.

나의 취향을 AI에게 알려 주자!

미드저니에는 나만의 스타일을 학습시킬 수 있는 개인화^{Personalization} 기능이 있습니다. 이 기능은 미드저니에게 내가 어떤 스타일을 좋아하는지 하나씩 가르쳐 주는 방식이에요. 예를 들어 2개의 이미지 중 마음에 드는 것을 고르면, 미드저니는 그 선택을 바탕으로 내 취향의 경향을 학습합니다. 이렇게 학습된 결과는 이후 이미지 생성에 자연스럽게 반영돼 점점 더 '내가 좋아할 만한' 스타일로 결과물을 만들어 줍니다.

[개인화] 적용 전   [개인화] 적용 후

하면 된다! } 미드저니 개인화 학습시키기

1. [개인화] 기능을 사용하려면 먼저 글로벌 개인화 프로필의 잠금을 해제해야 합니다. 미드저니 웹 사이트에서 [Personalize] 탭을 누르고 [Global V7/V8 Profiles]을 클릭해 주세요.

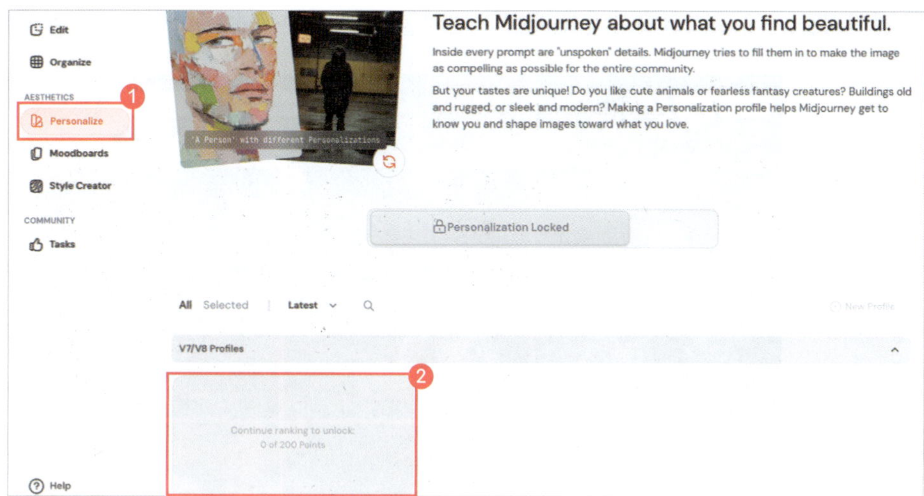

2. 화면에 여러 이미지가 격자 형태로 나타납니다. 이 중 더 마음에 드는 이미지를 계속 선택해 나가면 됩니다.

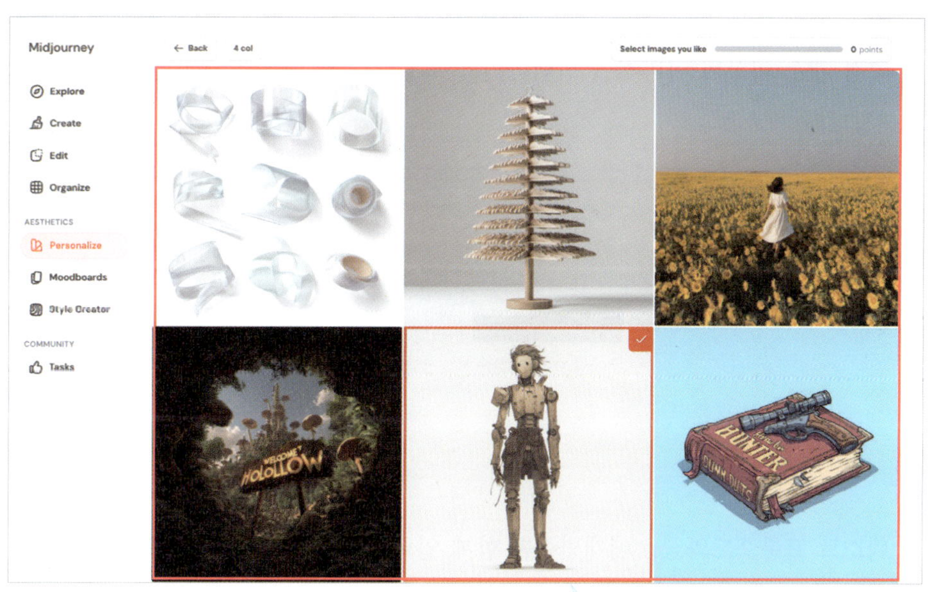

스타일이 마음에 드는 이미지를 자유롭게
선택하세요! 여러 장 골라도 됩니다!

3. 페이지를 아래로 스크롤하면서 계속 이미지를 선택합니다.

4. 일정 개수 이상의 이미지를 선택하면 글로벌 개인화 프로필의 잠금이 자동으로 해제됩니다.

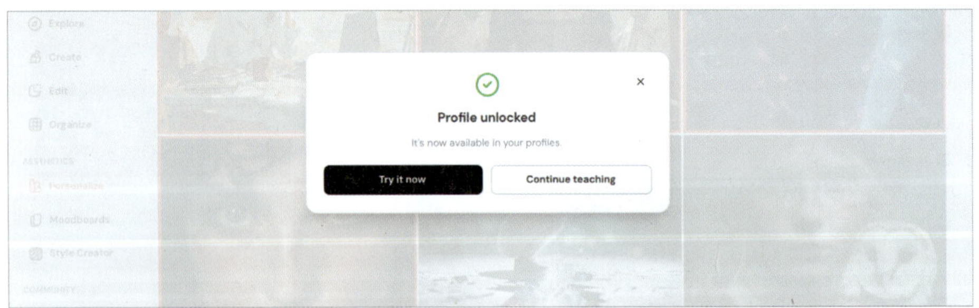

5. 텍스트 프롬프트와 --p 매개변수를 함께 입력하면 내가 학습시킨 스타일을 반영한 이미지가 생성됩니다. 또는 이매진 바 오른쪽에 있는 **개인화 모드 아이콘**(P)을 클릭해도 바로 사용할 수 있어요.

개인화 기능을 제대로 활용하려면 이미지 선택에 시간을 조금 더 투자하는 것이 좋아요. 이미지를 많이 선택할수록 미드저니가 사용자의 취향과 스타일을 더 정확하게 이해하고 그에 맞는 이미지를 추천해 줍니다.

 개인화는 어떻게 선택해 적용하나요?

여러 개의 프로필을 만들었다면 이미지 생성 시 원하는 개인화를 골라 쓸 수 있어요.
화면 위쪽 이매진 바 오른쪽의 이미지 아이콘(🖼)을 누르면 프로필과 무드보드 목록이 열립니다. 여기에서 원하는 프로필을 클릭하면 해당 스타일이 바로 활성화되고, 그 상태로 프롬프트를 입력하면 선택한 개인화가 자동으로 적용됩니다. 여러 개의 개인화와 무드보드를 동시에 활성화할 수도 있으며, 다른 스타일로 바꾸고 싶다면 다시 목록에서 선택해 교체하면 됩니다.

[개인화]나 [무드보드]를 선택할 수 있어요.

💜 [무드보드]에 대한 설명은 07-2절에서 이어서 나옵니다.

개인화 프로필은 서로 다른 스타일이나 분위기별로 여러 개 만들 수 있습니다.

예를 들어 '빈티지 일러스트', '필름 텍스처', '포토그래피'처럼 원하는 무드나 장르에 맞춰 프로필을 나눠 두면 더 정교한 결과물을 얻을 수 있죠.

새로운 프로필을 만들 땐 여러 장의 이미지 중 마음에 드는 쪽을 계속 선택하면서 미드저니에게 내가 선호하는 스타일을 알려 주세요. 예를 들어 '일러스트' 스타일을 만들고 싶다면 비슷한 톤의 일러스트 이미지를 집중적으로 고르면 됩니다. 선택이 쌓일수록 해당 프로필은 점점 더 내 취향에 맞게 최적화돼요.

| 이미지(개인화X) | 필름 스타일 개인화 | 실사 스타일 개인화 | 3D 스타일 개인화 |

개인화, 이렇게 활용해요!

[개인화] 기능이 특히 유용한 순간은 다음과 같습니다.

1. 매번 프롬프트를 길게 쓰지 않아도 꾸준히 좋은 결과물을 얻고 싶을 때
2. 일관된 비주얼 톤이 중요한 브랜드 작업을 할 때
3. 나만의 감성을 유지한 이미지를 반복적으로 만들고 싶을 때

나만의 무드로 이미지 생성하기

미드저니에는 **무드보드** 기능이 있습니다. 무드보드^{Moodboards}는 내가 좋아하는 스타일, 분위기, 컬러 톤의 이미지를 여러 장 모아, '이런 느낌으로 만들어 줘!' 하고 미드저니에게 요청하는 방식이에요.

무드보드는 최대 100장의 이미지를 등록할 수 있고, 내 갤러리에서 바로 추가하거나 이미지 URL을 붙여 넣거나, [Explore]에서 이미지를 선택해 구성할 수 있습니다. 이렇게 만든 무드보드를 기반으로 이미지를 생성하면 비슷한 분위기와 톤을 유지한 결과물을 손쉽게 얻을 수 있습니다.

A cat having a picnic on the grass([무드보드] 적용 전)

A cat having a picnic on the grass ([무드보드] 적용 후)

A cozy room ([무드보드] 적용 전)

A cozy room ([무드보드] 적용 후)

예를 들어 심플한 드로잉 스타일에 따뜻한 색감과 레드 및 옐로 톤이 어우러진 일러스트를 무드보드에 등록해 두면, 미드저니는 그 이미지들 속 분위기와 표현 방식을 학습해 비슷한 정서와 스타일을 유지한 새로운 장면을 만들어 줍니다.

또한 같은 프롬프트라도 무드보드 없이 생성하면 평범한 카페 이미지가 나올 수 있지만, 무드보드를 설정한 상태에서는 훨씬 더 감성적이고 색감이나 조명까지 무드보드 이미지들과 닮은 결과물이 나올 수 있어요.

이처럼 [무드보드] 기능을 활용하면 특정 스타일이나 감성 톤을 일관되게 유지하면서 다양한 포즈, 배경, 구도로 이미지를 확장하는 데 큰 도움이 됩니다.

하면 된다!} 따뜻한 손그림 스타일로 무드보드 설정하기

1. 미드저니의 [Moodboards] 탭을 누르고 [My First Moodboard]를 클릭해 무드보드를 만듭니다.

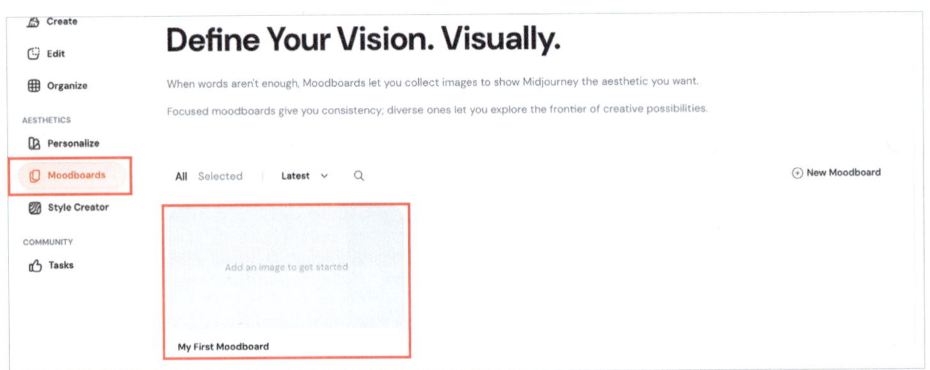

2. 가장 먼저 무드보드의 이름을 **따뜻한 손그림 스타일**로 수정합니다. 그런 다음 무드보드에 이미지를 추가합니다. 최소 1장부터 최대 100장까지 이미지를 등록할 수 있어요.

이미지를 추가하는 방법은 총 3가지입니다. 내 컴퓨터에 있는 이미지를 직접 업로드하거나, 웹에서 복사한 이미지 링크를 붙여 넣거나 또는 미드저니에서 생성했던 이미지 중 마음에 드는 것을 갤러리에서 바로 선택해 추가할 수 있어요. 이렇게 모아둔 이미지들은 미드저니에게 '나는 이런 분위기를 좋아해요'라고 말해 주는 역할을 합니다.

여기서는 기존에 모아둔 이미지가 있다고 가정하고 [Upload Images]를 누른 뒤, 07_01.png, 07_02.png, 07_03.png, 07_04.png, 07_05.png, 07_06.png 이미지를 업로드합니다.

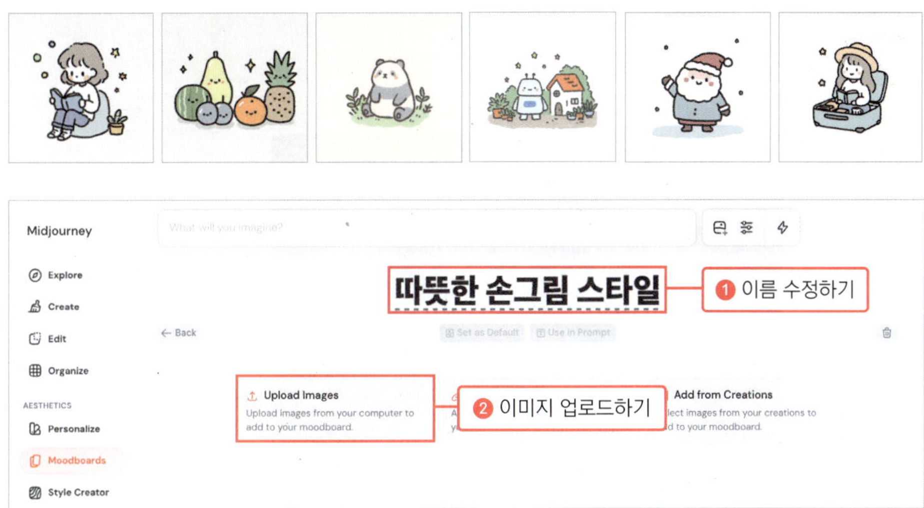

3. 각 무드보드에는 고유한 코드 번호가 부여되는데, 이미지를 생성할 때 이 코드를 프롬프트에 함께 입력하면 그 분위기가 이미지에 반영됩니다.

[Use in Prompt] 버튼을 클릭하면 해당 코드가 자동으로 이매진 바 안에 입력돼 바로 사용할 수 있어요. 이 코드는 처음엔 길게 보이지만 나중에는 자동으로 단축된 형태로 표시됩니다.

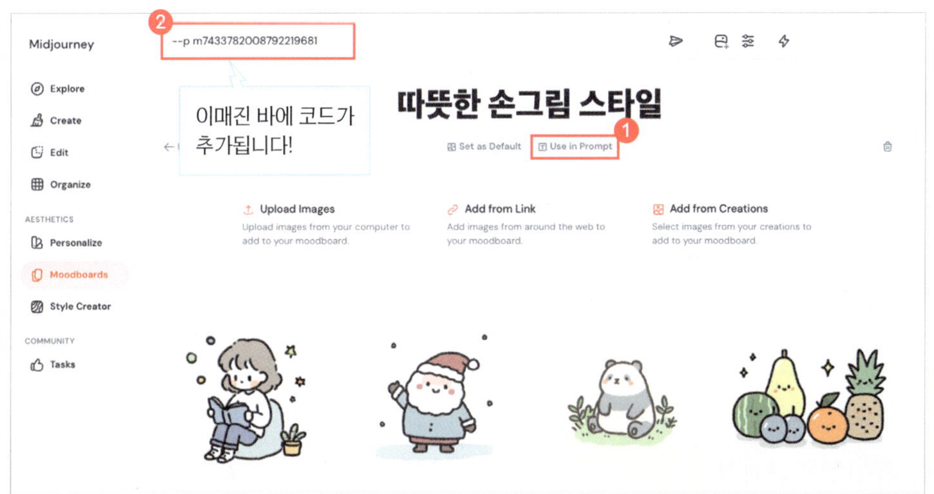

4. 또는 이매진 바 오른쪽에 있는 **이미지** 아이콘(📷)을 눌러 [Moodboards]에서 스타일을 선택할 수도 있어요. 이렇게 설정해 두면 매번 프롬프트에 코드를 입력하지 않아도 선택한 무드보드의 분위기가 이미지 생성에 자동으로 적용됩니다.

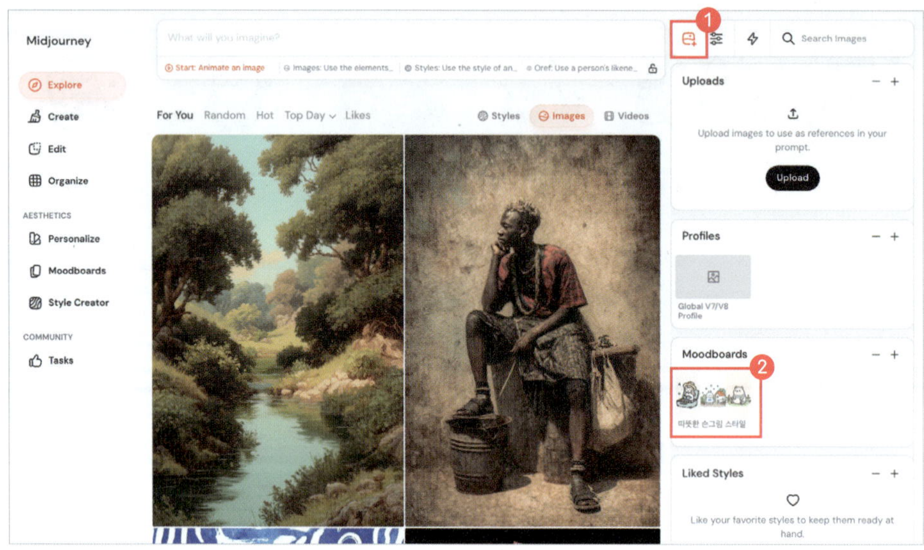

무드보드, 이렇게 활용해요!

무드보드는 '일관성'이 중요한 작업에서 특히 유용합니다. 서로 다른 프롬프트를 사용하더라도 무드보드가 전체적인 톤과 분위기를 조율해 주는 역할을 하거든요. 무드보드와 프롬프트를 함께 활용하면 내가 상상한 무드를 더 정확하고 자연스럽게 이미지로 표현할 수 있어요.

나만의 감성을 유지한 이미지 시리즈를 만들고 싶을 때 꼭 한 번 활용해 보세요.

지금까지 [개인화]와 [무드보드] 기능을 알아봤습니다. 두 기능 모두 내가 선호하는 스타일과 분위기를 미드저니에게 전달해 보다 일관된 결과물을 만드는 데 도움을 줍니다. 무엇보다 이 두 기능은 따로 사용할 수도 있고, 함께 조합해 사용할 수도 있습니다. 예를 들어 [개인화]로 학습된 나만의 스타일을 적용하면서 [무드보드]를 통해 특정 감성을 더할 수도 있죠.

이렇게 조합하면 미드저니가 만들어내는 이미지가 점점 더 '나다운' 결과에 가까워집니다. 1차 시안에서 원하는 스타일을 매번 고르기보다, 미드저니에게 내 취향을 알려 주니 더 효과적이에요. 이렇듯 나만의 스타일을 제대로 반영하면 더 창의적이고 일관된 이미지 작업을 할 수 있습니다.

포토샵으로 AI 이미지 완성도 높이기

AI가 만들어 준 이미지는 생각보다 훌륭합니다.

텍스트 한 줄만 입력해도 멋진 장면이 뚝딱 만들어지죠.

하지만 막상 그 이미지를 실무에 바로 쓰려고 하면 뭔가 아쉽고

부족한 부분이 눈에 띄기 시작합니다.

글자를 넣고 싶어도 공간이 애매하고 배경이 복잡해서 제품이 잘 안 보이기도 하죠.

이럴 때가 바로 디자이너의 손길이 필요한 순간이에요.

셋째마당에서는 미드저니로 만든 이미지를 포토샵으로 다듬는 법을 배워 보겠습니다.

이미지 크기를 조정하고, 색을 정리하고, 필요 없는 요소를 깔끔하게 지우는 기본 작업부터

SNS 콘텐츠나 광고용 목업처럼 실제로 사용할 수 있는 이미지로 완성하는 방법까지,

누구나 따라 할 수 있도록 천천히 설명해 드릴게요.

이제는 AI가 만들어 준 결과물 위에 여러분의 디자인 감각을 더할 차례예요.

0 8

포토샵 필수 기능
익히기

AI로 만든 이미지를 포토샵으로 보정하려고 할 때 '어디서 뭘 눌러야 하지?' 라는
막막함이 들 수 있어요. 포토샵은 복잡해 보이지만 실제로 자주 쓰는 기능은
몇 가지에 불과해요. 08장에서는 디자이너가 아니어도 따라 할 수 있도록
실무에서 가장 자주 활용되는 포토샵의 핵심 기능들을 소개합니다.
이 기본기만 알아도 AI로 만든 이미지를 내 스타일에 맞게 다듬고
SNS 콘텐츠나 브랜드 목업에 활용하기가 훨씬 쉬워질 거예요.
AI가 1차 초안을 만들어 줬다면 이제는 그 이미지를 실전에서 쓸 수 있게 다듬을 시간이에요.
어렵지 않으니까 지금부터 포토샵과 함께 가볍게 시작해 보세요.

포토샵 시작 전, 기본기 확인하기

포토샵은 이미지를 편집하거나 보정할 때 사용하는 대표적인 디자인 프로그램이에요. 어도비 홈페이지(www.adobe.com/kr)에서 유료 구독 결제를 진행한 후 사용할 수 있습니다.

어도비 포토샵

포토샵은 '픽셀pixel 기반'으로 이미지를 다루기 때문에 사진을 확대하면 조금씩 깨져 보이는 특징이 있어요. 이 픽셀 단위의 정교한 편집 덕분에 AI로 만든 이미지처럼 세밀한 보정이 필요한 작업에 특히 유용하죠. 텍스트를 추가하거나 배경을 지우는 등 디테일한 수정도 자유롭게 할 수 있습니다.

최근에는 [Generative Fill]처럼 생성형 AI 기능이 포토샵에 포함되면서 AI로 만든 이미지를 자연스럽게 보정하거나 확장할 수도 있습니다.

기초 이론 1. 픽셀 기반 이미지

우리가 다루는 대부분의 이미지 파일은 아주 작은 점들인 **픽셀**로 이루어져 있어요.
픽셀 하나하나가 모여 하나의 이미지가 되고, 포토샵은 픽셀을 직접 편집하는 도구
입니다. 이미지를 너무 확대하면 뭉개지거나 깨져 보이는 이유도 바로 픽셀 때문이
에요.

이미지 원본

이미지 확대 시 깨짐

포토샵은 픽셀 단위로 선택하고, 지우고, 색을 바꾸는 작업을 할 수 있기 때문에 AI
이미지의 디테일을 보정할 때 매우 유용합니다.

기초 이론 2. 색상 모드(RGB vs CMYK)

이미지를 화면으로 볼 때와 인쇄할 때 색이 다르게 느껴진 적이 있나요? 그건 바로
디지털 화면과 인쇄물의 색상 모드가 다르기 때문이에요.

RGB

CMYK

RGB는 빛의 3원색인 Red, Green, Blue을 조합해 색을 표현하는 방식으로, 모니터나 스마트폰 같은 디지털 화면에서 사용합니다. AI로 생성한 이미지도 대부분 RGB 모드로 만들어져 있어요.

반면 CMYK는 인쇄용 색상 모드입니다. 프린터는 Cyan, Magenta, Yellow, Black을 섞어서 색을 표현해요. 그래서 출력이나 인쇄를 고려한 디자인은 CMYK로 작업하는 것이 좋습니다.

기초 이론 3. 이미지 형식(JPG vs PNG)

포토샵으로 이미지를 저장할 때 파일 형식을 선택합니다. 가장 대표적인 이미지 파일 형식 2가지는 JPG와 PNG입니다.

JPG는 파일 용량이 작고 거의 모든 플랫폼에서 열 수 있어서 공유하기 좋은 파일 형식입니다. 다만 압축 과정에서 화질이 약간 손상될 수 있습니다.

JPG   PNG

PNG는 화질 손상이 거의 없고 무엇보다 배경을 투명하게 저장할 수 있다는 장점이 있습니다. 그래서 제품 컷, SNS 콘텐츠, 배너 작업 등에 자주 활용되지요. 한 마디로 정리하면 공유용은 JPG, 디자인 작업용은 PNG로 생각하면 기억하기 쉽습니다.

3가지 기초 내용을 잘 살펴봤나요? 포토샵을 제대로 활용하려면 이미지의 구조와 색상 개념 정도는 가볍게 짚고 넘어가는 것이 좋아요. 지금부터는 직접 포토샵에서 이미지를 불러오고 해상도나 단위 같은 기본 설정을 살펴보면서 본격적인 작업을 준비해 보겠습니다. AI로 만든 이미지를 불러와 보정하거나 텍스트를 넣고 활용하려면 가장 먼저 포토샵의 작업 환경부터 익숙해지는 것이 중요하거든요.

그럼 하나씩 따라 하면서 포토샵과 조금씩 친해져 볼까요?

하면 된다!} **포토샵 기본기 1 — 새 파일 만들기**

포토샵에서 본격적인 작업을 시작하기 전, 먼저 이미지를 열고 해상도나 단위처럼 자주 쓰이는 기본 설정을 간단히 점검해 두면 좋아요. 이렇게 하면 작업 효율도 높아지고, 결과물의 품질도 훨씬 안정적입니다.

♥ 포토샵 프로그램은 [Creative Cloud] 데스크톱 앱에서 [Photoshop]을 클릭해 설치합니다.

1. 아트보드 만들기

포토샵에서 새로운 작업을 시작할 때는 먼저 아트보드(작업 공간)를 만들어야 해요. 아트보드는 이미지를 배치하고 편집할 캔버스라고 생각하면 됩니다.

포토샵을 실행하면 나타나는 첫 화면에서 왼쪽의 [New File]을 선택하거나 단축키 Ctrl + N 을 눌러 새 문서 창을 엽니다. ♥ 맥 사용자 단축키: Command + N

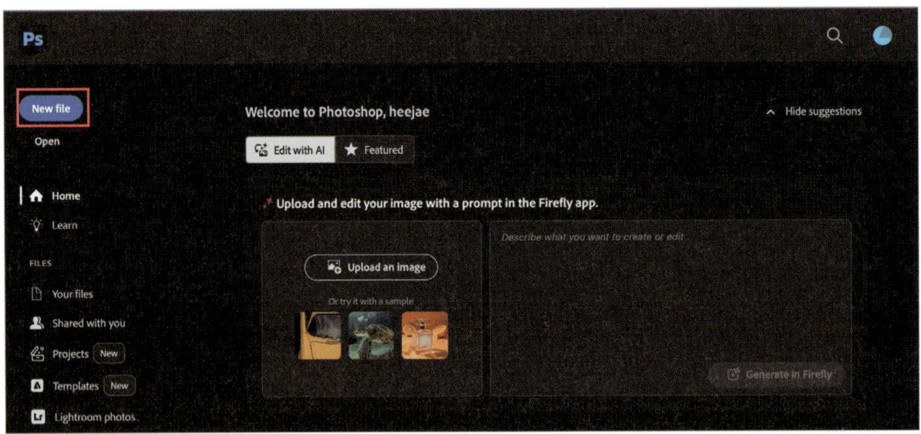

2. 문서 설정 창이 나타납니다. 앞에서 배운 내용을 떠올리며 작업 크기는 1080 × 1080, 단위는 Pixels, 해상도는 72, 색상 모드는 [RGB Color]로 설정한 뒤 [Create] 버튼을 누릅니다.

3. 1080×1080px 크기의 새 캔버스가 만들어졌어요.

하면 된다!} 포토샵 기본기 2 — 이미지 열기

포토샵을 실행하고 메뉴 바에서 [File] → [Open]을 클릭해 준비한 이미지 08_01_01.
jpg를 불러오세요. 또는 첫 화면에서 Ctrl+O를 누르거나 이미지 파일을 포토샵 창
으로 드래그해 넣어도 이미지를 바로 열 수 있습니다.　♥ 맥 사용자 단축키: Command+O

이미지

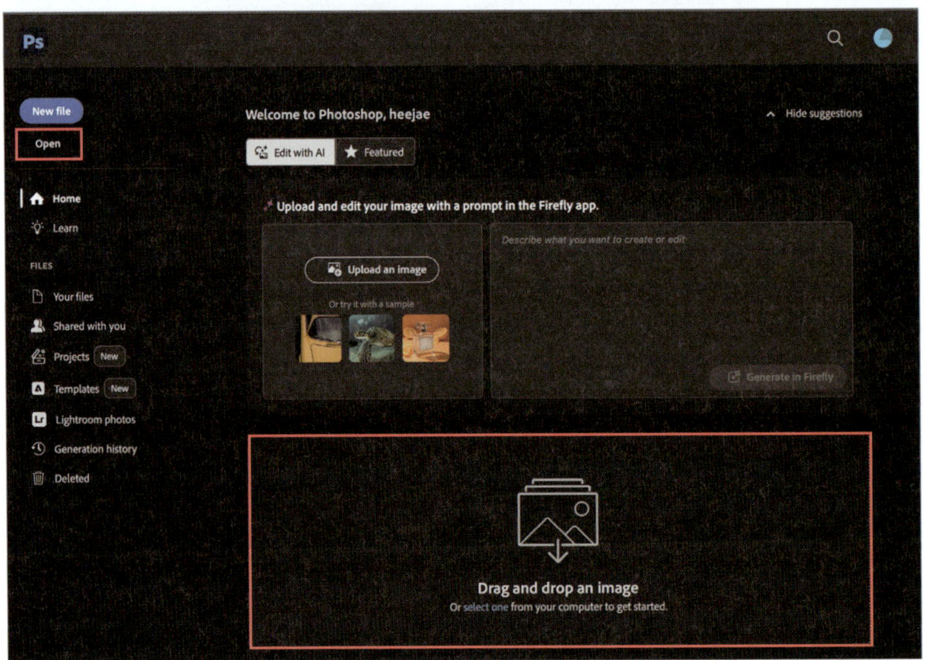

하면 된다!} 포토샵 기본기 3 — 이미지 크기, 해상도 확인하기

이미지를 열었으면 해상도나 크기, 단위 같은 기본 정보를 확인해 보는 게 좋아요.
작업 목적(웹용, 인쇄용)에 따라 처음부터 단위를 맞춰 두는 것이 중요하거든요.

1. 이미지 크기와 해상도 확인하기

메뉴 바에서 [Image] → [Image Size]를 클릭하면 이미지의 가로세로 크기와 해상
도(ppi)를 확인할 수 있습니다.

2. 단위 설정 바꾸기

메뉴 바에서 [Edit] → [Preferences] → [Units & Rulers]를 클릭하거나 단축키
Ctrl + K를 누르면 기본 단위를 픽셀, 센티미터 등으로 바꿀 수 있습니다. 웹 작업
은 보통 픽셀px, 인쇄물은 센티미터cm 단위를 사용합니다. 이 책에서는 [Pixels] 단위
를 사용합니다.

💜 맥 사용자 단축키: Command + K

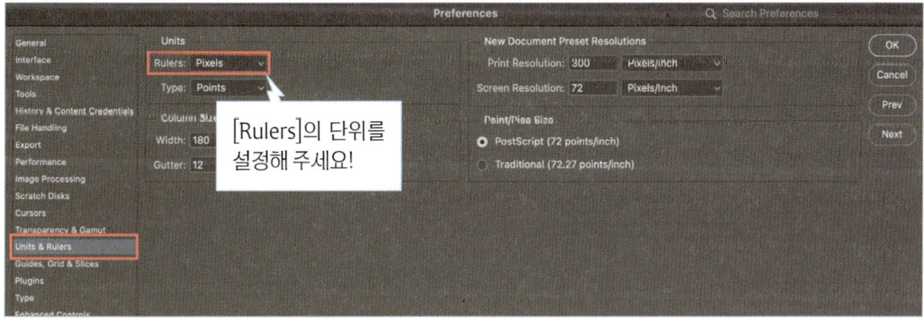

작업 환경에 맞게 이런 설정을 미리 확인해 두면 불필요한 혼란 없이 더 정확하게 작
업할 수 있습니다.

포토샵 화면, 같이 익혀봐요

포토샵을 처음 켜면 다양한 메뉴와 버튼들이 보여서 조금 복잡하게 느껴질 수 있습니다. 하지만 각 영역의 역할을 이해하고 필요한 도구만 골라서 사용하면 어렵지 않을 거예요.

포토샵 화면은 다음과 같이 크게 5개 영역으로 나눕니다.

❶ **메뉴 바**: 화면 맨 위에 위치하며, 다양한 메뉴들이 모여 있습니다. 작업 목적에 따라 필요한 기능을 찾을 수 있어요.

❷ **옵션 바**: 선택한 툴에 따라 옵션이 바뀌는 영역입니다. 예를 들어 [브러시 툴]을 선택하면 브러시 크기나 모양을 설정할 수 있어요.

❸ **툴 바**: 왼쪽에 위치하며, 실제로 작업에 쓰는 툴(선택 툴, 자르기 툴, 브러시 툴 등)이 모여 있습니다.

❹ **캔버스 영역**: 이미지를 직접 작업하는 공간이에요. 불러온 이미지나 새로 만든 파일은 이 안에서 편집됩니다.

❺ **패널 영역**: 화면 오른쪽에 위치하며, 레이어, 속성, 문자 등 작업에 필요한 도구들이 들어 있습니다. 상황에 따라 원하는 패널만 꺼내 쓸 수 있어요.

포토샵에서 AI 이미지 작업을 편하게 하도록 화면 설정을 조정해 보겠습니다.

1. 자주 쓰는 패널 꺼내기

포토샵에는 이미지 편집에 자주 쓰는 패널들이 따로 있습니다. 이렇게 자주 쓰는 패널은 미리 꺼내 두면 좋습니다. 메뉴 바에서 [Window] 탭을 누르고 [Layers레이어], [Properties속성], [History히스토리], [Character문자] 패널을 선택해 여러분이 작업하기 편한 환경을 만들어 보세요.

❶ Info정보: 문서 상태 정보를 제공합니다.

❷ Properties속성: 선택한 레이어에 대한 세부 속성이 나타납니다.

❸ Adjustments조정: 밝기, 채도 등 이미지를 조정합니다.

❹ Character문자: 문자의 세부 옵션을 설정합니다.

❺ Paragraph단락: 단락을 편집합니다.

❻ Layers레이어: 레이어 추가, 삭제 등을 할 수 있습니다.

❼ History작업 내역: 작업 과정이 기록되어 있습니다.

❽ Channels채널: 이미지 색상 값을 채널로 분리해 조절합니다.

❾ Paths패스: 패스로 작업한 내용을 관리합니다.

💜 포토샵이 처음이라면 [Layers], [Properties], [Character], [History] 정도만 켜두고 시작해도 충분합니다.

2. Contextual Task Bar 살펴보기

캔버스 화면 아래에 나타나는 작은 바가 보이나요? 이 바는 포토샵의 최신 버전에서 사용 가능한 'Contextual Task Bar'입니다. 이 바는 메뉴 바의 [Window] → [Contextual Task Bar]를 클릭해 켤 수 있습니다. [Generative Fill]과 포토샵 AI 기능을 자주 쓴다면 꼭 켜두는 걸 추천해요.

이미지를 불러왔을 때, 오브젝트를 선택했을 때, 배경을 지우고 싶을 때 등 작업 흐름에 맞춰 관련 기능이 자동으로 표시되기 때문에 초보자도 어렵지 않게 포토샵을 활용할 수 있어요.

① **이미지를 불러오기 전**: [Generate image] 등

② **이미지가 있는 경우**: [Select subject], [Remove background] 등

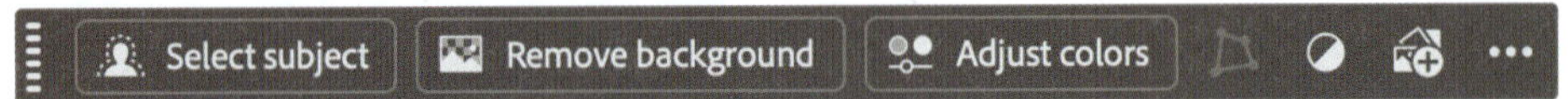

③ **영역을 선택한 경우**: [Generative Fill], [Remove], [Mask] 등 다양한 기능

④ **[Generative Fill]을 선택한 모습**: 프롬프트 입력창

3. [Auto-Select] 켜기

작업할 때 오브젝트를 쉽게 선택하려면 [Move ✥]의 옵션 바에서 [Auto-Select] 기능을 켜고 [Layer]를 선택하세요. 이 설정을 켜두면 아트보드 안의 이미지나 요소를 클릭만으로 바로 선택할 수 있습니다. 특히 여러 레이어가 겹친 상황에서 이 기능이 편집 속도를 훨씬 빠르게 해줍니다.

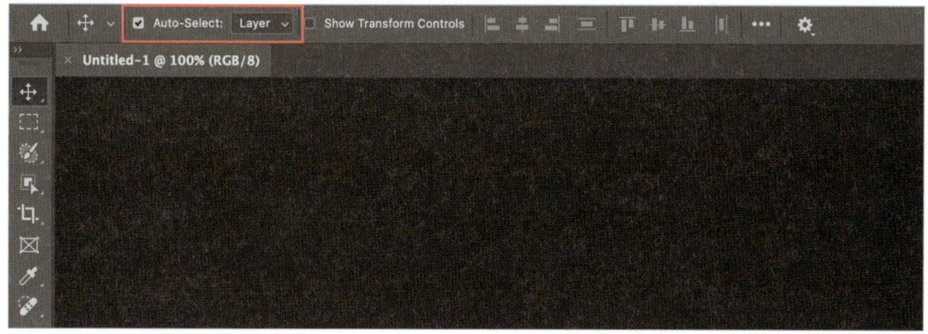

하면 된다!} 포토샵 기본기 5 — 작업 파일 저장하기

포토샵에서 작업한 이미지는 2가지 방식으로 저장할 수 있습니다. 바로 원본 파일 저장과 완성본 저장이에요.

1. 원본 파일 저장하기

메뉴 바에서 [File] → [Save]를 클릭해 PSD 형식을 선택하면 원본 파일로 저장됩니다. PSD 형식으로 저장하면 모든 레이어와 설정이 그대로 보존돼서 나중에 다시 열어 이어서 작업할 수 있습니다. 원본 PSD 파일은 반드시 저장해 두세요.

PSD 파일 아이콘

💜 윈도우 단축키: Ctrl + S / 맥 단축키: Command + S

2. 완성본 저장하기

완성된 이미지는 PNG나 JPG 형식으로 저장합니다. 이렇게 저장하면 최종 결과물로 바로 활용할 수 있습니다. 완성본 저장 방법에는 크게 3가지가 있습니다.

- 방법 1. [File] → [Save a Copy] → [Format]

  PSD 외에 JPG, PNG 등 원하는 포맷으로 저장할 수 있어요. 원본과 별도로 완성본 파일을 만들 때 유용합니다.

- 방법 2. [File] → [Export] → [Quick Export as PNG]

  클릭 한 번으로 바로 PNG 형식으로 저장되는 가장 빠른 방법이에요. SNS 업로드나 웹용 이미지 저장 시 편리합니다.

- 방법 3. [File] → [Export] → [Save for Web (Legacy)]

웹과 모바일 환경에 맞춰 파일 크기, 해상도, 색상 모드를 세부 조정하며 저장할
수 있어요. 이미지 용량 최적화가 필요할 때 이 방법으로 저장합니다.

[Save for Web] 화면

포토샵의 강력한 AI 기능 살펴보기

포토샵은 이제 훨씬 쉬워졌고 누구나 빠르고 똑똑하게 활용할 수 있는 프로그램으로 발전했습니다. 최근에는 생성형 AI 기능이 기본으로 포함되어 이미지를 직접 그리거나 조정하지 않아도 클릭 몇 번으로 자동 보정과 배경 제거, 스타일 변경이 가능해요. 마치 원하는 부분만 골라서 '여기 이렇게 바꿔 주세요'하고 말하듯이 작업할 수 있는 시대가 된 거예요. 포토샵에 들어온 AI 기능 4가지를 살펴보겠습니다.

하면 된다!} **포토샵의 AI 기능 1 — [Generative Fill]: 선택한 영역을 AI로 채우는 마법**
포토샵의 대표적인 AI 기능이 바로 [Generative Fill]입니다. 영역을 선택한 후 원하는 내용을 입력하면 AI가 알아서 어울리는 이미지를 만들어서 채워 줍니다.

1. 준비한 이미지 08_02_01.png를 포토샵에서 불러와 주세요.

2. 왼쪽 툴 바에서 **[사각 선택 툴 ▦]**(단축키: Ⓜ)을 선택한 후 AI로 이미지를 만들고 싶은 영역을 드래그하세요. 그런 다음 아래 바에서 **[Generative Fill]**을 누릅니다.

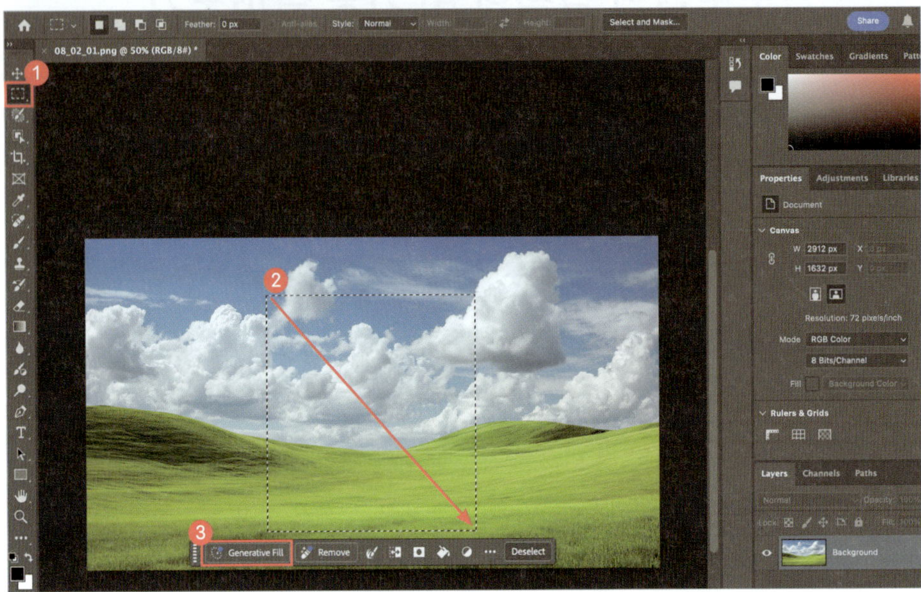

3. 프롬프트 입력 창이 뜨면 **tree**라고 입력하고 **[Generate]** 버튼을 누릅니다.

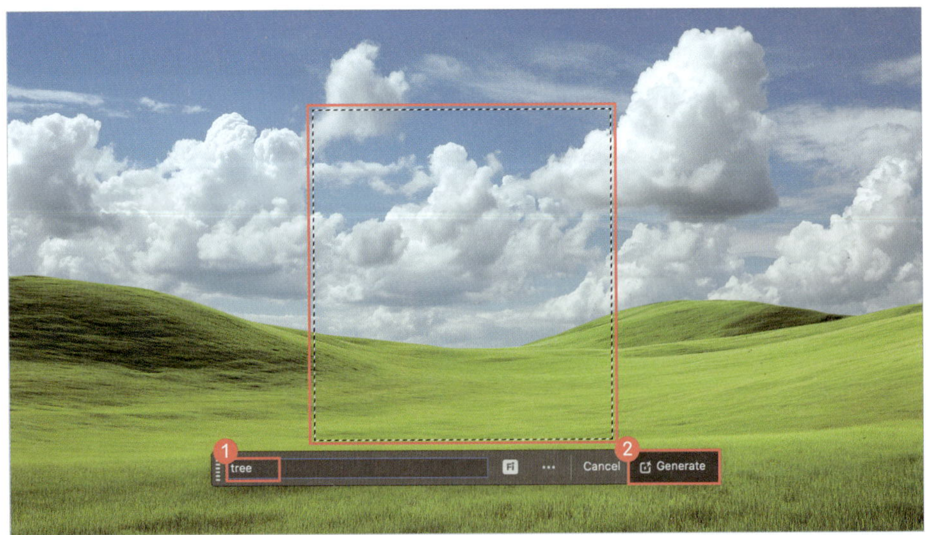

4. 영역을 선택한 그 자리에 나무가 생깁니다. 꽃, 벤치 등 여러분이 원하는 요소를
추가해 보세요.

하면 된다!} 포토샵의 AI 기능 2 — [Generative Fill]: 두 이미지 이어 붙이기

2개의 이미지를 자연스럽게 이어붙일 때도 [Generative Fill]을 활용할 수 있습니다.

1. 새 파일을 열고 준비한 이미지 08_02_02.png를 불러와 주세요.

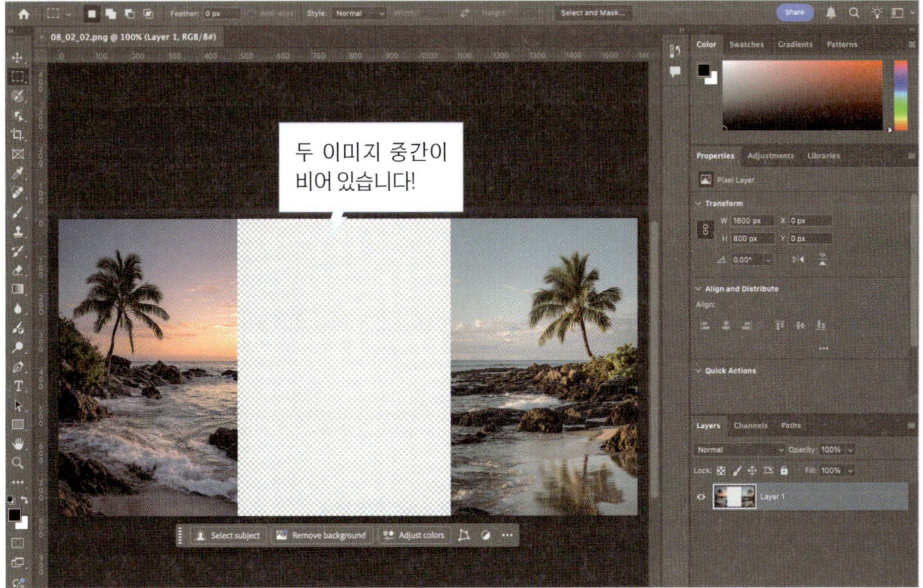

2. [사각 선택 툴 ▣]로 사이의 빈 공간을 선택하고 아래 바에서 [Generative Fill]을
누릅니다.

3. 입력창에 무언가 적어서 요소를 추가하거나, 넣고 싶은 요소가 없다면 [Generate]
버튼을 누릅니다.

4. 경계가 어색하지 않게 이어지는 새로운 배경이 자동으로 만들어집니다.

사람이나 사물을 지우고 싶은 경우에도 해당 부분을 선택한 뒤 [Generative Fill] 기
능을 사용하면 자동으로 자연스러운 배경으로 채워 줍니다.

무엇보다 이렇게 생성된 결괴기 자동으로 새로운 레이어에 생성되어 저장되기 때문
에 언제든 수정하거나 원본으로 되돌리는 것도 쉽습니다.

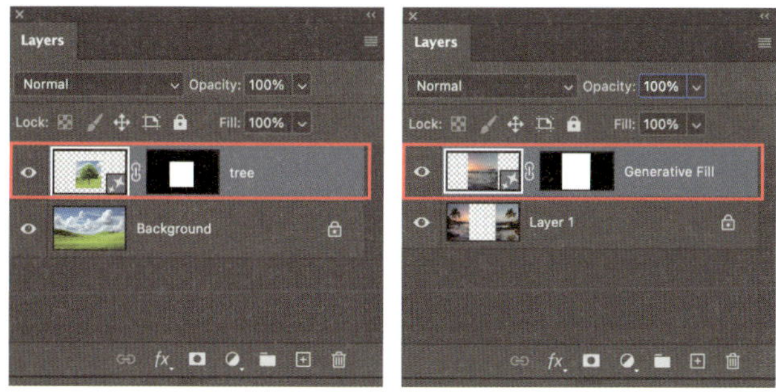

새로운 레이어에 생성된 [Generative Fill] 결과물

하면 된다!} **포토샵의 AI 기능 3 — [Remove background]: 배경 제거를 한 번에!**

[Generative Fill] 외에도 포토샵에는 다양한 AI 기반 편집 도구가 있어요. 이 기능을 활용하면 배경 제거부터 색 보정까지 훨씬 간단해집니다. 복잡한 배경도 클릭 한 번으로 깔끔하게 삭제할 수 있어요.

1. 준비한 이미지 08_02_03.jpg를 불러온 후 아래 바에서 [Remove background]를 눌러 보세요.

2. 클릭 한 번으로 복잡한 배경이 사라집니다.

사람, 동물, 사물처럼 윤곽이 복잡한 오브젝트도 AI가 자동으로 감지해 선택해 줍니다.

하면 된다!} 포토샵의 AI 기능 4 — [Adjust colors]: 단번에 색 보정하기

1. 준비한 이미지 08_02_04.png를 불러온 후 아래 바에서 [Adjust colors]를 눌러 보세요.

2. 변경하려는 컬러를 클릭하면 이미지의 색감과 스타일을 조정해 원하는 분위기를 손쉽게 완성할 수 있습니다.

이러한 기능 덕분에 디자인 초보자도 전문가처럼 빠르고 자연스럽게 이미지를 완성할 수 있어요. 특히 생성형 AI로 만든 이미지를 실무에 활용 가능한 완성본으로 발전시키는 데 큰 도움이 됩니다.

미드저니 이미지,
포토샵에서 고품질로 업그레이드하는 방법

미드저니에서 만든 이미지는 그 자체로도 훌륭하지만, 실제로 프로젝트나 상업용 디자인에 바로 적용하려면 추가적인 보정과 마무리 과정이 필요합니다. 색감이 조금 밋밋하거나, 구도가 의도와 맞지 않거나, 불필요한 요소가 섞여 있는 경우 수정해야 하기 때문이죠. 포토샵은 이러한 부분을 손쉽게 수정하고 이미지를 더욱 세련되고 완성도 높게 만들어 주는 강력한 도구입니다. 이번 절에서는 미드저니 이미지를 포토샵에서 보완해 최종본으로 완성하는 주요 방법을 소개하겠습니다.

크롭이 안 되는 미드저니 이미지, 포토샵에서 해결!

미드저니 이미지는 원하는 부분만 골라 자유롭게 크롭하기가 쉽지 않습니다. 이럴 때 포토샵의 [자르기 툴 🔲]을 사용하면 원하는 구도와 비율로 깔끔하게 편집할 수 있습니다. 이미지 비율을 조정하거나 레이아웃을 변경할 때 유용해요.

하면 된다!} 원하는 영역만 이미지 자르기

1. 이미지 열기

포토샵을 실행하고 메뉴 바에서 [File] → [Open]을 클릭해 준비한 이미지 08_03_01. png 또는 미드저니로 만든 이미지를 불러오세요.

이미지

2. 왼쪽 툴 바에서 [자르기 툴]을 클릭한 뒤 자르고 싶은 부분을 드래그해 선택하세요. 네모난 테두리를 드래그하면 원하는 구도와 크기로 맞출 수 있습니다.

3. Enter 를 누르면 선택한 부분만 남고 이미지가 잘립니다. 이런 식으로 원하는 구도에 맞는 깔끔한 이미지를 만들 수 있어요.

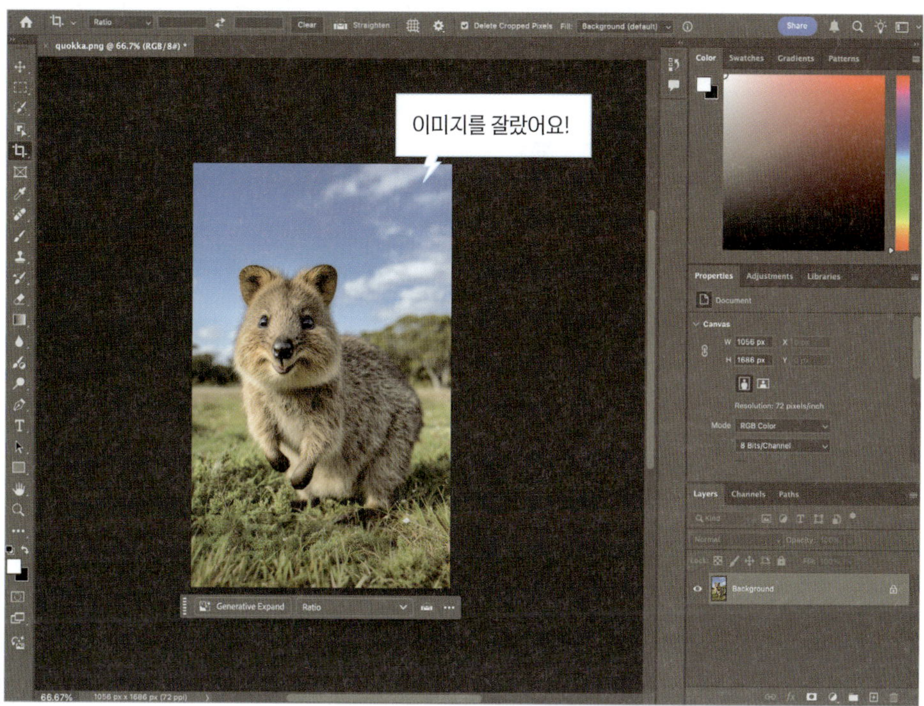

색 보정도 걱정 마세요!

이미지의 색이 탁하거나 전체적인 분위기가 어색하다면 메뉴 바에서 자동 보정 기능을 사용해 보세요. 몇 번의 클릭만으로 색조, 채도, 명암이 자동으로 균형을 맞추어 보나 선명하고 깔끔한 이미지를 얻을 수 있습니다.

보다 정밀한 색 보정이 필요할 때는 [Camera Raw 필터] 기능을 사용해 보세요. 색상 온도, 채도, 대비, 하이라이트와 그림자 등 다양한 요소를 세밀하게 조절할 수 있어 원하는 분위기를 자유롭게 연출할 수 있습니다.

하면 된다!} 자동 보정으로 색감 손쉽게 맞추기

1. 이미지 열기

포토샵을 실행하고 메뉴 바에서 [File] → [Open]을 클릭해 준비한 이미지 08_03
_02.png 또는 미드저니로 만든 이미지를 불러오세요.

이미지 

2. 자동 보정 기능 실행하기

메뉴 바의 [Image] 탭에서 [Auto Tone], [Auto Contrast], [Auto Color]를 차
례로 선택해 보세요. [Auto Tone]은 전체 색조를 균형 있게 조정해 주고, [Auto
Contrast]는 밝고 어두운 부분을 또렷하게 만들어서 이미지를 선명하게 해줍니다.
[Auto Color]는 한쪽으로 치우친 컬러를 자연스럽게 잡아 줘요.

[Auto Tone] 적용 후

[Auto Tone], [Auto Contrast] 적용 후

[Auto Tone], [Auto Contrast], [Auto Color] 적용 후

하면 된다!} [Camera Raw Filter]로 한번에 보정하기

[Camera Raw Filter]는 사진의 전체 톤을 빠르게 맞추고, 필요하다면 세밀하게 조정할 수 있는 보정 도구입니다.

1. 이미지 열기

포토샵을 실행하고 메뉴 바에서 [File] → [Open]을 클릭해 준비한 이미지 08_03_03. png 또는 미드저니로 만든 이미지를 불러오세요.

이미지

2. 원본 이미지를 보존하기 위해 레이어를 스마트 오브젝트로 바꾸겠습니다. 이미지가 있는 레이어를 마우스 오른쪽 버튼으로 클릭하고 [Convert to Smart Object]를 선택합니다. 이렇게 해두면 나중에 언제든 보정된 이미지를 수정할 수 있어요.

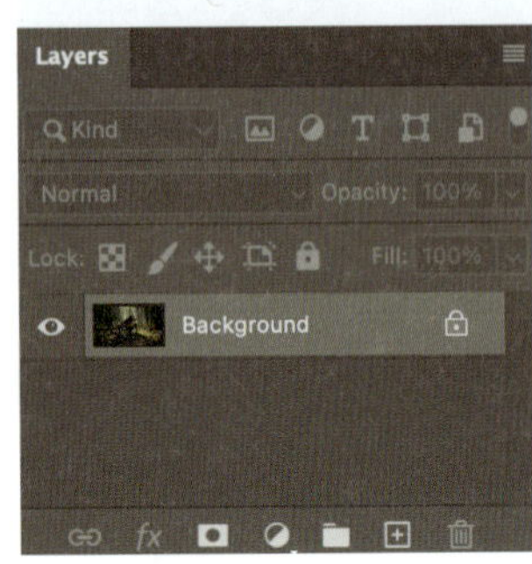
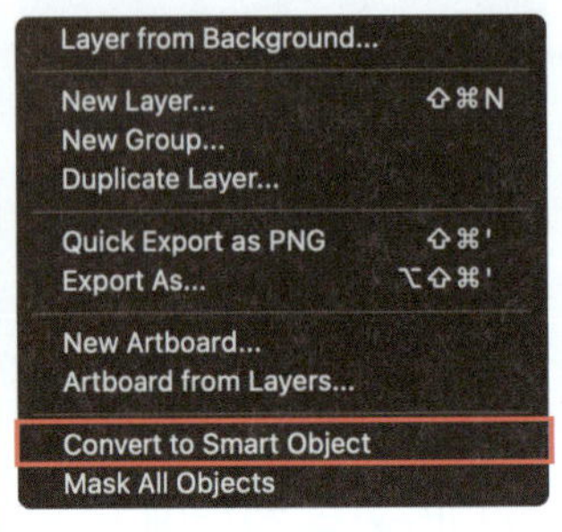
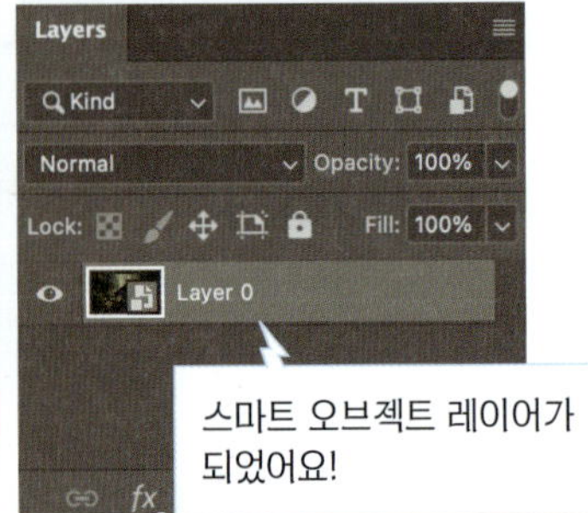

질문 있어요! [스마트 오브젝트]가 뭔가요?

[스마트 오브젝트Smart Object]는 이미지 원본을 손상시키지 않고 편집할 수 있게 해주는 기능이에요. 보통 이미지를 바로 보정하거나 필터를 적용하면 원본이 바뀌지만, 스마트 오브젝트로 변환하면 원본 데이터를 그대로 유지한 채 자유롭게 수정할 수 있습니다. 이 기능을 사용하면 색 보정, 크기 조절, 필터 적용 같은 작업을 반복해도 화질이 손상되지 않아요. 특히 AI로 만든 이미지를 다룰 때 여러 번 수정하더라도 원본 퀄리티를 유지할 수 있어 유용합니다.

3. [Camera Raw Filter] 실행하기

메뉴 바에서 [Filter] → [Camera Raw Filter]를 클릭하면 별도의 보정 창이 나타납니다. [Auto] 버튼을 눌러 기본 톤을 자동으로 맞춥니다. 아래에서 노출, 대비, 색 온도 등을 슬라이더로 조정하며 원하는 무드를 완성하세요.

[Camera Raw Filter]로 이미지를 보정한 모습

배경을 더 넓히고 싶을 땐?

이미지의 양쪽이나 위아래가 잘려 활용도가 떨어질 경우 [Canvas Size]로 캔버스를 확장한 후 [Generative Fill] 기능을 실행하면 AI가 주변 이미지의 질감과 색을 분석해 빈 공간을 자연스럽게 이어줍니다. 세로 이미지를 가로 화면 비율로 바꾸거나 광고 배너처럼 넓은 배경이 필요한 작업도 손쉽게 할 수 있어요.

하면 된다! } 자연스럽게 배경 확장하기

배경의 여백을 넉넉하게 늘려 볼게요. 캔버스 확장과 [Generative Fill] 기능을 이용하면 간단합니다.

1. 이미지 열기

포토샵에서 준비한 이미지 08_03_04.png 또는 여러분이 만든 이미지를 불러오세요. 새로 연 이미지는 기본적으로 [Background] 레이어로 잠겨 있습니다. [Layers] 패널에서 자물쇠 아이콘(🔒)을 클릭해 잠금을 해제하세요.

이미지

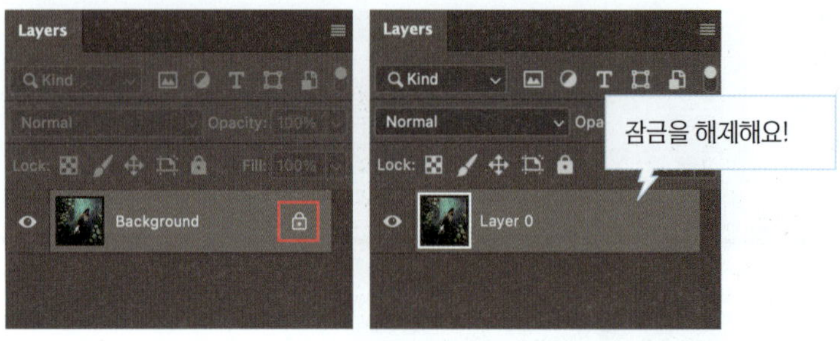

2. 캔버스 확장하기

메뉴 바에서 [Image] → [Canvas Size]를 선택해 가로 너비를 1500으로 입력하고 화살표를 눌러 오른쪽으로 확장되게 설정합니다. 이렇게 하면 이미지 오른쪽에 빈 공간이 생깁니다.

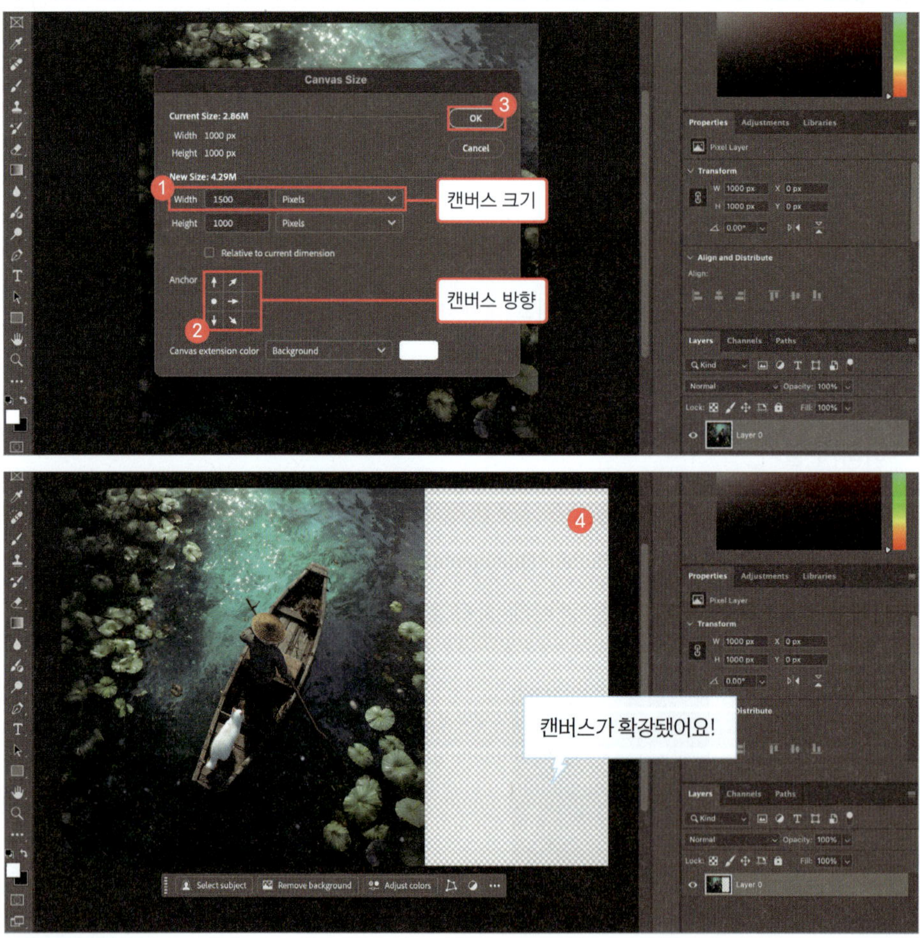

3. 빈 공간 채우기

[사각 선택 툴 ▦]로 생성된 빈 영역을 드래그해 선택한 뒤 [Generative Fill]을 실행합니다. 입력창은 비워둔 채 [Generate] 버튼을 누릅니다.

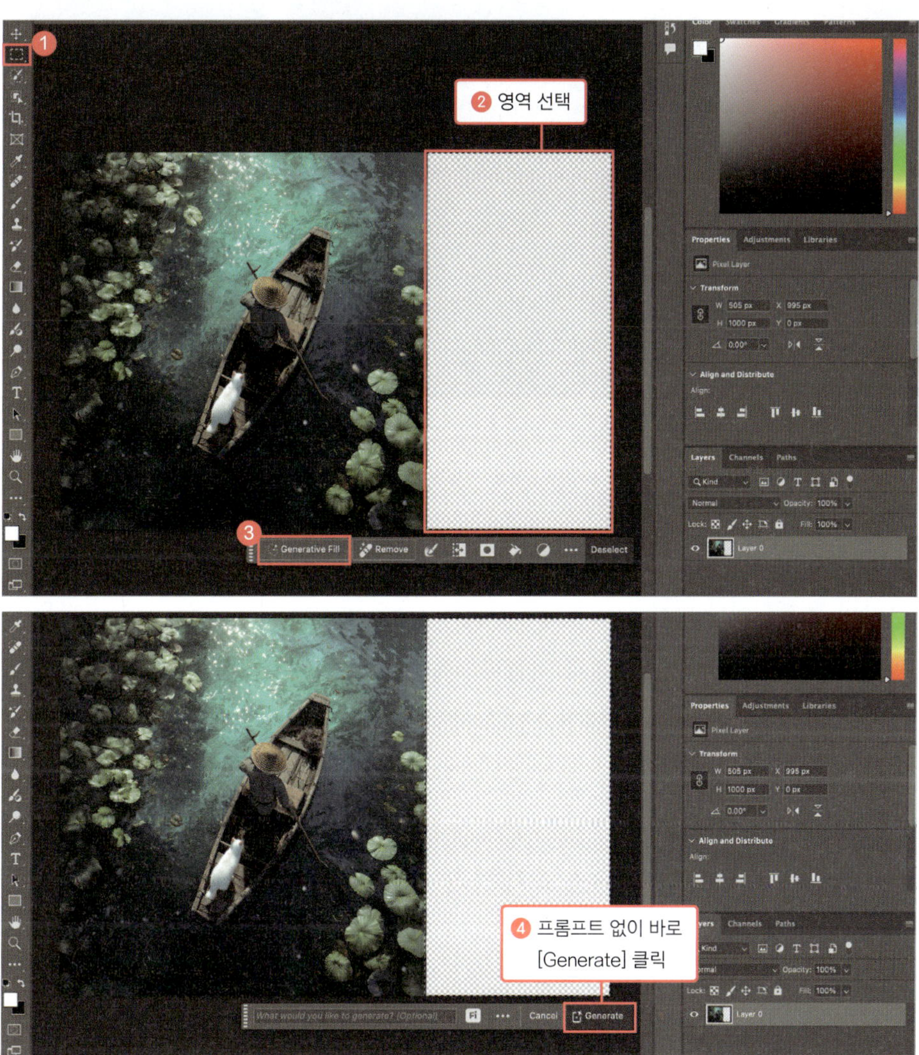

4. 포토샵의 AI가 주변 이미지 스타일을 분석해 자연스럽게 배경을 이어 채워 줍니다. [Properties] 패널에서 생성된 3가지 이미지 중에서 하나를 고를 수 있습니다.

지우고 싶은 요소가 있다면?

완성도 높은 이미지를 위해서는 불필요한 오브젝트를 제거하는 작업이 필요합니다.
[올가미 툴]이나 다른 선택 툴로 제거할 대상을 지정한 뒤 [Generative Fill]을 실행하면 해당 부분이 주변 배경과 어울리도록 자동으로 대체됩니다. [지우개 툴]로 직접 지우는 것보다 훨씬 자연스럽고 보정 티가 나지 않기 때문에 결과물이 깔끔합니다.

하면 된다! } 지우고 싶은 요소 삭제하기

1. 이미지 열기

포토샵을 실행하고 메뉴 바에서 [File] → [Open]을 클릭해 준비한 이미지 08_03_05.png 또는 미드저니로 만든 이미지를 불러오세요.

이미지

2. 제거할 영역 선택하기

[셀렉션 브러시 툴Selection Brush Tool ]을 사용해 지우고 싶은 부분을 선택합니다.

이때 영역은 조금 넉넉하게 잡는 게 좋아요. 붓처럼 칠하듯이 영역을 지정할 수 있고, 브러시 크기는 키보드의 [], []로 조절할 수 있습니다.

3. 영역이 선택된 상태에서 화면 아래 바에서 [Remove] 버튼을 누르세요.

💜 [Remove] 버튼이 보이지 않는다면 포토샵 최신 버전인지 확인하세요.

4. 선택된 부분이 바로 사라졌습니다.

5. 지운 이미지를 바탕으로 추가 작업을 거쳐 이미지를 완성하세요.

이러한 기능들을 익히면 미드저니에서 얻은 이미지를 단순한 '시안'이 아닌, 실제 활용 가능한 고품질의 '완성본'으로 만들 수 있습니다. AI가 제공하는 창의적인 초안을 바탕으로 포토샵에서 나만의 감각과 디테일을 더해 자신만의 스타일을 완성해 보세요. 작업 효율과 결과물의 품질을 동시에 높일 수 있을 거예요.

멋진 문구 한 줄,
포토샵에서 더하기

이미지가 완성됐다면 메시지를 담을 차례예요. 포토샵에서 원하는 문구나 카피를 이미지 위에 올려 더욱 실용적인 디자인으로 만들 수 있습니다. 광고, 포스터, SNS 콘텐츠까지, 문구 하나로 전혀 다른 느낌의 이미지를 만들어 보세요.

1단계. [문자 툴] 선택하기

포토샵의 툴 바에서 [문자 툴Type Tool **T**]을 클릭해요. 캔버스 위를 선택하면 바로 글자를 입력할 수 있습니다.

2단계. 문구 입력하기

원하는 문구를 타이핑해 보세요. 예를 들어 고양이 이미지에 Stay Paw-sitive 같은 문구를 넣으면 귀엽고 긍정적인 느낌을 줄 수 있습니다.

이미지 원본

문구 추가

3단계. 글자 스타일 조정하기

옵션 바에서 글꼴, 크기, 정렬을 조정할 수 있습니다. 글자 색상을 이미지 분위기에 맞게 바꾸거나 굵기와 자간을 조절해도 좋아요.

더 정교하게 다듬고 싶다면 [Window] → [Character] / Paragraph]를 눌러 패널을 열어 보세요. 글자 간격, 줄 간격, 정렬 방식 등을 세밀하게 조절해 디자인 완성도를 한층 높일 수 있습니다.

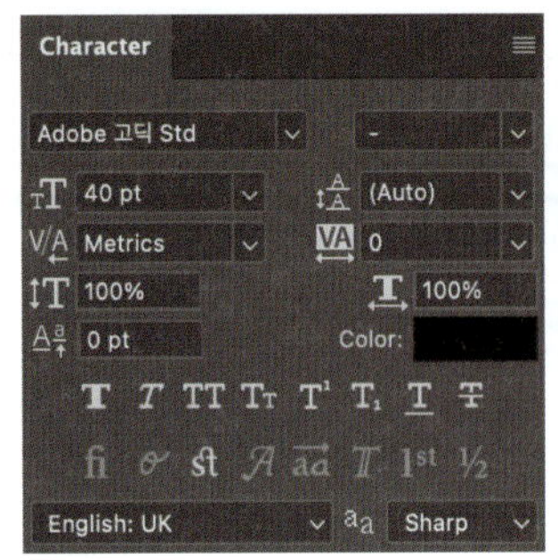

[Character] 패널

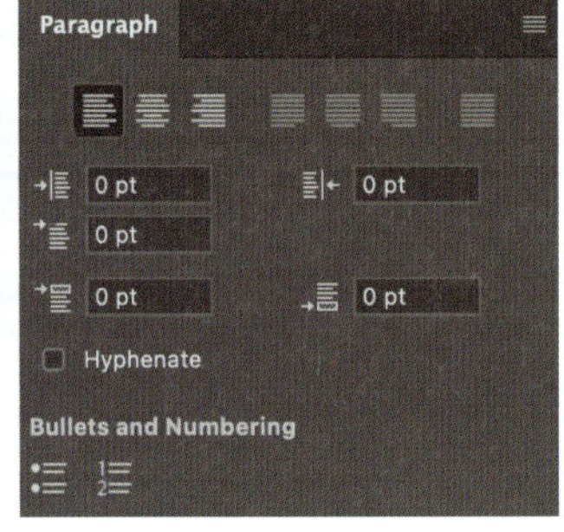

[Paragraph] 패널

4단계. 효과 적용하기

더 특별하게 만들고 싶다면 레이어 스타일^{Blending Options}을 활용해 보세요. 그림자^{Drop Shadow}, 외곽선^{Stroke}, 그레이디언트^{Gradient Overlay}를 적용하면 문구가 훨씬 눈에 띄어요.

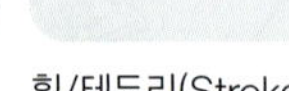

그림자(Drop Shadow) 획/테두리(Stroke) 그레이디언트(Gradient Overlay)

하면 된다!} 이미지 위에 메시지 문구 더하기

앞서 설명한 4단계를 참고하여 직접 실습해 보겠습니다. 이미지에 글자를 얹으면 단순한 사진이 메시지를 가진 디자인으로 바뀌어요.

1. 이미지 열기

포토샵을 실행하고 메뉴 바에서 [File] → [Open]을 클릭해 준비한 이미지 08_04.png 또는 미드저니로 만든 이미지를 불러오세요.

이미지

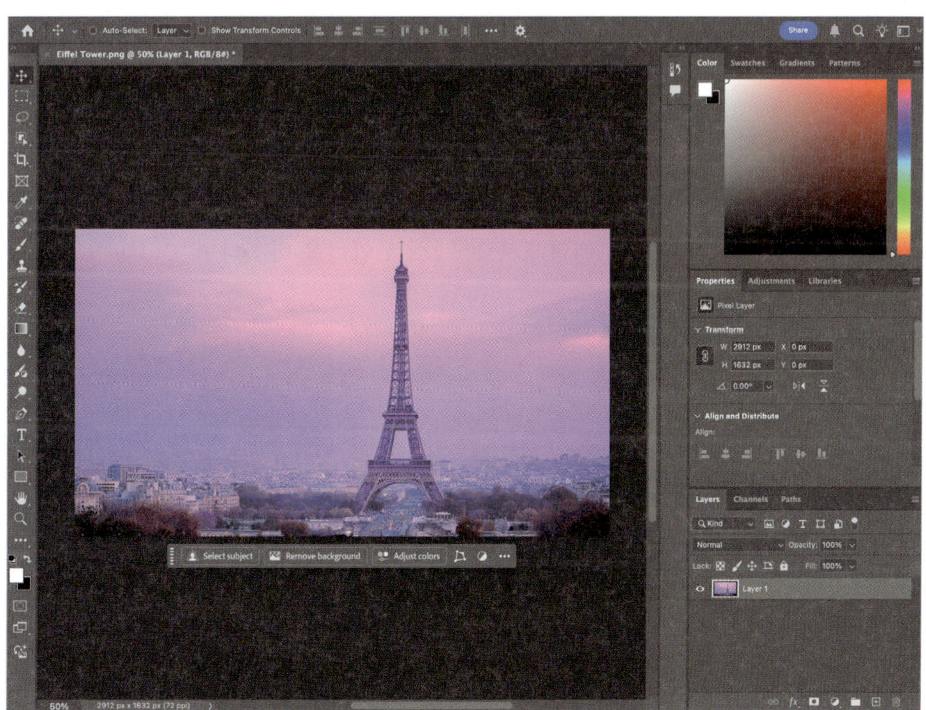

2. [문자 툴] 선택하기

툴 바에서 [문자 툴 **T**]을 선택한 뒤 이미지 위 원하는 위치를 클릭해 텍스트 입력 박스를 만듭니다.

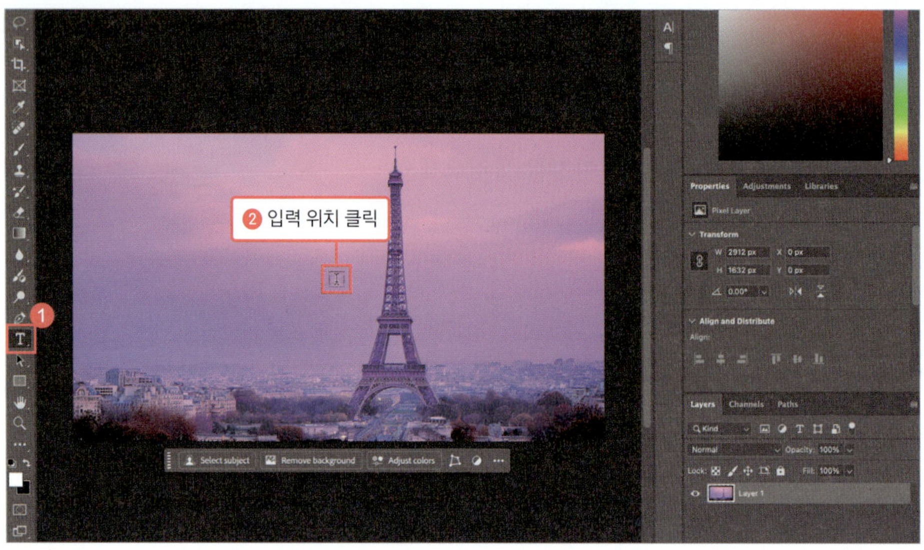

3. 문구 입력하기

짧고 감각적인 문구를 입력합니다. 에펠탑 사진과 어울리는 Dreaming in Paris 같은 문구를 넣으면 분위기가 더 로맨틱해져요. 텍스트 입력을 마쳤다면 Ctrl + Enter 를 눌러 입력을 종료합니다.

4. 스타일 다듬기

[Character] 패널에서 글자 크기, 색상, 자간 등을 조정합니다. 이후 이미지와 잘 어울리는지 확인하면서 크기와 색상을 세밀하게 조정해 완성도를 높입니다.

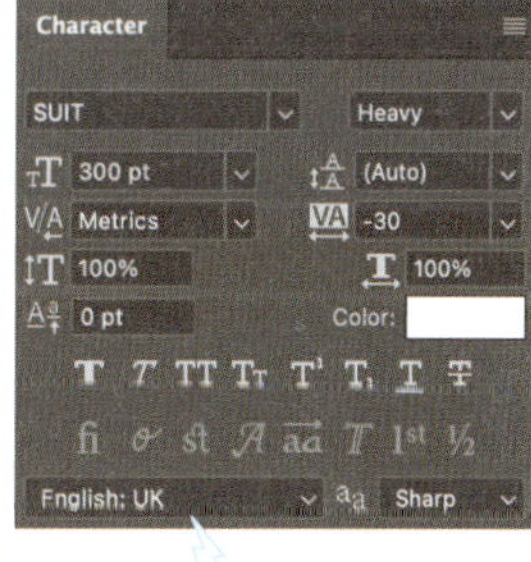

글자 크기, 색상, 자간 등을 조정해요!

5. 효과 적용하기

[Dreaming in Paris] 레이어를 마우스 오른쪽 버튼으로 클릭한 후 [Blending Options]를 선택하세요.

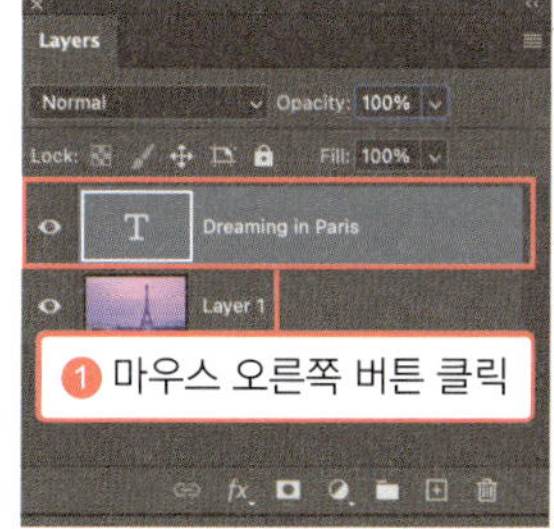

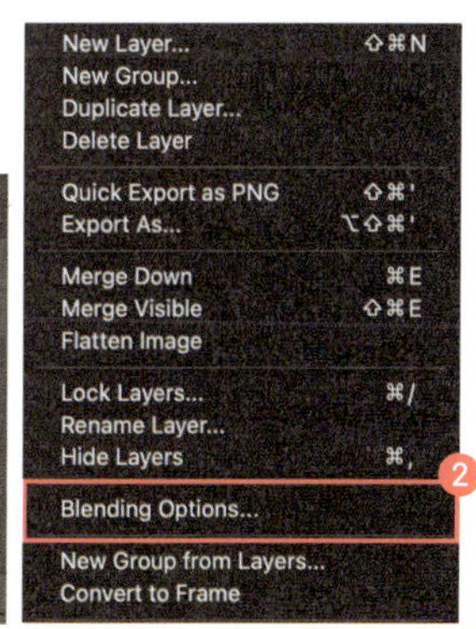

6. 옵션 창이 뜨면 [Gradient Overlay]에 체크하고 원하는 그레이디언트 컬러를 설정한 후 [OK]를 누릅니다.

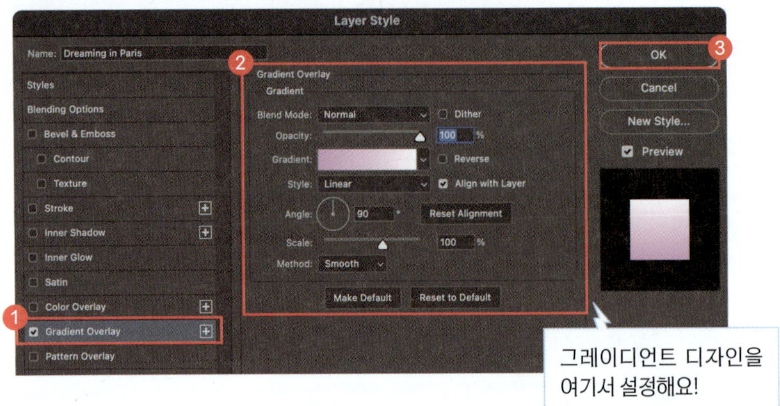

7. 레이어 스타일의 그레이디언트 효과를 활용해 문구가 더욱 돋보입니다.

실무 팁: 텍스트 디자인, 이렇게 해보세요

1. 키워드 강조하기

강조하고 싶은 단어에 색상이나 굵기, 자간 등으로 차이를 두세요. 중요한 키워드의 색을 바꾸거나 볼드^{Bold} 처리, 또는 자간에 변화를 주면 메시지가 한눈에 들어옵니다. 단순한 텍스트도 디자인 포인트가 될 수 있어요.

<table>
<tr><td>텍스트 강조하기</td><td>텍 스 트　강 조 하 기</td><td>텍스트 강조하기</td></tr>
<tr><td>색 바꾸기</td><td>자간 조절하기</td><td>볼드 처리</td></tr>
</table>

2. 복잡한 배경 위에 텍스트를 넣을 땐?

그대로 두면 잘 보이지 않기 때문에 텍스트 뒤에 박스를 깔거나 테두리Stroke를 주면 가독성이 훨씬 좋아집니다. 특히 어두운 배경에 흰색 테두리를 더하면 효과적이에요.

텍스트 박스

흰색 테두리

3. 분위기에 맞춘 서체 선택하기

이미지의 장르와 스타일에 어울리는 서체를 고르면 디자인 완성도가 높아져요. 예를 들어 빈티지한 이미지는 클래식한 명조체가, 모던하고 깔끔한 분위기에는 고딕체가 잘 어울립니다.

명조체

고딕체

4. 디자인 서체 활용하기

볼드하고 장식적인 서체는 글자 자체만으로도 시각적인 힘이 있어서 디자인의 중심이 될 수 있습니다. 주목도를 높이고 싶을 때 활용하면 좋아요.

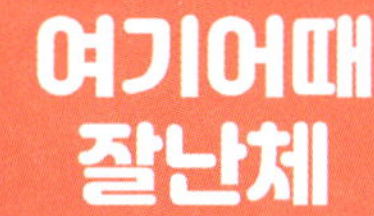

여기어때 잘난체

쿠키런 서체

평창 평화체

미래 우주 장면 만들기

미션 미드저니로 만든 깊고 광활한 우주 공간 이미지에 다양한 오브젝트를 추가해 SF 영화 속 한 장면처럼 완성해 보세요. 단순히 별이 가득한 배경이 아니라 행성 표면, 우주정거장, 우주선, 혜성, 소행성, 우주비행사 등을 자유롭게 배치해 입체적이고 박진감 넘치는 장면을 만드는 것이 목표입니다.

조건
- **텍스트 프롬프트 예시**: 우주선spaceship, 우주비행사astronaut, 행성 표면planet surface, 소행성asteroid, 혜성comet, 우주정거장space station 등
- **선택 툴**: 브러시 툴, 올가미 툴, 사각 선택 툴 등 영역을 세밀하게 지정할 수 있는 툴 활용
- **생성형 채우기 절차**: 선택 영역 지정 → 텍스트 프롬프트 입력 → AI가 자연스럽게 채워 넣는지 확인 → 필요 시 재생성 및 세부 조정
- **결과 비교**: 배경과 오브젝트가 조화롭게 어우러진 몰입감 높은 우주 장면으로 완성

예시

- 화면 왼쪽 전경에 SF 스타일 우주선을 크게 배치해 중심 포인트를 만들어요.
- 오른쪽 상단에 우주비행사를 배치해 스토리와 깊이감을 더해 보세요.
- 소행성이나 파편을 배치해 박진감을 표현해 보세요.
- 크고 작은 행성을 원근에 맞춰 배치해 입체적인 공간감을 살려 보세요.
- 배경 한쪽에 우주정거장을 추가해 장면에 설정과 목적지를 부여해 보세요.

포토샵 단축키 요약표

포토샵은 조금만 써봐도 자주 쓰는 기능들이 손에 익기 시작해요. 이때 단축키를 익혀 두면 작업 속도가 훨씬 빨라지고 반복 작업에 드는 시간을 크게 줄일 수 있습니다.

다음 표는 실무에서 가장 많이 쓰는 단축키를 윈도우와 맥 기준으로 정리한 것입니다. 단축키가 작동하지 않는다면 키보드가 한글 상태인지 먼저 확인하고 한/영을 눌러 영어 상태로 바꿔 주세요.

참고로 윈도우의 Ctrl은 맥의 Command, 윈도우의 Alt는 맥의 Option에 해당합니다.

툴 선택 & 조작

기능	윈도우 단축키	맥 단축키
이동 툴	V	V
사각 선택 툴	M	M
올가미 툴	L	L
스포이트 툴	I	I
브러시 툴	B	B
브러시 크기 축소 / 확대	[/]	[/]
그레이디언트 툴	G	G
지우개 툴	E	E
작업 실행 취소	Ctrl + Z	Command + Z
작업 다시 실행	Ctrl + Shift + Z	Command + Shift + Z

보기 툴 & 이미지 변형

기능	윈도우 단축키	맥 단축키
화면 이동	Spacebar (누른 상태) + 드래그	Spacebar (누른 상태) + 드래그
화면 확대 / 축소	Ctrl + + / Ctrl + -	Command + + / Command + -
자유 변형	Ctrl + T	Command + T

레이어

기능	윈도우 단축키	맥 단축키
새 레이어	Ctrl + Shift + N	Command + Shift + N
레이어 복제	Ctrl + J	Command + J
레이어 그룹	Ctrl + G	Command + G
레이어 순서 조정	Ctrl + [/ Ctrl +]	Command + [/ Command +]

포토샵 AI로 실무에 바로 쓰는 이미지 만들기

복잡했던 포토샵 작업도 이제는 AI 덕분에 훨씬 쉽고 빠르게 할 수 있어요.
예전에는 모델 사진을 새로 촬영하거나 배경 이미지를 따로 구매해야만
만들 수 있었던 장면들도 이제는 버튼을 몇 번 클릭하는 것만으로 간단히 완성할 수 있죠.
특히 [Generative Fill]과 [Remove] 같은 기능은 단순한 편집을 넘어서
새로운 공간을 창조하거나 불필요한 요소를 자연스럽게 지울 때 큰 도움이 됩니다.
AI 기능 덕분에 실무에서 작업하는 시간과 비용을 아끼면서도
결과물의 완성도를 높일 수 있어요.
이제부터는 실무에서 바로 활용할 수 있는 포토샵 AI 기능들을 차근차근 연습해 보겠습니다.

배경과 공간,
AI로 완성하기

이미지가 마음에 드는데 뭔가 허전하다면? 포토샵의 [Generative Fill] 기능을 활용해 보세요. 단순히 빈 공간을 넓히는 것에서 끝나지 않고, 원하는 오브젝트를 직접 입력해 장면을 자연스럽게 완성할 수 있습니다.

예를 들어 텅 빈 인테리어 공간이라면 'plant', 'lamp', 'rug' 같은 키워드를 넣어 화분이나 조명, 러그를 배치할 수 있고, 배경 분위기에 맞춰 자동으로 어울리게 합성됩니다. 덕분에 사진을 새로 촬영하지 않아도 마치 연출된 화보처럼 한층 완성도 높은 장면으로 만들 수 있어요.

하면 된다!} 허전한 배경 공간, AI로 채우기

1. 이미지 열기

포토샵을 실행하고 메뉴 바에서 [File] → [Open]을 클릭해 준비한 이미지 09_01.jpg 또는 미드저니로 만든 이미지를 불러오세요.

이미지

2. 영역 지정하기

왼쪽 툴 바에서 [사각 선택 툴 ▣](단축키: Ⓜ)이나 [올가미 툴 ◉](단축키: Ⓛ) 같은 선택 툴을 사용해 영역을 지정합니다. 그런 다음 아래 바에서 [Generative Fill] 버튼을 누르세요.

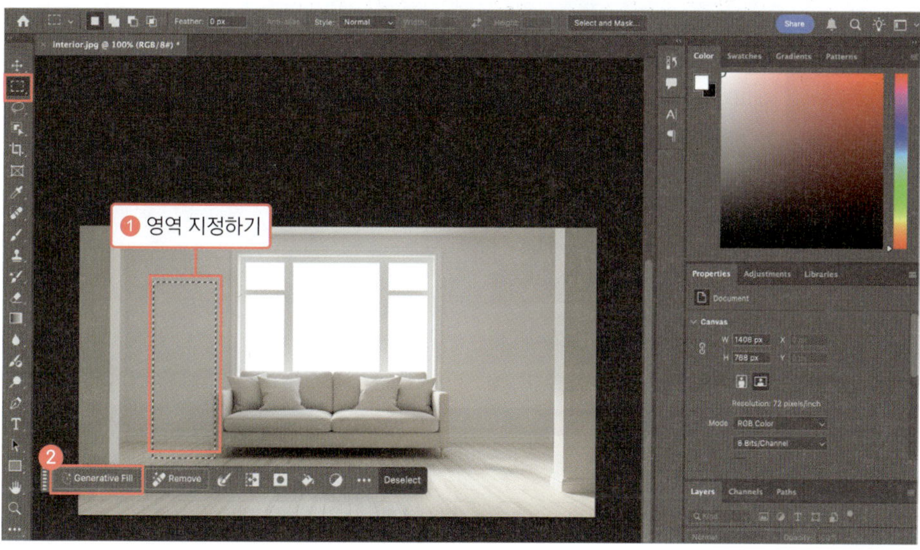

3. 키워드 입력하기

'plant', 'lamp', 'side table' 같은 원하는 키워드를 입력한 뒤 [Generate] 버튼을 누르면 키워드에 해당하는 이미지가 생성됩니다. 여기서는 bookshelf를 입력했습니다.

4. 마음에 들지 않으면 다시 생성하거나 제시된 3개의 결과물 중에서 선택할 수 있어요.

5. 창문 밖 풍경을 포함해 다양한 요소를 자유롭게 추가해 보세요.

[Generative Fill]로 요소 추가

이렇게 [Generative Fill] 기능을 활용하면 허전한 공간도 손쉽게 채울 수 있어요. 단순히 빈 곳을 메우는 데서 그치지 않고 장면의 완성도를 높이는 방법까지 함께 살펴봤으니, 실제 작업에서도 다양하게 응용해 보세요.

모델의 의상,
AI로 재생성하기

촬영한 모델 사진을 다시 활용하고 싶은데 옷이 마음에 들지 않거나 분위기에 맞는 스타일로 바꾸고 싶을 때가 있죠. 예전에는 같은 모델을 불러 재촬영을 해야 했지만, 포토샵의 [Generative Fill] 기능을 활용하면 간단히 해결할 수 있습니다. 원하는 의상 키워드만 입력하면 마치 새 옷을 입은 것처럼 이미지가 바뀝니다.

예를 들어 정장 차림의 모델을 캐주얼 셔츠로 바꿔 연출하거나, 계절에 맞게 반팔이나 코트로 바꾸는 것도 가능해요. 광고 촬영 컷이나 SNS 콘텐츠처럼 다양한 스타일이 필요한 작업에서 특히 유용하게 쓰입니다.

다음 실습을 따라 하며 촬영 비용과 시간을 크게 줄이면서 여러 버전의 스타일 이미지를 빠르게 만들어 보세요.

하면 된다!} AI로 모델에게 새로운 의상 입히기

1. 이미지 열기

포토샵을 실행하고 메뉴 바에서 [File] → [Open]을 클릭해 준비한 이미지 09_02.png를 불러오세요.

이미지

2. 영역 선택하기

왼쪽 툴 바에서 [사각 선택 툴 ▣](단축키: Ⓜ)이나 [셀렉션 브러시 툴 ▨] 또는 [올가미 툴 ◉](단축키: Ⓛ) 같은 선택 툴을 사용해 모델의 옷 부분만 지정하세요. 그런다음 아래 바에서 [Generative Fill] 버튼을 누릅니다.

3. 의상 키워드 입력하기

입력 창이 뜨면 brown knit, blue shirt 등 원하는 의상 키워드를 입력하고 [Generate] 버튼을 누르세요.

4. 키워드를 수정해 다양한 의상으로 변경해 보세요.

원본

brown knit

black shirt

pink sweatshirt

이렇게 모델의 의상을 바꿔 입히면 단순히 옷만 교체하는 게 아니라 이미지 전체의 톤과 분위기까지 새롭게 연출할 수 있습니다. 같은 컷도 전혀 다른 느낌으로 활용할 수 있어서 하나의 사진으로 여러 가지 콘셉트를 확장해 나갈 수 있어요.

배경 속 지나가는 주변인,
AI로 지우기

사진은 잘 찍었는데 뒤에 원치 않는 사람이 찍혀 아쉬웠던 경험이 있나요? 포토샵의 AI 기반 도구인 [지우기 툴^{Remove Tool}]을 활용하면 불필요한 인물이나 방해 요소를 아주 자연스럽게 지울 수 있습니다.

예전 같으면 세밀하게 브러시로 복제하거나 리터칭을 해야 했지만, 이제는 지우고 싶은 대상을 선택하기만 하면 AI가 주변 배경과 어울리게 채워 넣어 줍니다. 특히 배경 속 전선, 케이블 같은 군더더기 요소를 제거할 때 효과적이에요. 한 번 클릭으로 방해 요소를 없애 주니 결과물은 더 간결하고 전문적인 느낌을 줍니다.

하면 된다!} 불필요한 인물, AI로 깔끔하게 지우기

1. 이미지 열기

포토샵을 실행하고 메뉴 바에서 [File] → [Open]을 클릭해 준비한 이미지 09_03.png를 불러오세요.

이미지

2. [스폿 힐링 브러시 툴 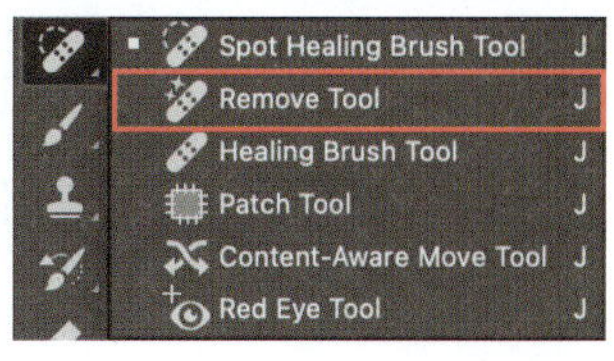] 사용하기

왼쪽 툴 바에서 **스폿 힐링 브러시 툴**Spot Healing Brush Tool
아이콘()을 길게 누르면 숨겨진 **[지우기 툴**Remove
Tool]을 선택할 수 있습니다. 불필요한 인물이나 요
소를 지울 때 사용해요.

3. 사진 속 사람을 지우기 위해 옵션 바에서 [Find distractions] → [People]을 선택
합니다.

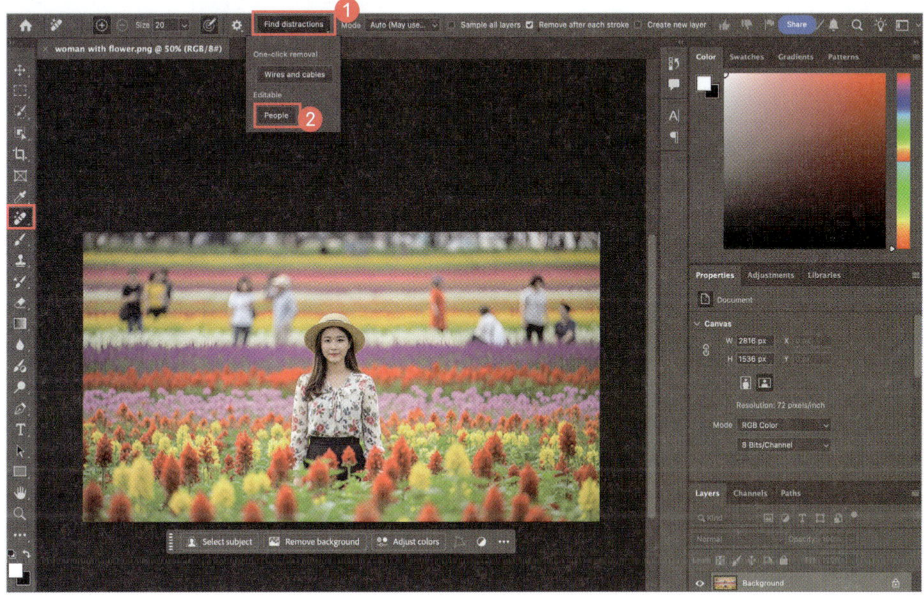

4. AI가 자동으로 사람을 찾아 붉은색 오버레이로 표시해 줍니다. 지우기를 원치 않
은 사람까지 선택되었다면 옵션 바에서 를 선택하고 해당 영역을 드래그해 선택을
지워 주세요. 단축키 [,] 를 누르면 브러시 크기를 조정할 수 있습니다.
지우고 싶은 부분만 선택되었다면 Enter 를 눌러 지우기를 실행하세요.

5. AI가 주변 배경과 자연스럽게 어울리도록 채워 넣어 흔적을 지워 주었습니다.

원본

[지우기 툴]로 주변인 제거

이렇게 [지우기 툴]을 활용하면 불필요한 요소를 단번에 없애 더 깔끔하고 집중도 높은 이미지를 만들 수 있습니다. 리터칭보다 훨씬 빠르고 직관적인 방식으로 결과물을 완성해 보세요.

따로 노는 합성 이미지의 색감,
AI로 맞추기

제품 사진을 배경에 합성했는데 색감이 달라 어색해 보일 때가 있습니다. 예를 들어 제품 이미지는 노란 톤인데 배경 이미지가 파란 톤이라면 두 이미지가 따로 떠 있는 듯 보이죠. 이럴 땐 포토샵의 [Neural Filters] → [Harmonization일치] 기능이 유용합니다.

이 기능은 합성된 오브젝트의 밝기·색상·채도를 자동으로 분석해 배경과 톤을 맞춰 줍니다. 덕분에 별도의 세밀한 색 보정 작업 없이도 오브젝트가 배경과 자연스럽게 어울려 마치 원래 한 장면처럼 보이게 할 수 있어요.

하면 된다!} **텐트를 바다 배경에 자연스럽게 합성하기**

1. 이미지 열기

포토샵을 실행하고 메뉴 바에서 [File] → [Open]을 눌러 준비한 이미지 09_04_01. png를 불러오세요.

이미지

2. 텐트 이미지인 09_04_02.png를 원하는 위치로 드래그해 넣거나 [File] → [Place Embedded] 메뉴로 불러와 배경 이미지 위에 올려 주세요.
삽입된 이미지의 모서리를 드래그해 크기를 조정한 뒤 Enter 를 눌러 적용하세요.

이미지

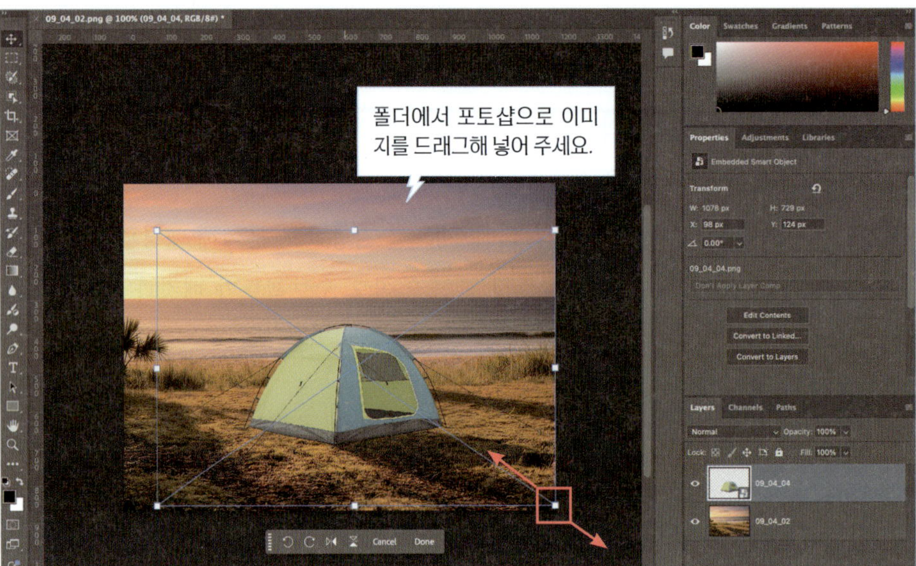

3. 합성된 두 이미지의 색감이 어색하게 느껴지네요. 메뉴 바에서 [Filter] → [Neural Filters]를 클릭합니다.

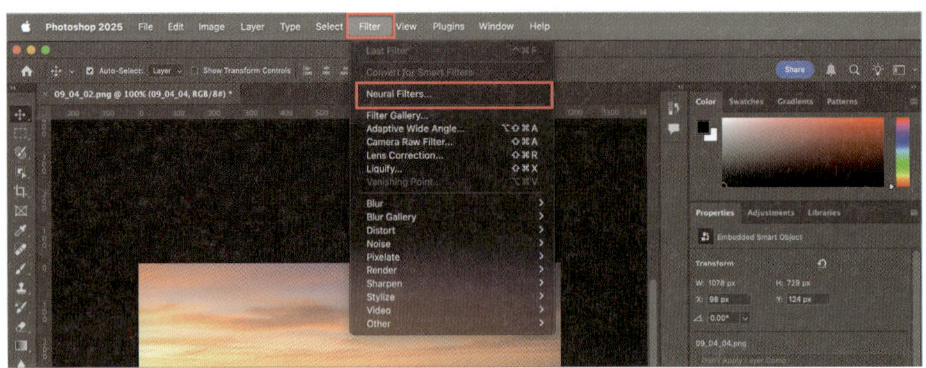

4. Neural Filters 창이 열리면서 다양한 AI 기반 기능 목록을 확인할 수 있어요. 색감을 맞추기 위해 목록에서 [Harmonization^{일치}] 기능을 선택합니다.

💜 처음 기능을 실행한다면 먼저 [Download] 버튼이 나타납니다. 클릭해 설치하세요.

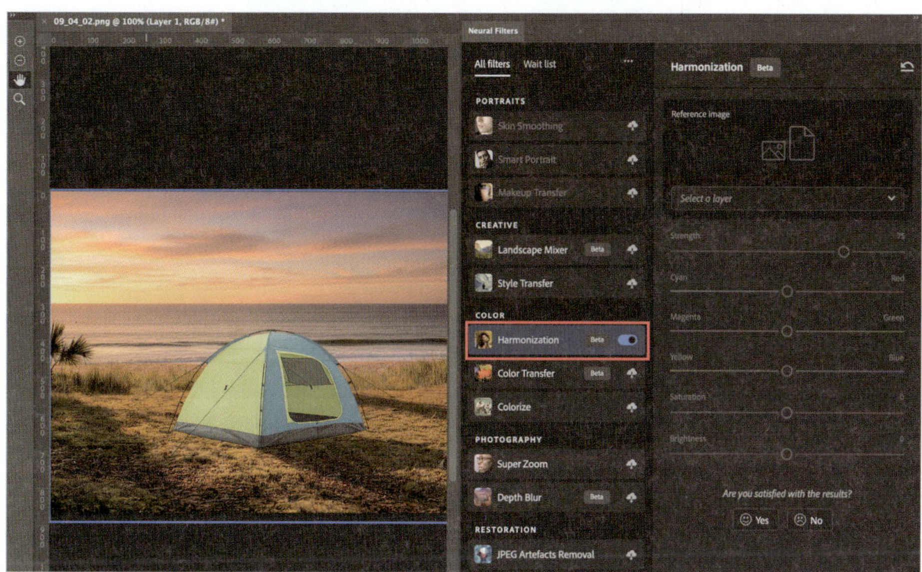

5. [Select a layer] 버튼을 눌러 톤을 맞출 배경 이미지 레이어를 선택합니다.

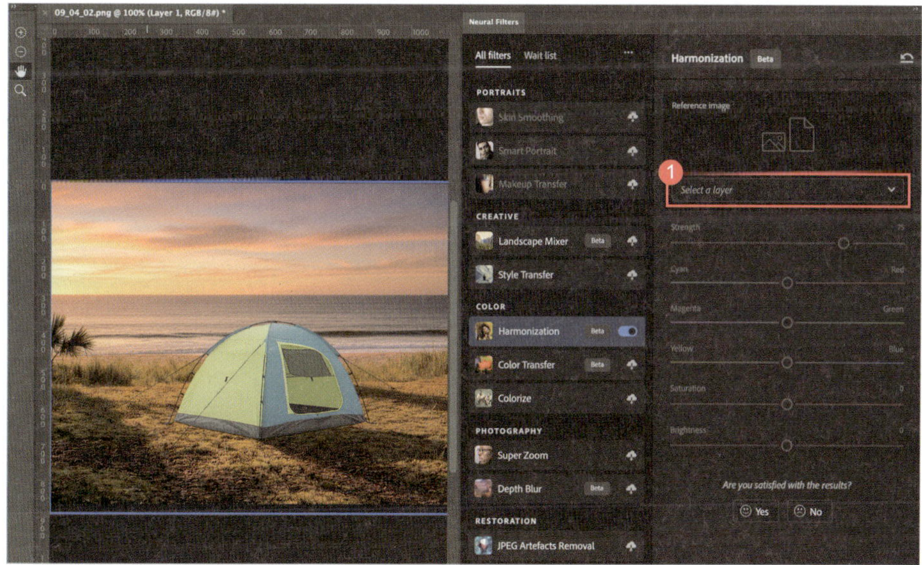

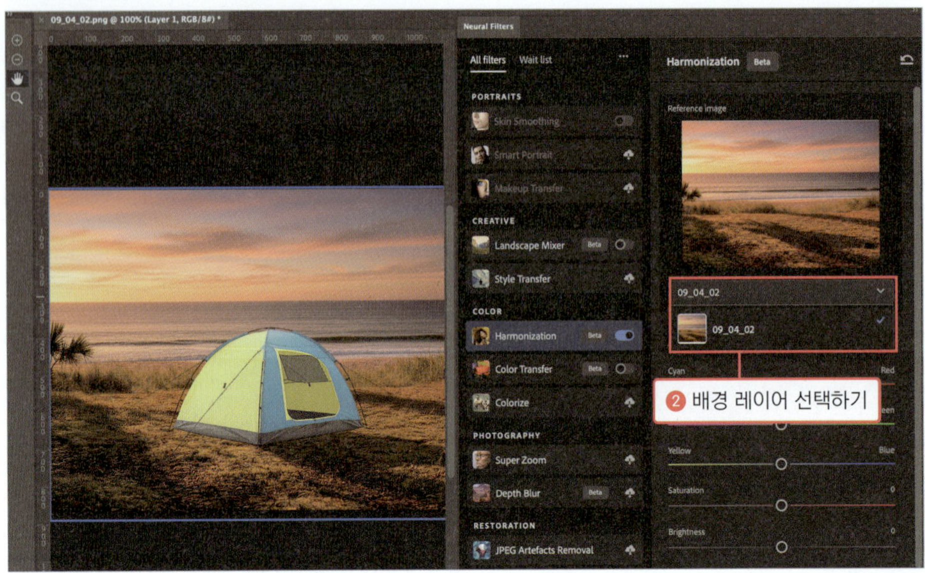

6. 아래에서 디테일한 색감도 조절한 후 [OK]를 누릅니다.

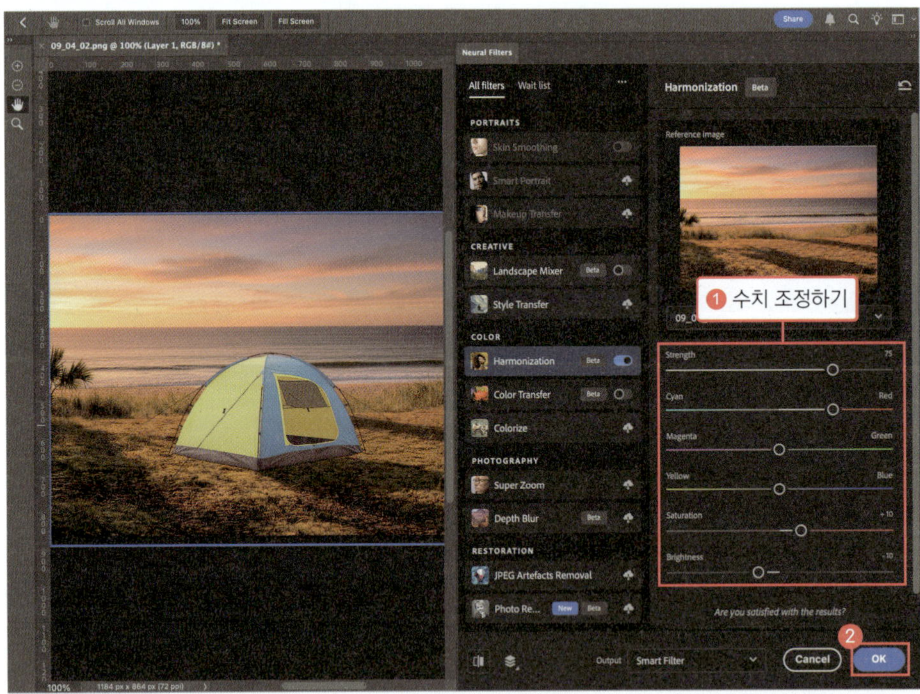

7. 바다 배경의 빛과 색감이 텐트 이미지에 자연스럽게 어우러집니다.

원본   [Harmonization] 적용   [Harmonization] 적용 후 보정

이렇게 [Harmonization] 기능을 활용하면 따로 놀던 색감이 손쉽게 조정되어 제품과 배경이 하나의 이미지처럼 잘 어우러집니다. 합성 작업이 훨씬 깔끔하고 완성도 높게 마무리돼요.

Neural Filters, 이렇게 활용해요!

[Neural Filters]는 단 몇 번의 클릭만으로도 인물의 표정이나 스타일, 조명 등을 자연스럽게 바꿔 주는 포토샵의 AI 기반 이미지 보정 기능입니다. 포토샵 메뉴에서 [Filter] → [Neural Filters]로 들어가면 여러 가지 AI 보정 옵션을 볼 수 있어요. 인터넷이 연결되어 있어야 작동하며, 일부 필터는 다운로드 후 사용할 수 있습니다. [Harmonization] 외에도 다른 유용한 뉴럴 필터Neural Filters를 소개할게요.

자주 사용하는 뉴럴 필터

1 Skin Smoothing(피부를 매끄럽게)

인물 사진의 피부 결점을 부드럽게 보정하고 잡티를 자연스럽게 없애 주는 필터예요.

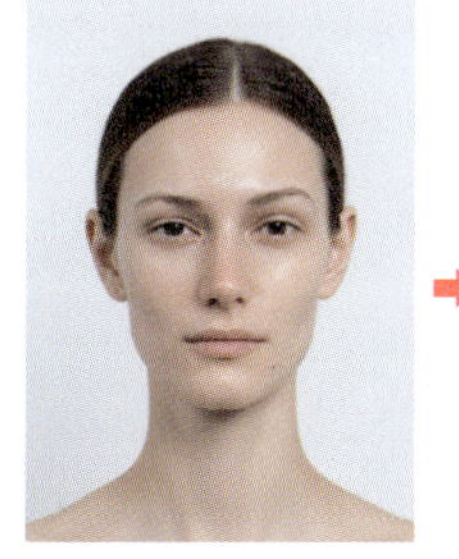

기존 이미지   잡티를 제거하고 피부 질감을
                              보정한 모습

2 Landscape Mixer(풍경 사진 믹서)

다른 이미지와 섞거나 시간대와 계절을 바꿔 풍경의 분위기를 손쉽게 변화시킬 수 있는 기능입니다.

기존 이미지

가을과 겨울 분위기의 이미지로 변경

3 Style Transfer(스타일 변환)

참조 이미지의 질감과 색상, 스타일을 가져와 적용하거나 특정 작가의 화풍을 적용할 수 있는 기능입니다.

기존 이미지

참조 이미지의 스타일을 적용해 회화적인 느낌으로 변환

AI로 더 쉬워진
오브젝트 '누끼 따기'

사진 속 인물이나 제품만 깔끔하게 분리하고 싶을 때가 있죠. 포토샵의 [Remove background] 기능이나 [개체 선택 툴 Object Selection Tool]을 활용하면 원하는 대상을 빠르게 추출해 투명한 PNG로 저장할 수 있습니다.
복잡한 배경을 일일이 지울 필요가 없기 때문에 작업 효율을 크게 높일 수 있어요.

하면 된다!} [Remove background]로 한 번에 배경 지우기

방법은 아주 간단합니다. 이미지를 클릭하면 자동으로 뜨는 Contextual Task Bar 에서 [Remove background] 버튼만 누르면 돼요.

1. 이미지 열기

포토샵을 실행히고 메뉴 바에서 [File] → [Open]을 클릭해 준비한 이미지 09_05_01. png를 불러오세요.

이미지

2. 이미지 바로 아래에 나타난 Contextual Task Bar에 있는 [Remove back ground] 버튼을 눌러 보세요. 단 한 번의 클릭으로 배경이 제거되고 오브젝트만 깔끔하게 남습니다.

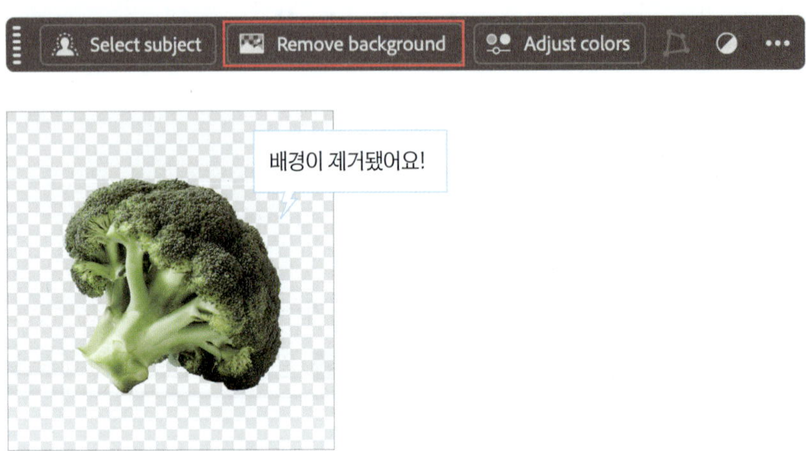

3. PNG로 저장하기메뉴 바에서 [File] → [Export] → [Save for Web (Legacy)]을 클릭해 PNG 파일로 저장합니다.

💜 PNG 파일로 저장하면 배경이 투명한 이미지로 저장할 수 있습니다. 다른 저장 방법은 08-1절을 참고하세요.

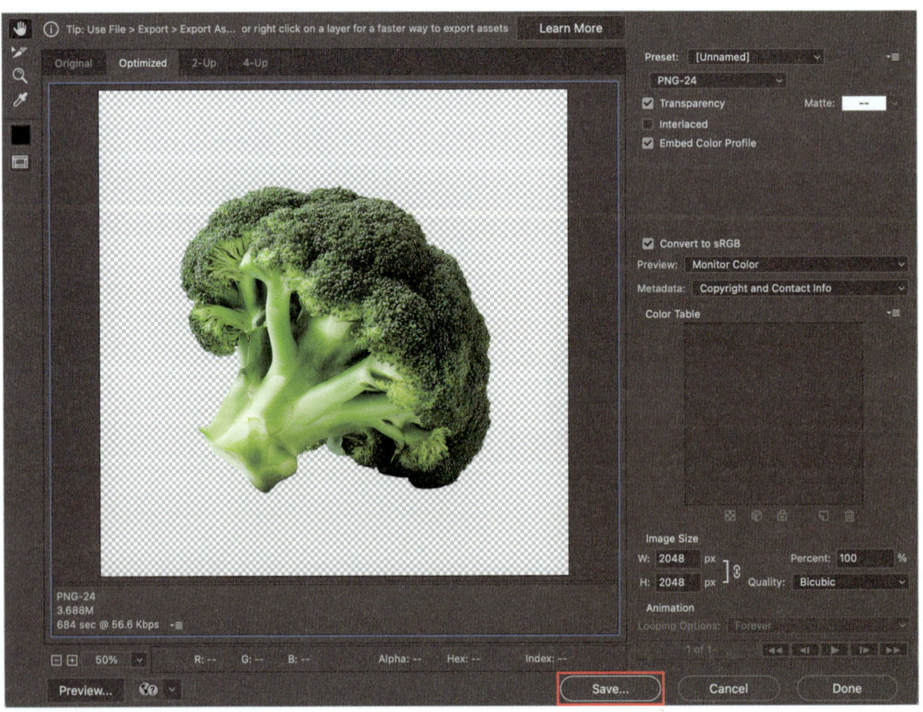

하면 된다!} [개체 선택 툴]로 원하는 부분만 선택하기

[개체 선택 툴Object Selection Tool ▣]로 영역을 드래그하거나 클릭하면 자동으로 대상을
인식해 선택해 줍니다.

1. 이미지 열기

포토샵을 실행하고 메뉴 바에서 [File] → [Open]을 클릭해 준비한 이미지 09_05_
02.png를 불러오세요.

이미지

2. 왼쪽 툴 바에서 [개체 선택 툴]을 선택한 후 대상을 클릭하거나 영역을 드래그
하면 자동으로 인식해 선택됩니다.

3. 선택한 대상 복사하기

단축키 [Ctrl] + [J]로 복사합니다. 원본 배경 레이어의 눈을 꺼주면 오브젝트만 따로 남게 돼요.

💜 복사 맥 단축키: [Command] + [J]

4. PNG로 저장하기

메뉴 바에서 [File] → [Export] → [Save for Web (Legacy)]을 선택해 PNG 파일로 저장하면 배경이 투명한 상태로 활용할 수 있습니다.

이렇게 활용해요!

[Remove background]와 [개체 선택 툴 ]을 활용하면 어떤 이미지든 인물이나 제품만 손쉽게 분리해 디자인 작업에 활용할 수 있어요.

기존 이미지   배경 색상 변경

기존 이미지

거실 배경에 자연스럽게 합성

기존 이미지

접시 위에 자연스럽게 합성

이번 장에서는 포토샵의 다양한 AI 기능을 활용해 이미지를 더 완성도 있게 다듬는 방법을 살펴봤습니다. [Generative Fill]로 공간을 채우고 모델의 의상을 바꾸며, [지우기 툴]로 불필요한 요소를 제거하고, [Neural Filters]로 합성된 제품의 색감을 배경과 맞추고, 마지막으로 [Remove background]와 [개체 선택 툴]로 오브젝트만 추출하는 과정까지 살펴봤습니다.

이 기능들은 단순히 작업 시간을 줄여 주는 편리함을 넘어 새로운 이미지를 창의적으로 만들어내는 데 큰 의미가 있습니다. 실제 프로젝트에서 여러 버전의 결과물을 빠르게 시도할 수 있는 강력한 무기로 활용할 수 있죠.

이제 여러분도 AI 덕분에 포토샵은 더 이상 어려운 툴이 아니라는 걸 실감하셨을 거예요. 다음 장에서는 지금까지 배운 기능이 실제 디자인 프로젝트에서 어떻게 활용될 수 있는지 구체적인 프로젝트로 알아보겠습니다.

넷 째 마 당

결과물로 연결되는 실무 콘텐츠 제작

셋째마당에서 포토샵으로 AI 이미지를 보정하고 다듬는 방법을 배웠습니다.

크롭이나 색 보정, 배경 확장, 불필요한 요소 제거 같은 기능들을 활용하면서

AI가 만든 결과물을 훨씬 더 완성도 있는 이미지로 발전시킬 수 있었지요.

넷째마당에서는 여기서 한 걸음 더 나아가 볼 거예요.

단순히 이미지를 다듬는 데서 멈추는 것이 아니라

실제 디자인 프로젝트 속에서 어떻게 활용할 수 있는지를 살펴보려고 해요.

멋진 이미지를 만들었더라도 실무와 연결되지 않으면 실제 작업으로 이어지지 못할 수 있거든요.

브랜드 무드보드, SNS 카드뉴스, 광고용 키비주얼처럼 현업에서 자주 하는 작업을 중심으로

AI와 포토샵이 만나 어떤 결과물을 만들 수 있는지 직접 경험해 보세요.

앞에서 익힌 기능들이 실제 프로젝트에서 어떻게 이어지는지 확인하면서

AI 디자인의 전체 흐름이 '생성 → 보정 → 활용'으로

자연스럽게 이어지는 과정을 익힐 수 있습니다.

브랜드 무드보드 만들기

브랜드 무드보드는 프로젝트의 전체 분위기를 잡아 주는 출발점이에요. 색감과 사진을 중심으로 배치하면 브랜드가 지향하는 방향성을 한눈에 보여 주고, 이후 제작할 콘텐츠의 분위기도 일관되게 유지할 수 있습니다. 이번 프로젝트에서는 AI로 만든 이미지를 포토샵에 불러와 나만의 브랜드 무드보드를 만들어 볼 거예요.

• **준비 파일** 10/프로젝트1/01~09.png   • **완성 파일** 10/프로젝트1/프로젝트 1.psd

9분할 형태의 무드보드는 브랜드 무드를 가장 직관적으로 보여 줄 수 있는 방법입니다. 한 장의 큰 이미지 대신 9개의 작은 칸에 색감이나 분위기가 유사한 사진들을 배치하면 브랜드 무드의 일관성을 한눈에 담을 수 있어요. 중앙에는 브랜드 무드를 대표하는 이미지를 두고 주변에 보조 이미지를 배치해 균형 잡힌 구성으로 완성해 보세요.

1. 새 파일 만들기

포토샵 메뉴 바에서 [File] → [New]를 클릭해 크기 1200×1200px, 해상도 72dpi의 새 파일을 만듭니다.

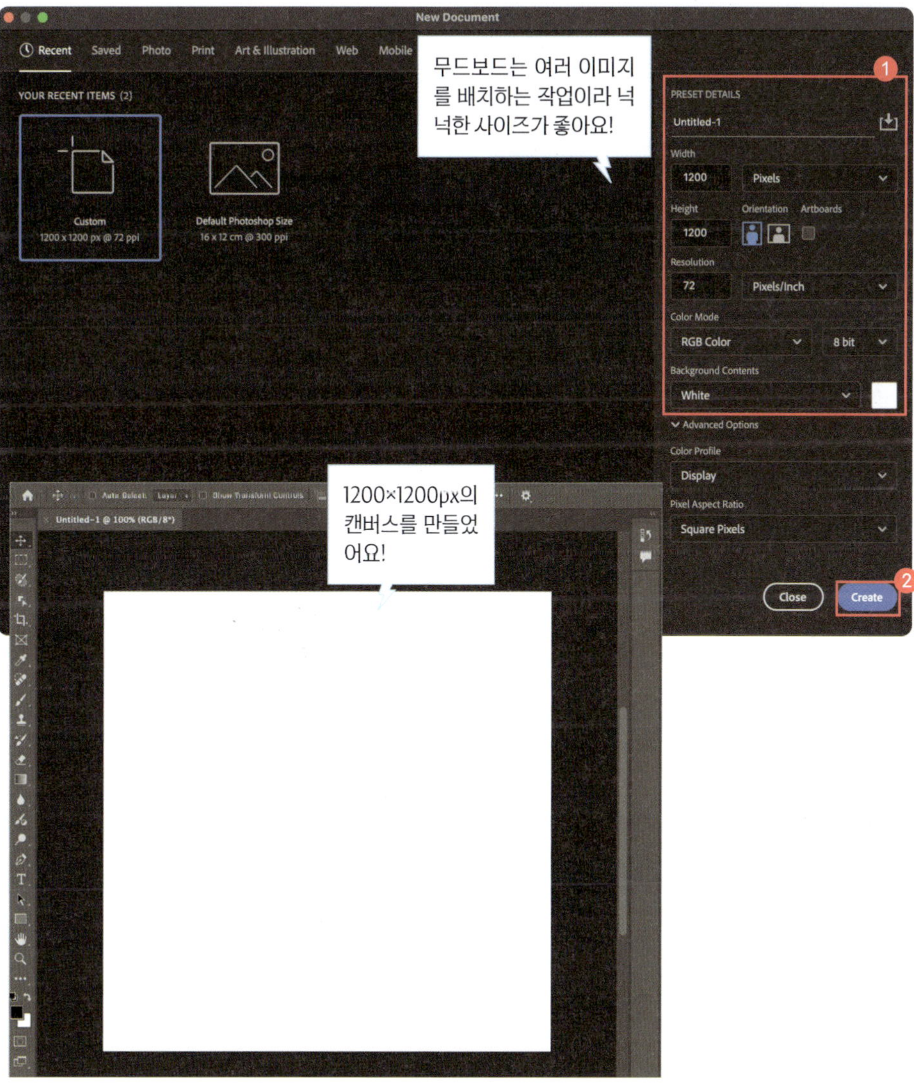

2. 9분할 가이드 만들기

메뉴 바에서 [View] → [Guide] → [New Guide Layout]을 선택해 옵션 창이 뜨면 Columns 3, Rows 3, Gutter 0으로 설정하세요. 그러면 캔버스 위로 9분할 가이드가 생성됩니다.

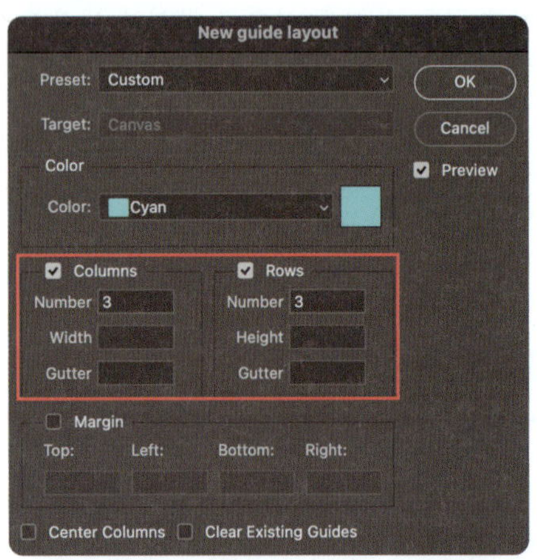

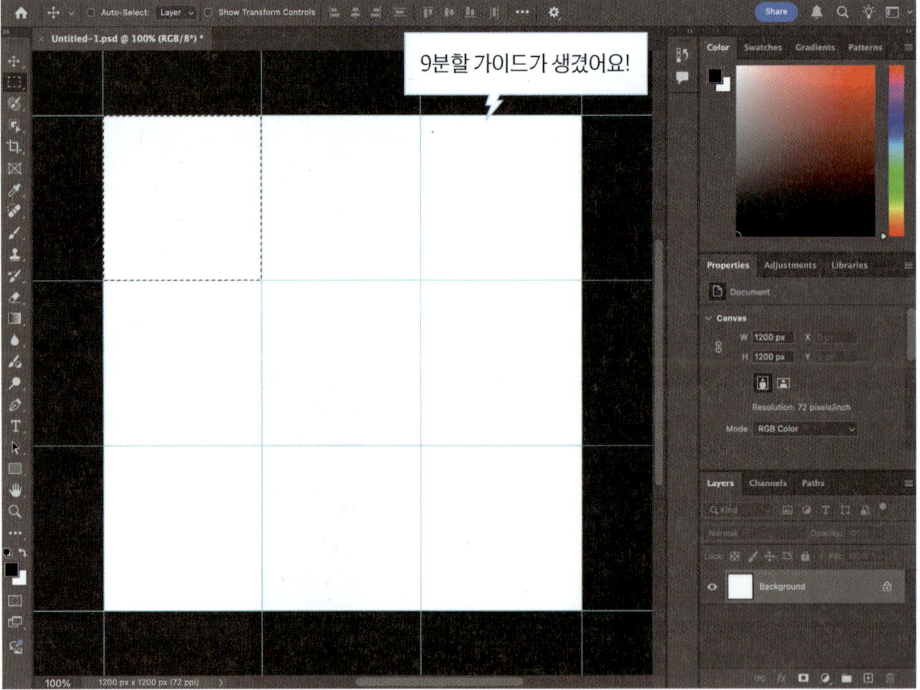

메뉴 바에서 [View] → [Guide] → [New Guide Layout]을 선택해 옵션 창이 뜨면

3. 사각형 프레임 만들기

[사각 선택 툴 ▣](단축키: M)로 드래그해 첫 번째 사각형에 딱 맞게 선택합니다. 드
래그할 때 마우스 커서를 가이드 근처로 가져가면 자동으로 달라붙어 정확하게 선택
할 수 있습니다.

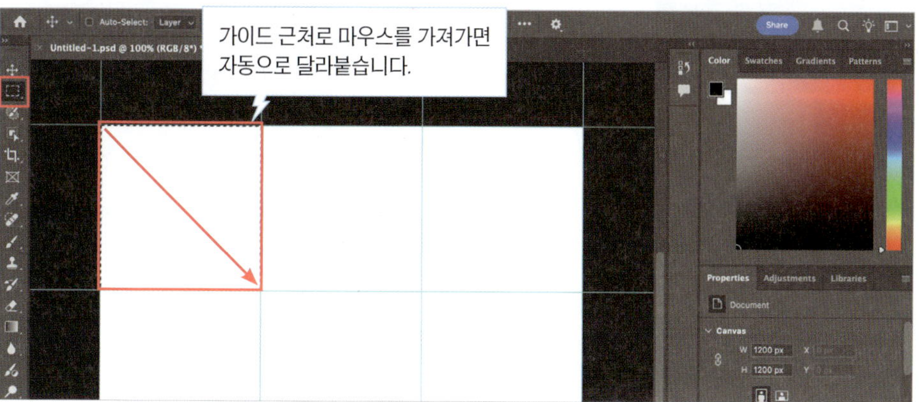

4. 영역이 선택된 상태에서 [Layers] 패널에서 ▣ 아이콘을 눌러 새 레이어를 추가
해 주세요. 그런 다음 단축키 Alt + Delete 를 눌러 색상을 칠해 프레임을 만듭니다.
이 작업을 하는 이유는 각 프레임에 이미지를 넣고 마스크를 씌우면 깔끔하게 정리
할 수 있기 때문이에요.

💜 색상 채우기 맥 단축키: Option + Delete

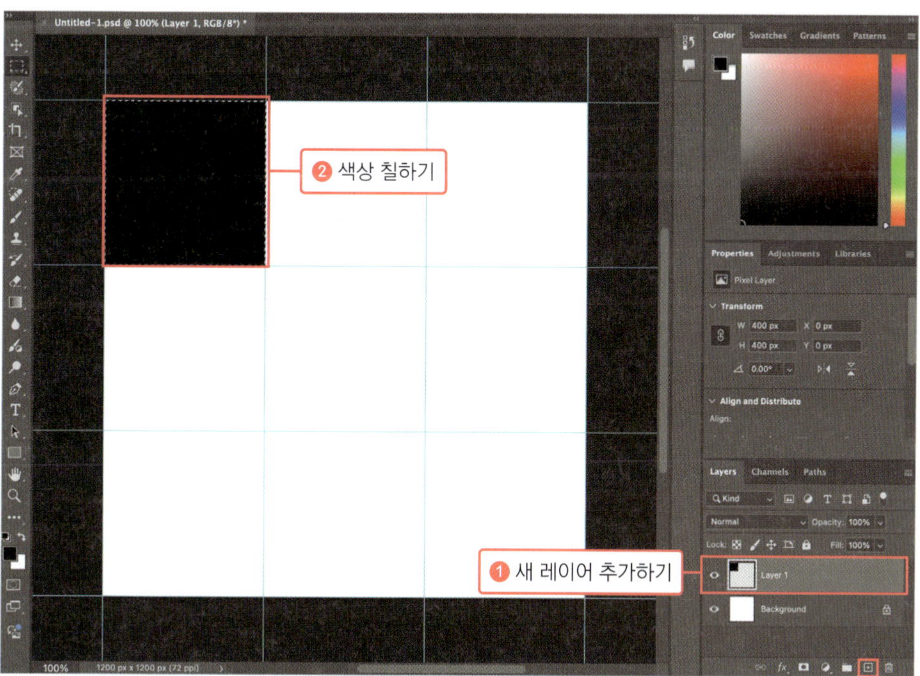

5. 단축키 Ctrl + D 를 누르면 선택이 해제됩니다.　💜 선택 해제 맥 단축키: Command + D

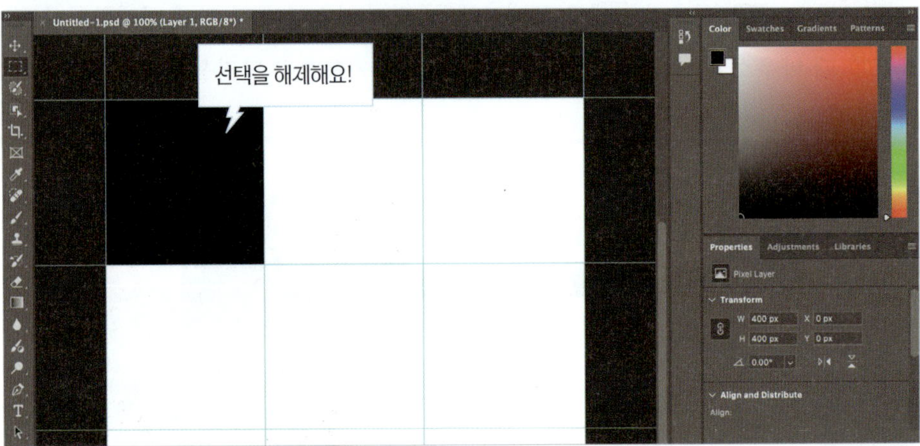

6. 나머지 칸에도 동일한 방법으로 사각형 프레임을 만들면 전체 구성이 완성됩니다.

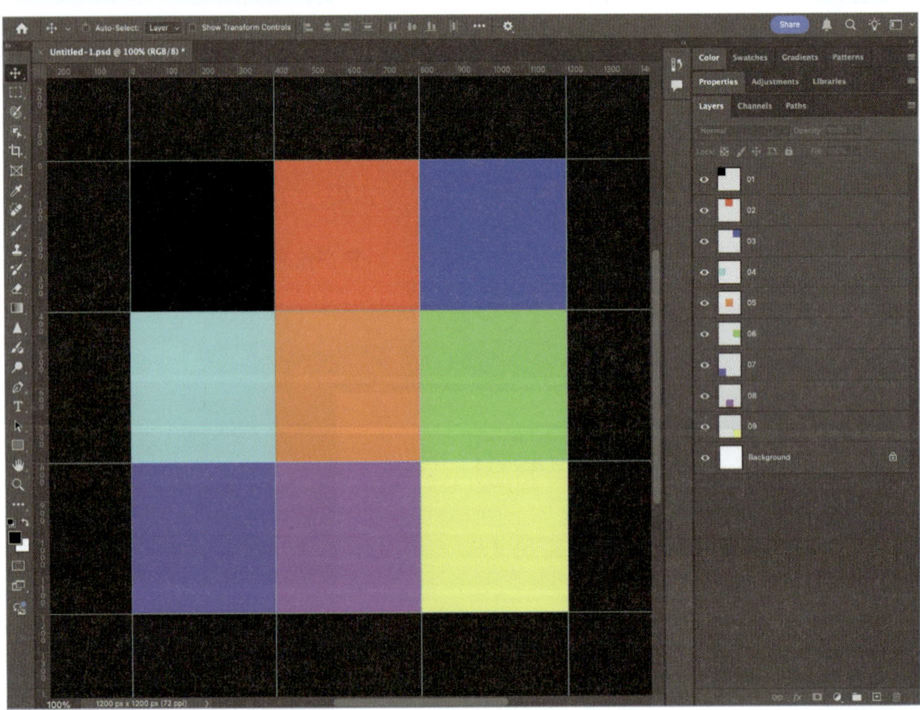

브랜드 색감이나 무드와 어울리는 이미지를 9장 모아 균형 있게 배치해 보겠습니다.

1. AI로 만든 이미지 불러오기

메뉴 바에서 [File] → [Place Embedded]를 클릭하거나 폴더에서 직접 드래그해 준
비한 이미지 또는 미드저니로 만든 이미지를 가져옵니다.

이미지

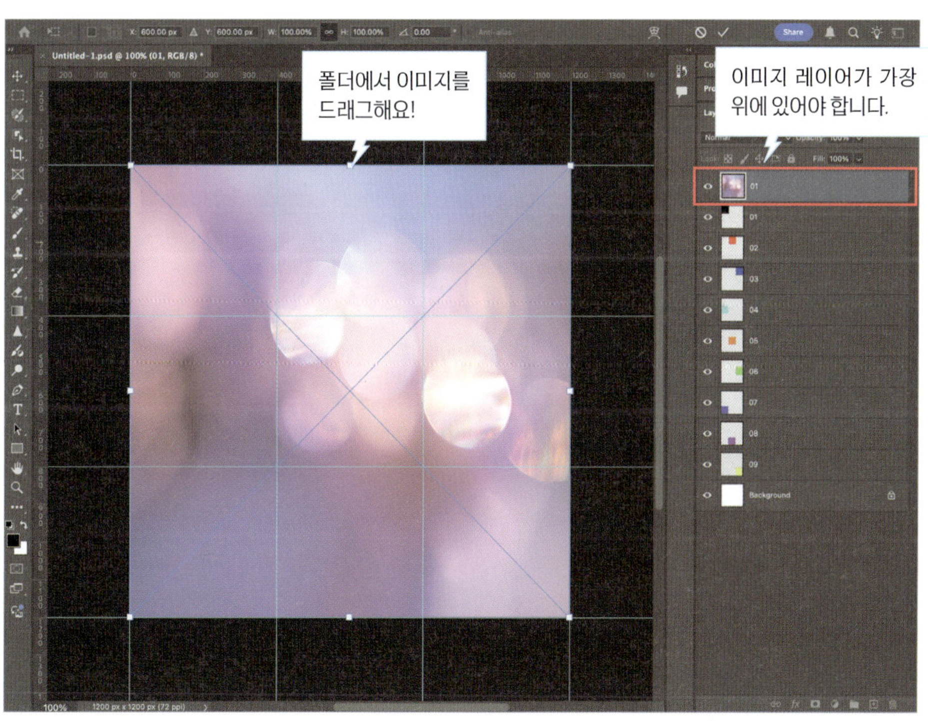

2. 프레임에 맞게 크기와 위치를 조정합니다. [Alt]를 누른 상태에서 크기를 조정하면 중심을 기준으로 균형 있게 확대·축소할 수 있어요.

💜 맥 사용자라면 [Option]을 누른 채 드래그해 보세요.

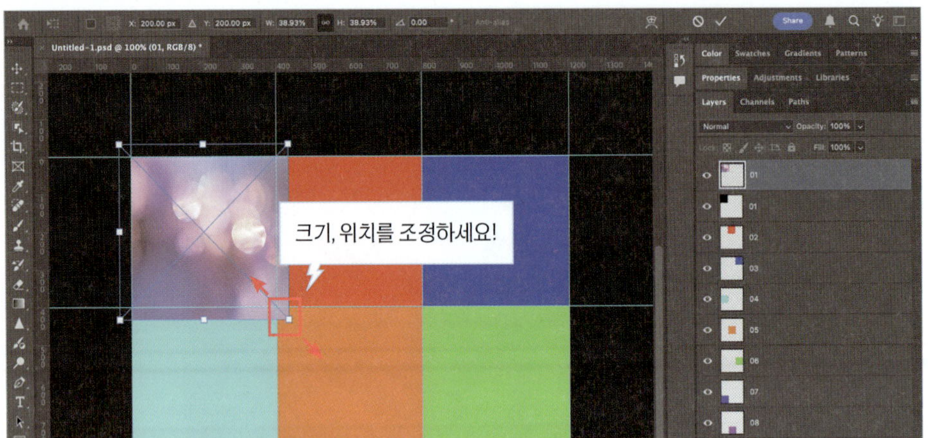

3. 각 프레임에 이미지를 넣고 마스크를 씌우면 깔끔하게 정리할 수 있습니다. 먼저 레이어를 드래그해 첫 번째 프레임의 바로 위로 옮겨 주세요. [Alt]를 누른 상태로 마우스 커서를 두 레이어 사이에 올리면 ▣ 모양으로 바뀝니다. 이때 클릭해 주세요.

💜 맥 사용자라면 [Option]을 누른 채 마우스 커서를 움직여 보세요.

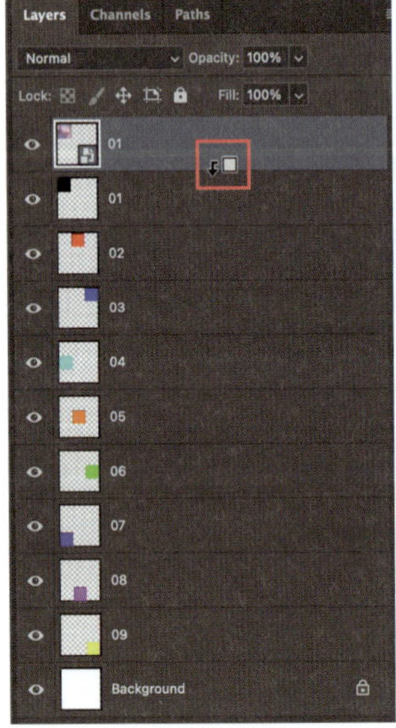

4. 그럼 자동으로 아래 레이어에 마스크가 적용되며 프레임 크기에 맞춰 이미지가
잘립니다.

5. 나머지도 동일한 방법으로 이미지를 배치하고 마스크를 적용해 보세요.

6. 텍스트 추가하기

왼쪽 툴 바에서 [문자 툴 **T**]을 클릭한 뒤 정가운데에 브랜드명이나 키워드를 입력해 보세요. 짧고 간결한 텍스트만 더해도 무드보드의 완성도가 한층 높아집니다. 텍스트 입력을 마쳤다면 Ctrl + Enter를 눌러 적용합니다.

♥ 맥 사용자라면 Command + Enter를 눌러 주세요.

7. 저장하기

메뉴 바에서 [File] → [Export] → [Save for Web (Legacy)]을 클릭해 PNG로 저장하세요. 무드보드는 팀과 공유하기에도 좋고 다음 프로젝트 작업의 기준점으로 삼을 수 있습니다.

9분할 무드보드는 보기에 좋을 뿐만 아니라 색감과 분위기를 체계적으로 정리할 수 있는 유용한 도구입니다. 무드보드의 톤앤매너를 기반으로 카드뉴스, 포스터, 광고 이미지 등을 일관되게 제작할 수 있어요.

배너 이미지 제작하기

배너는 계절 이벤트, 브랜드 홍보, 캠페인 런칭 등에서 자주 쓰이는 실무 디자인입니다. 짧은 문구와 강렬한 이미지로 메시지를 직관적으로 전달할 수 있기 때문에 활용도가 매우 높아요. 이번 프로젝트에서는 AI로 만든 이미지를 활용해 배너 제작 과정을 직접 경험해 보겠습니다.

• **준비 파일** 10/프로젝트2/banner background.png   • **완성 파일** 10/프로젝트2/프로젝트 2.psd

여름 세일이나 연말 행사처럼 시즌별 이벤트를 홍보할 때 배너가 필수입니다. 브랜드 홍보용 웹 사이트 상단 배너나 신제품 출시와 캠페인 소식을 알릴 때도 효과적이에요. 또한 쇼핑몰, 뉴스레터, 랜딩페이지 등 다양한 온라인 채널에서 활용할 수 있습니다.

1. 이미지 생성하기

미드저니에서 블랙 프라이데이 분위기의 배경 이미지를 제작해 보겠습니다. 프롬프트에 쇼핑백, 선물상자, 어두운 톤의 배경, 레드 컬러 포인트 등의 키워드를 입력하고 --ar 3:1을 넣어 가로로 넓은 비율을 적용합니다. Stylize 값은 50 정도로 기본값보다 낮게 설정하면 요소를 깔끔하게 줄일 수 있습니다.

텍스트 프롬프트	black friday sale banner, solid black background, red shopping bags on both sides, red top-view gift boxes with ribbons clearly visible, empty center space for text, minimal and modern composition, high contrast, premium look --ar 3:1 --raw --stylize 50

2. 포토샵에서 새 파일 만들기

포토샵 메뉴 바에서 [File] → [New]를 클릭해 크기 800×300px, 해상도 72dpi의 새 파일을 만듭니다. 배너 디자인은 가로가 긴 사이즈로 작업하는 것이 좋아요.

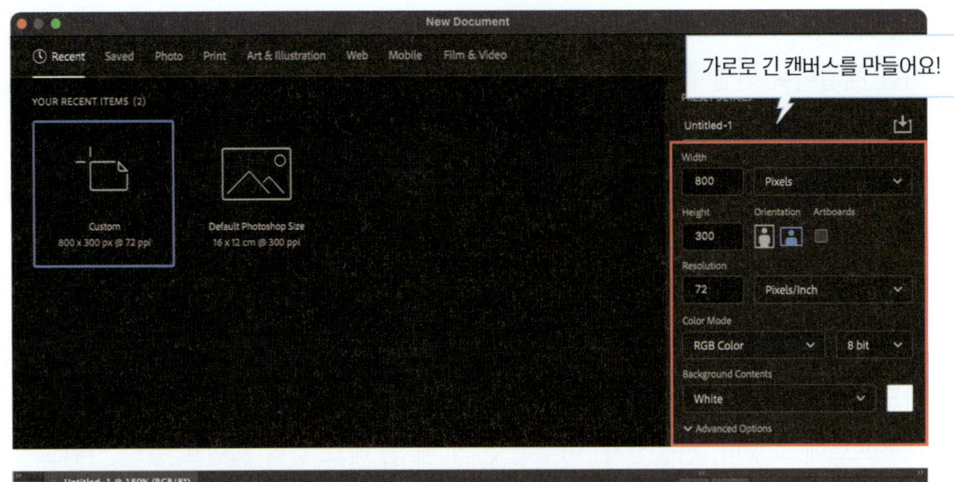

3. 준비한 이미지 banner background.png 또는 미드저니로 만든 이미지를 [File] → [Place Embedded]를 클릭해 불러오거나 폴더에서 직접 드래그해 아트보드 위로 가져오세요.

이미지

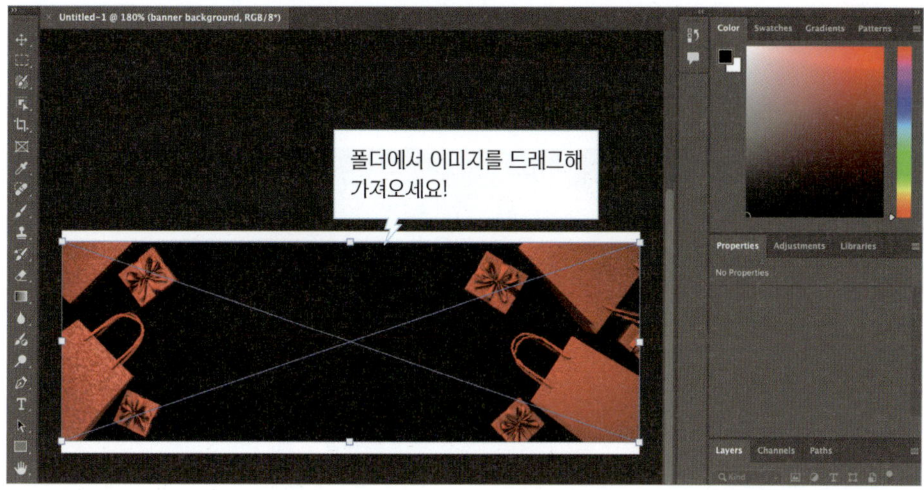

4. 가져온 이미지의 모서리를 드래그해 크기를 조정합니다. [Alt]를 누른 상태에서 크기를 조정하면 중심을 기준으로 균형 있게 확대·축소할 수 있어요. 크기 조정이 끝나면 [Enter]를 눌러 적용을 완료합니다. ♥ 맥 사용자라면 (Option)을 누른 채 드래그해 보세요.

5. 텍스트, 그래픽 요소 추가하기

왼쪽 툴 바에서 [문자 툴 T]을 선택해 메인 문구 BLACK FRIDAY를 입력하세요. 첫 줄을 입력하고 이어서 같은 방법으로 아랫줄을 입력합니다. 글꼴은 굵고 단순한 형태를 사용하면 시선 집중 효과가 커집니다.

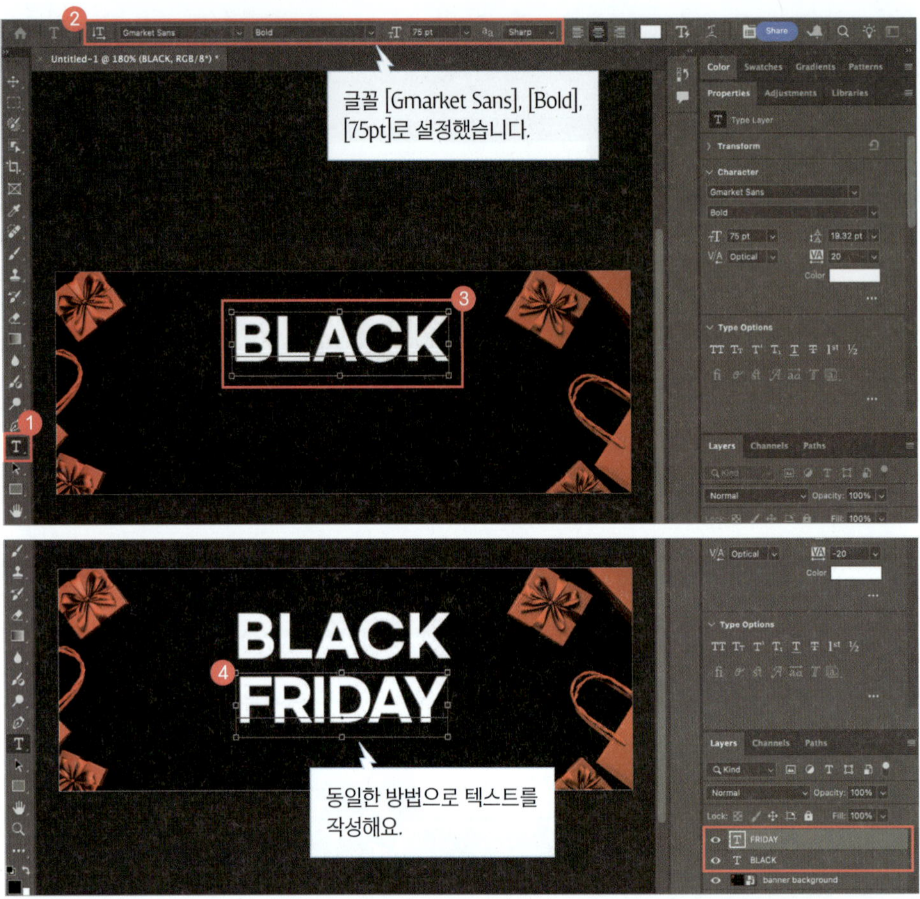

💜 [Gmarket Sans] 글꼴은 corp.gmarket.com/fonts에서 내려받을 수 있습니다.

하면 된다!} 2단계. 메인 문구 강조하기

1. 메인 문구에 디자인을 더해 보겠습니다. [FRIDAY] 레이어를 마우스 오른쪽 버튼으로 클릭한 후 [Blending Options]를 선택하세요.

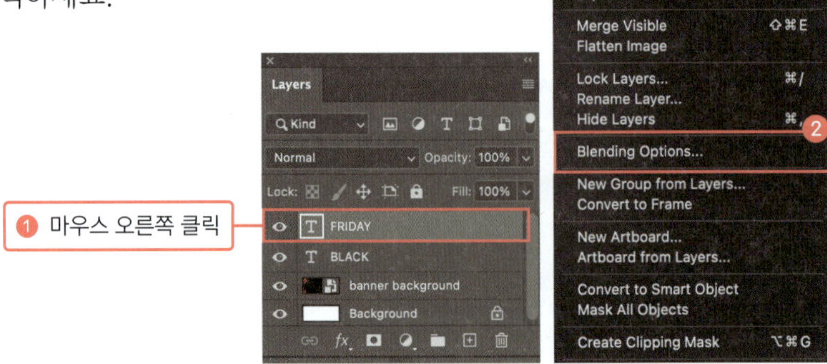

2. 옵션 창이 뜨면 [Stroke]에 체크하고 흰색, 1px 크기의 테두리를 추가한 후 [OK]
를 누릅니다.

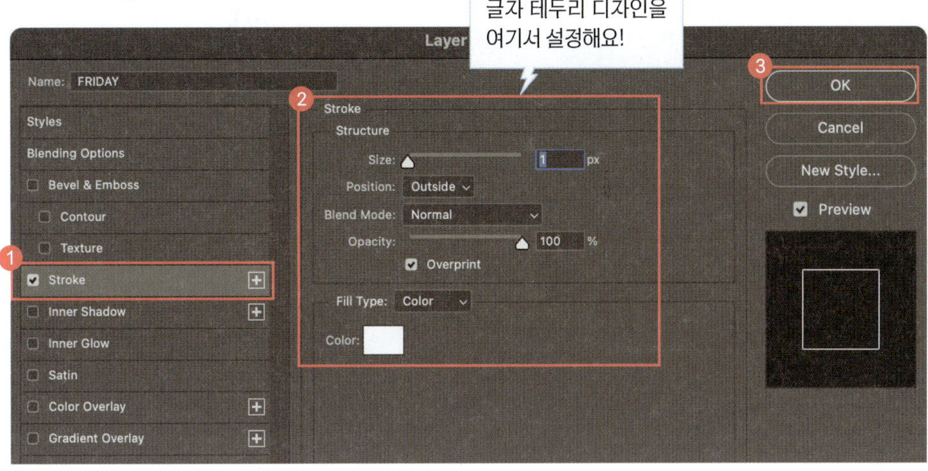

3. [Layers] 패널에서 [FRIDAY] 레이어의 [Fill] 값을 0으로 낮추면 글자 내부는 비
워지고 테두리만 강조됩니다.

4. 할인 퍼센트를 원 안에 넣어 강조하는 요소로 넣겠습
니다. 왼쪽 툴 바의 [도형 툴]에서 [원형 툴 ◉]을 선택하
세요. 옵션 바에서 [Fill] 색상을 빨간색으로 설정합니다.

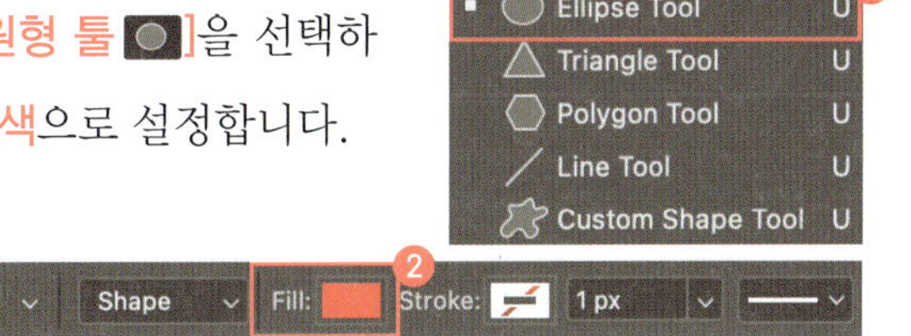

5. Shift 를 누른 채 화면을 드래그해 원을 그립니다. 원의 위치, 크기를 적절하게 조정하고 Enter 를 눌러 적용합니다.

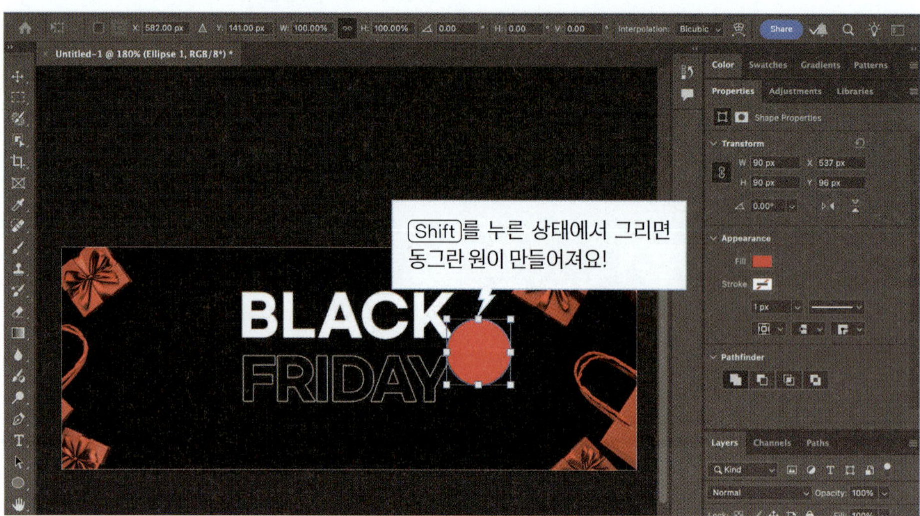

6. [문자 툴 T]로 up to 70% 문구를 입력해 원 안에 배치하세요.

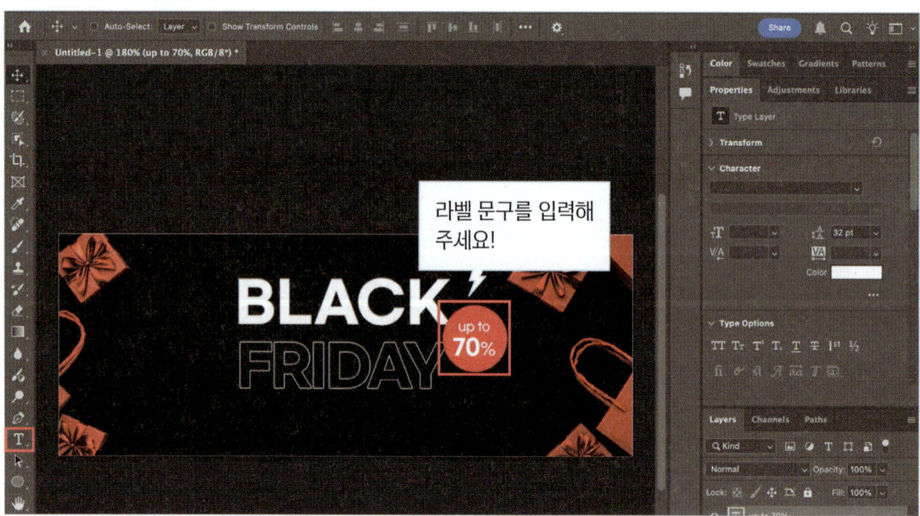

7. [문자 툴 **T**]을 다시 선택해 기간 문구인 22 NOV - 03 DEC를 입력합니다. 크기를 작게 조정해 배너 아래에 배치하면 전체 디자인이 균형 잡혀 보여요.

8. 전체 레이아웃과 텍스트 가독성을 확인한 뒤 메뉴 바에서 [File] → [Export] → [Save for Web (Legacy)]을 선택해 PNG 파일로 저장하세요.

AI로 만든 이미지는 포토샵을 통해 실제 마케팅 배너로 발전시킬 수 있어요. 단순한 디자인을 넘어서 브랜드 메시지를 효과적으로 전달하는 중요한 도구로 활용할 수 있습니다.

SNS 콘텐츠 제작하기

인스타그램, 페이스북, 유튜브 등 SNS는 각 플랫폼마다 권장 크기와 비율이 다르기 때문에 이를 고려해 디자인을 조정하는 것이 중요합니다. 같은 이미지라도 비율과 배치에 따라 전달되는 느낌이 달라지므로 목적에 맞는 최적의 구성을 찾는 것이 핵심이에요. 이번 프로젝트에서는 플랫폼별 비율에 맞춰 텍스트와 이미지를 조합하는 방법을 알아보겠습니다.

- **준비 파일** 10/프로젝트3/newyork background.png
- **완성 파일** 10/프로젝트3/프로젝트 3.psd

하면 된다!} 1단계. SNS 콘텐츠 기본 틀 만들기

인스타그램 콘텐츠 표지를 만들 때는 여백을 충분히 두고 텍스트가 잘 읽히도록 조정하는 것이 중요합니다. 아트보드 설정부터 이미지 배치, 텍스트 입력과 스타일 조정, 마지막 저장까지 단계별로 차근차근 진행해 보세요.

1. 이미지 생성하기

미드저니에서 여행과 관련된 배경 이미지를 생성합니다.

프롬프트에 '뉴욕 여행', '항공기 창문' 같은 키워드를 입력할 수 있어요. 인스타그램에 적합하도록 --ar 4:5 매개변수를 적용하고 --style raw를 사용해 실사 느낌의 이미지를 만듭니다.

텍스트 프롬프트　　bright airplane window frame, view from airplane window, Statue of Liberty standing proudly with Manhattan skyline in the background, cinematic photography, realistic details, minimalist composition with empty space in the center --ar 4:5 --raw --stylize 50

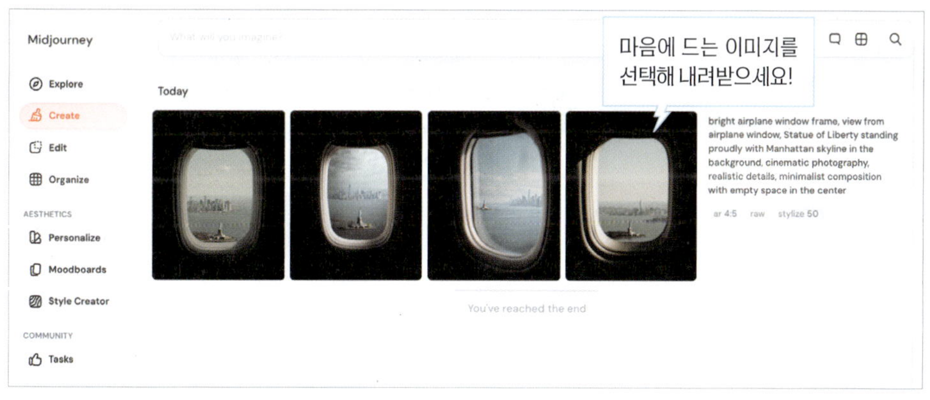

2. 새 파일 만들기

포토샵 메뉴 바에서 [File] → [New]를 클릭해 크기 1080×1350px, 해상도 72dpi
의 새 파일을 만듭니다. 보통 인스타그램 피드 세로형 비율(4:5)에 맞춰 만들어요.

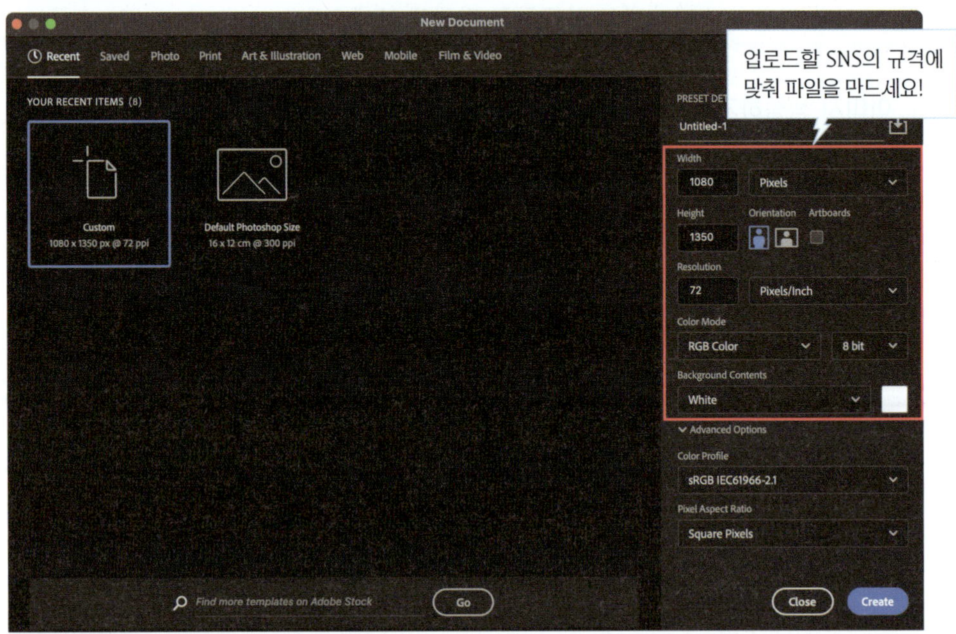

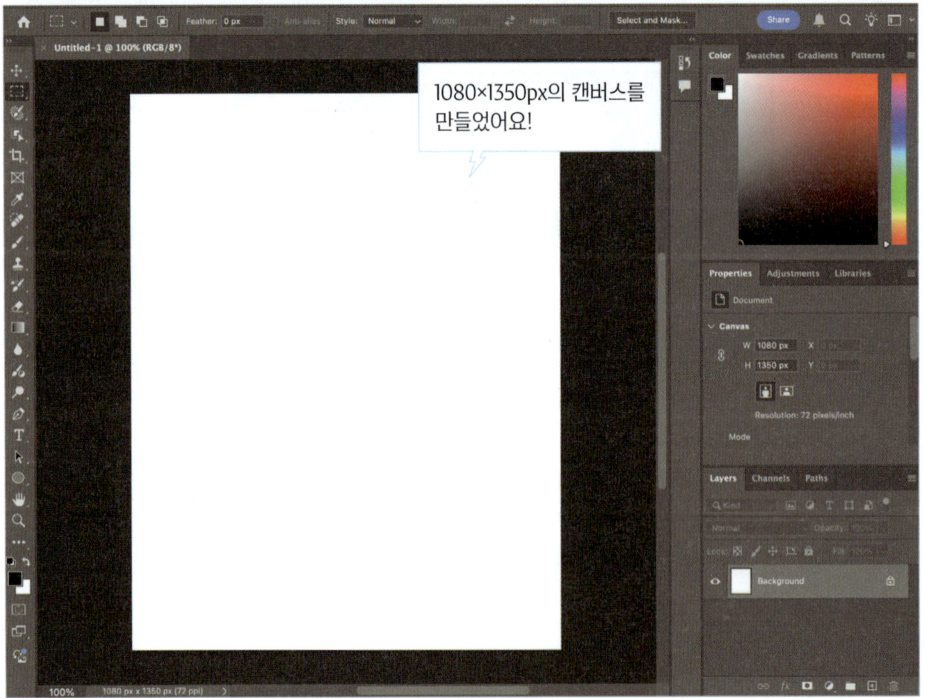

3. 준비한 이미지 newyork background.png 또는 미드저니로 만든 이미지를 [File]
→ [Place Embedded]를 클릭해 불러오거나 폴더에서 직접 드래그해 아트보드 위
로 가져오세요.

가져온 이미지의 모서리를 드래그해 크기를 조정합니다. [Alt]를 누른 상태에서 크기
를 조정하면 중심을 기준으로 균형 있게 확대·축소할 수 있어요. 크기 조정이 끝나
면 [Enter]를 눌러 적용을 완료합니다.　　　💜 맥 사용자라면 [Option]을 누른 채 드래그해 보세요.

이미지

4. 여백 가이드 만들기

여백을 미리 지정해 두면 텍스트나 이미지를 깔끔하게 배치할 수 있어요. 특히 여러 요소를 정리할 때 여백이 기준선 역할을 해줘서 작업이 훨씬 수월해집니다.

메뉴 바에서 [View] → [Guides] → [New Guide Layout]를 선택하고 옵션 창이 뜨면 [Margin]에 체크한 후 상하좌우 모두 75px로 설정합니다.

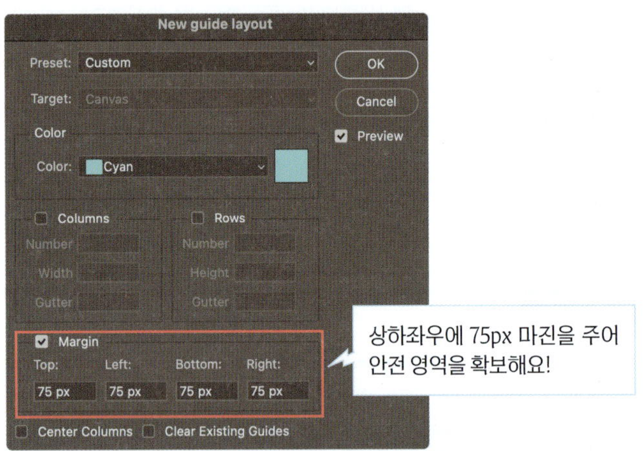

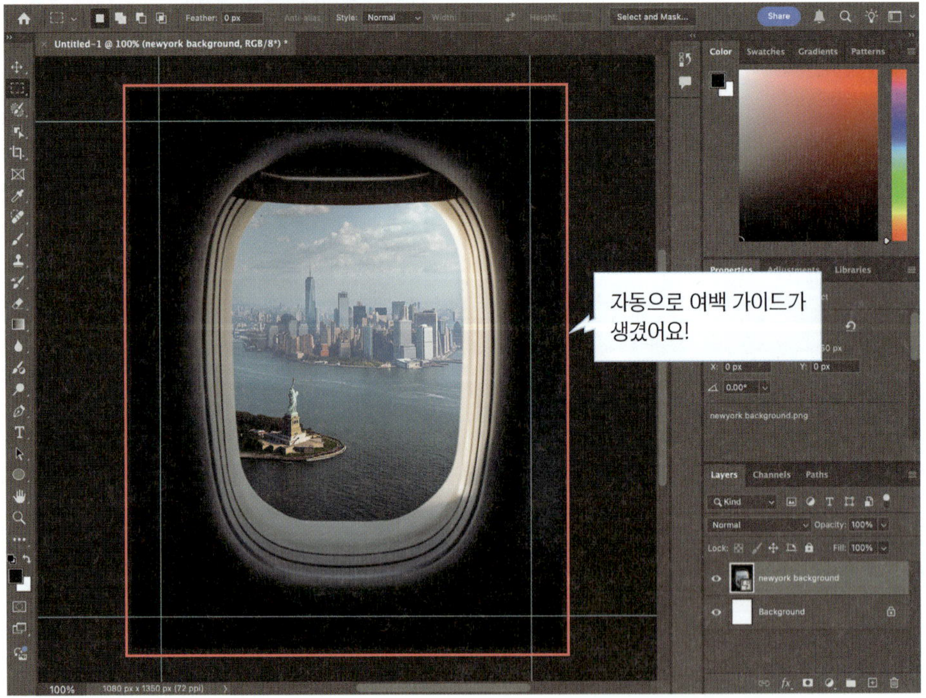

하면 된다!} 2단계. 콘텐츠 문구 넣고 꾸미기

1. 타이틀 문구 넣기

왼쪽 툴 바에서 [문자 툴 **T**]을 클릭해 문구를 입력합니다. [Character] 패널에서 글자의 크기, 색상, 자간 등을 조정합니다. [Paragraph] 패널에서 왼쪽 정렬로 하고 행간을 조절해 가독성도 높여요.

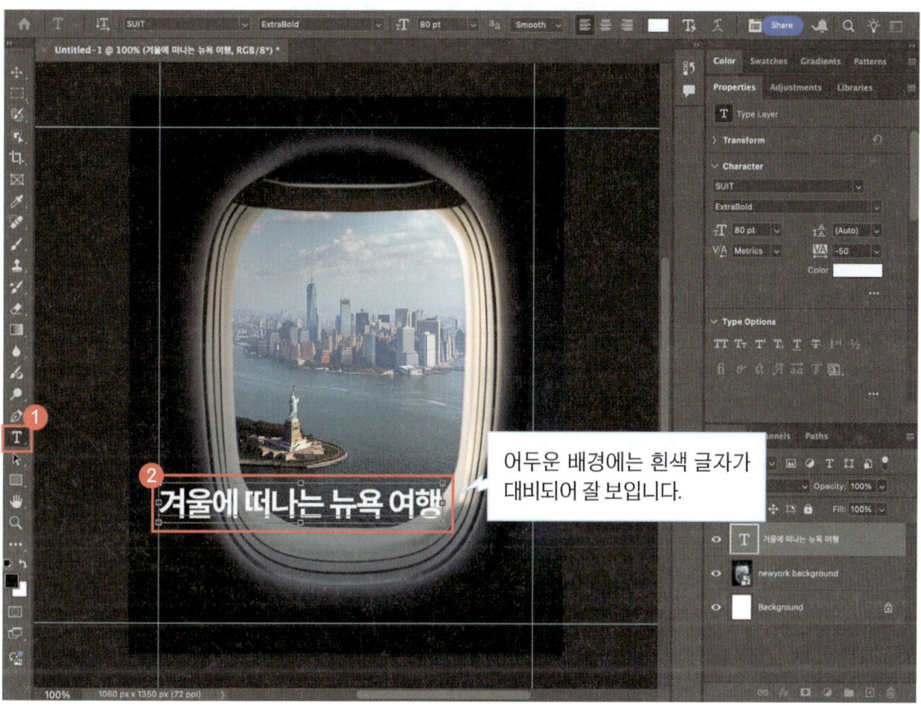

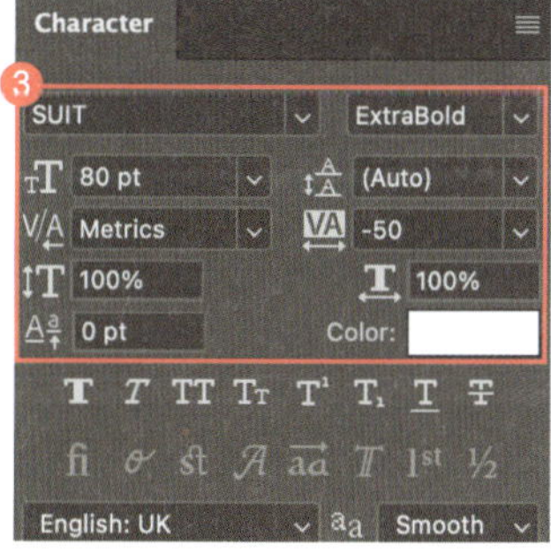

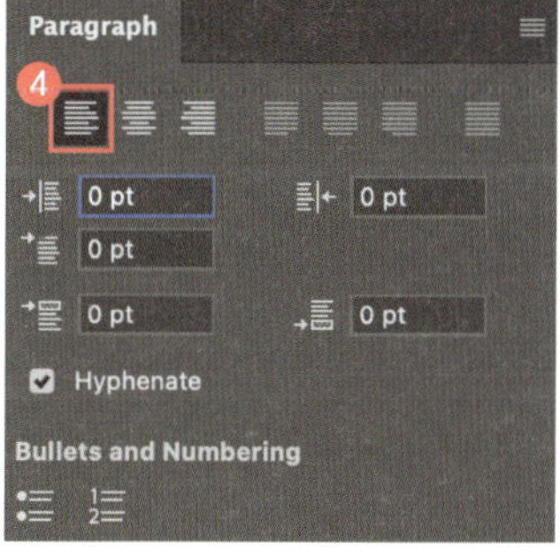

2. 서브 문구 추가하기

이어서 [문자 툴 **T**]로 부제나 설명 문구를 작은 크기로 추가합니다.

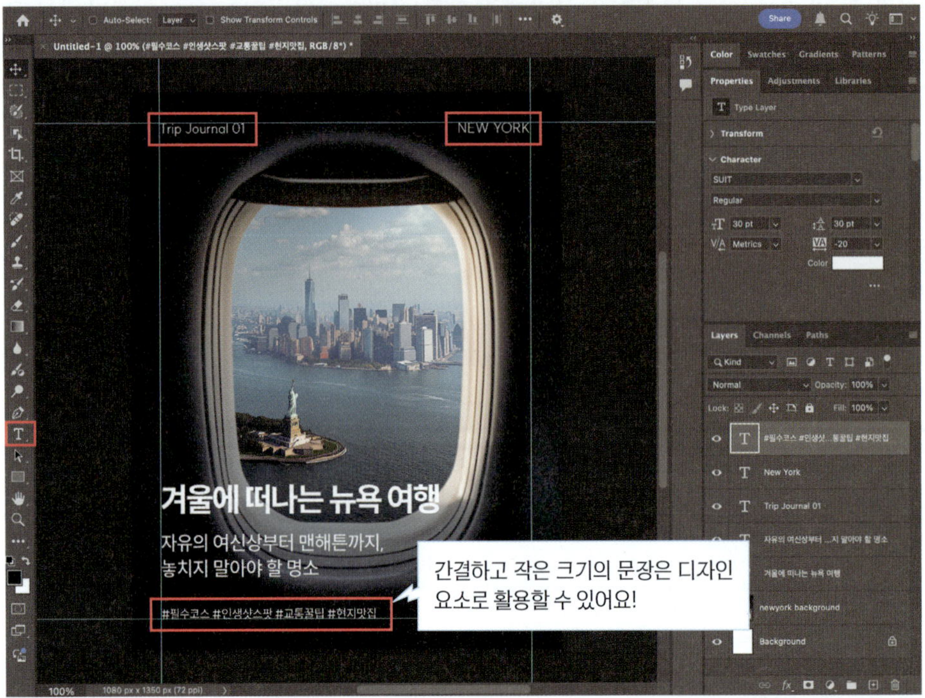

3. 그래픽 요소 추가하기

얇은 선을 넣어 디자인에 포인트를 줄 수 있습니다. [펜 툴 Pen Tool]을 선택한 후, 옵션 바에서 [Shape]로 변경하고 색상과 두께도 조정해 보세요.

선을 넣을 곳을 클릭하고 Shift 를 누른 상태에서 다음 지점을 클릭하면 직선이 그려집니다. 모두 그렸다면 Enter 를 눌러 그리기를 종료하세요.

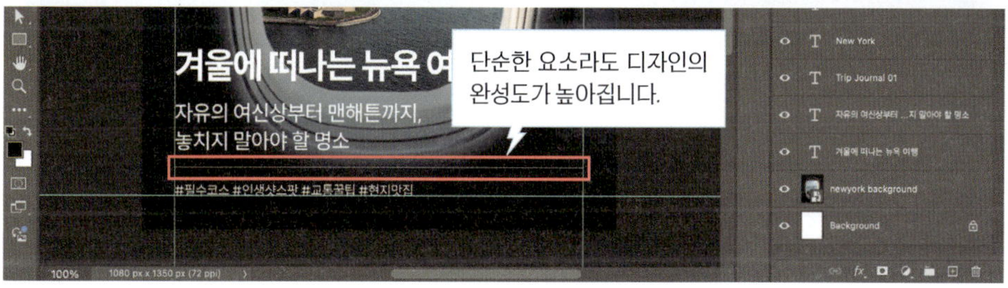

4. 텍스트 가독성 높이기

텍스트에 [Outer Glow] 효과를 적용해 강조할 수도 있습니다. 메인 텍스트 레이어를 선택한 뒤 마우스 오른쪽 버튼으로 클릭하고 [Blending Options]를 선택하세요.

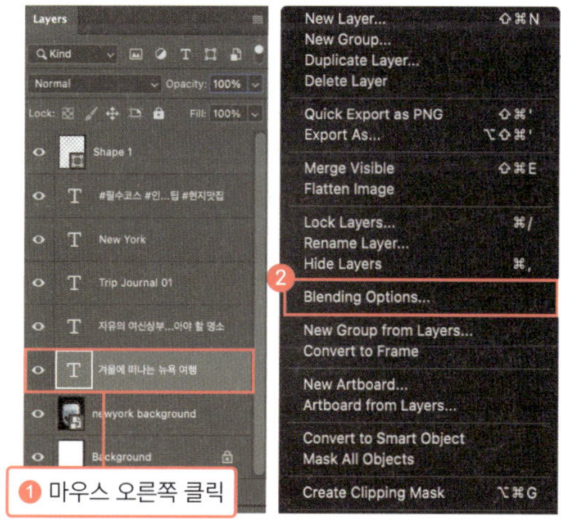

5. 옵션 창이 뜨면 [Outer Glow]를 선택해 모드는 [Multiply], 투명도 20%, 검은색으로 설정하고, [Softer] 크기는 50px로 지정합니다.

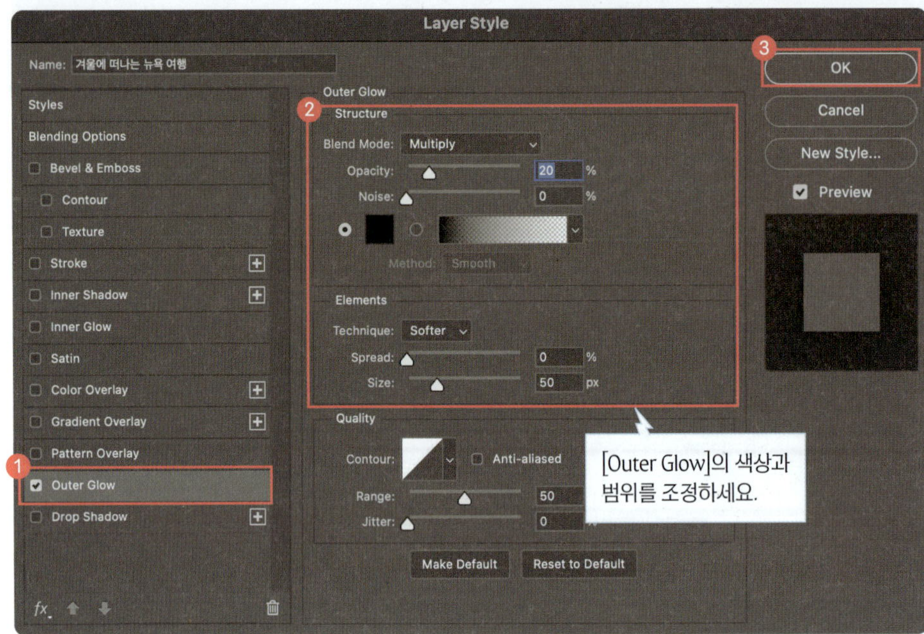

6. 이렇게 효과를 주면 글자가 배경과 잘 구분되어 강조됩니다.

7. 전체 레이아웃과 텍스트 가독성을 확인한 뒤, 메뉴 바에서 [File] → [Export] → [Save for Web (Legacy)]을 선택해 PNG 파일로 저장합니다. 인스타그램에서 바로 활용할 수 있는 표지가 완성되었습니다.

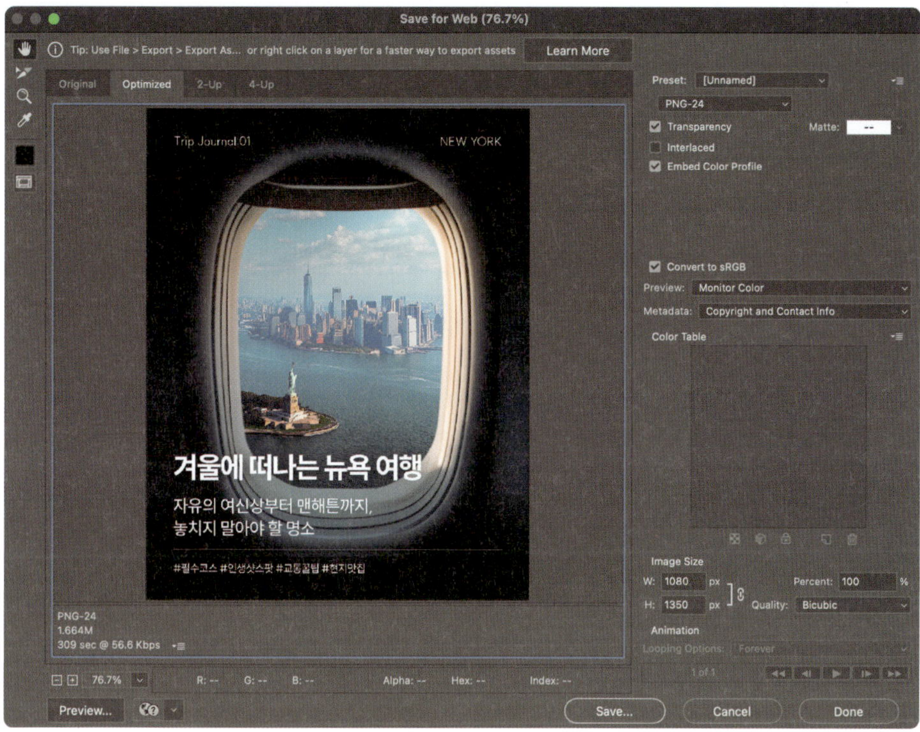

인스타그램 같은 SNS용 표지는 단순한 이미지가 아니라 주제를 효과적으로 전달하는 중요한 역할을 합니다. 아트보드 설정, 그래픽 요소, 텍스트 효과 등을 적절히 활용하면 한층 전문적인 결과물을 완성할 수 있어요.

텍스트나 도형에 입체감과 질감을 더할 때 레이어 스타일을 활용해 보세요. 한 번의 클릭으로 다양한 시각적 효과를 적용할 수 있어 제목 디자인이나 버튼, 제품, 타이포 그래피 작업에 자주 쓰입니다.

① 경사와 엠보스 Bevel & Emboss

레이어에 입체감을 더해요. 빛과 음영이 생겨 글자나 도형이 도드라집니다.

② 획/테두리 Stroke

오브젝트의 테두리를 강조해요. 두께와 색상을 조절해 가독성을 높일 수 있어요.

③ 내부 그림자 Inner Shadow

안쪽에 그림자를 넣어 눌린 듯한 깊이를 표현해요.

④ 내부 광선 Inner Glow

안쪽 가장자리에 은은한 빛을 더해 부드러운 분위기를 만듭니다.

⑤ 새틴 Satin

표면에 은은한 패턴과 반사를 넣어 금속이나 실크 같은 질감을 표현해요.

⑥ 외부 광선 Outer Glow

바깥으로 퍼지는 빛을 더해 강조 효과를 줍니다.

⑦ 색상 오버레이^{Color Overlay}

레이어 전체에 한 가지 색을 입혀 디자인 톤을 통일해요.

⑧ 그레이디언트 오버레이^{Gradient Overlay}

2가지 이상 색이 섞이는 효과를 줘 자연스러운 색 변화를 만듭니다.

⑧ 패턴 오버레이^{Pattern Overlay}

패턴을 덧씌워 배경이나 재질감을 표현해요.

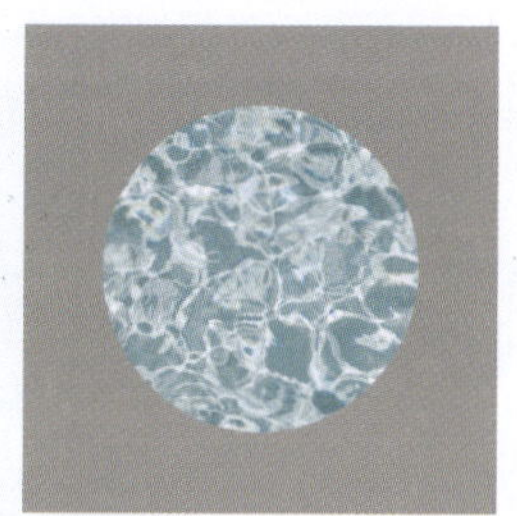

⑩ 그림자^{Drop Shadow}

아래에 그림자를 넣어 입체감을 주고 요소를 돋보이게 해요.

캠페인 키비주얼 제작하기

캠페인 키비주얼은 단순히 꾸미는 이미지가 아니라, 브랜드가 말하고자 하는 메시지를 시각적으로 압축해 보여 주는 핵심 요소입니다. 제안서의 첫 장이나 발표 자료의 표지로 활용되며, 한 장의 이미지로 기획 방향을 명확히 보여 줄 수 있어야 합니다. 보는 이들에게 강렬한 첫인상을 남기고, 프로젝트 전체의 톤앤매너를 직관적으로 전달하는 역할도 합니다.

- **준비 파일** 10/프로젝트4/woman background.png
- **완성 파일** 10/프로젝트4/프로젝트 4.psd

하면 된다!} 1단계. 캠페인 기본 틀 만들기

직접 캠페인 키비주얼을 만들어 보면서 이미지 선택부터 텍스트 배치, 브랜드 톤 적용까지 하나하나 실습해 보겠습니다. 제안서나 발표 자료의 첫 화면으로 바로 활용할 수 있는 완성도 높은 결과물을 만드는 것을 목표로 해요.

1. 이미지 생성하기

먼저 미드저니에서 캠페인 성격에 맞는 이미지를 생성합니다.

프롬프트에 '자신감 있는 인물', '강렬한 시선', '에너지와 힘찬 무드' 같은 키워드를 입력하고 --ar 16:9 매개변수를 적용하면 가로로 넓은 키비주얼 이미지를 만들 수 있어요.

텍스트 프롬프트	A close-up portrait of a young Korean woman in her 20s, sporty confident style, sharp intense gaze directly at the camera, powerful and bold expression, dramatic lighting, bold black background, cinematic campaign photography, fashion editorial style, empowering and striking mood --ar 16:9 --raw --stylize 200

2. 새 파일 만들기

포토샵 메뉴 바에서 [File] → [New]를 클릭해 크기 1920×1080px, 해상도 72dpi
의 새 파일을 만듭니다. 캠페인 키비주얼은 보통 가로형 레이아웃을 사용하므로 이
비율이 적합해요.

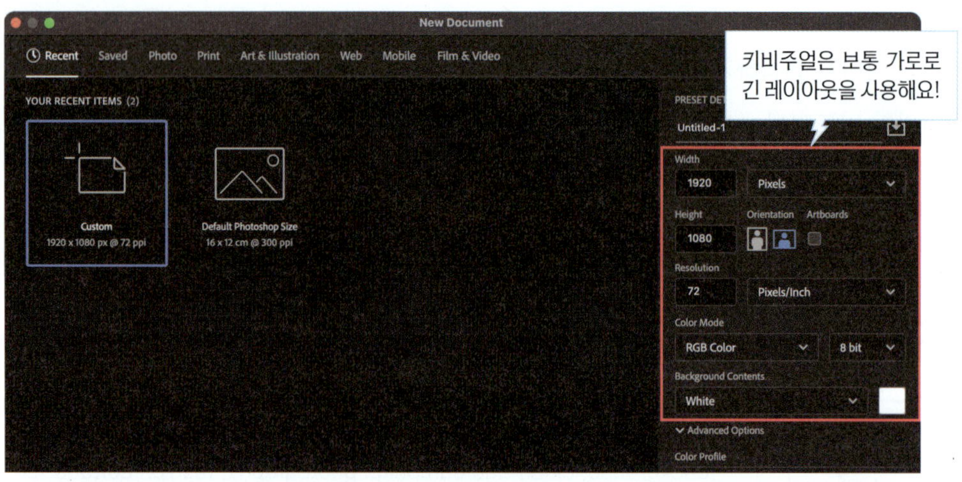

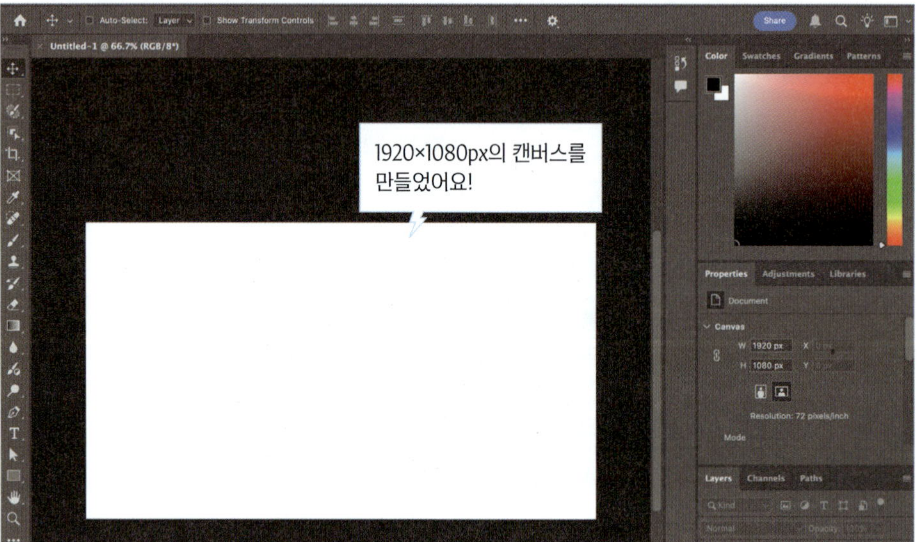

3. 준비한 이미지 woman background.png 또는 미드저니로 만든 이미지를 [File]
→ [Place Embedded]를 클릭해 불러오거나 폴더에서 직접 드래그해 아트보드 위
로 가져오세요.

4. 가져온 이미지의 모서리를 드래그해 크기를 조정합니다. Alt를 누른 상태에서 크기를 조정하면 중심을 기준으로 균형 있게 확대·축소할 수 있어요. 크기 조정이 끝나면 Enter를 눌러 적용을 완료합니다. ♥ 맥 사용자라면 Option을 누른 채 드래그해 보세요.

5. 여백 가이드 만들기

메뉴 바에서 [View] → [Guides] → [New Guide Layout]를 누르고 옵션 창이 뜨면
[Margin]에 체크한 후 상하좌우 모두 70px로 설정합니다. 여백을 확보하면 디자인
이 안정적으로 보입니다.

상하좌우에 70px 마진을 주어
안전 영역을 확보해요.

하면 된다!} 2단계. 캠페인 문구 넣고 꾸미기

1. 타이틀 넣기

왼쪽 툴 바에서 [문자 툴 T]을 선택해 나라서 가능한 순간 같은 캠페인 문구를 입력
합니다. 글꼴은 크고 두꺼운 것으로, 색상은 캠페인 컨셉트에 맞는 것으로 정하세요.
활용해요. 예를 들어 네온 노랑은 강렬해서 다른 색과 대비되게 사용하면 메시지가
더 눈에 잘 들어옵니다.

💜 [SB Aggro](어그로체)는 sandbox.co.kr/font에서 내려받을 수 있습니다.

2. [Character] 패널에서 *T*를 누르면 글자가 기울어지며 시선을 사로잡을 수 있습니다.

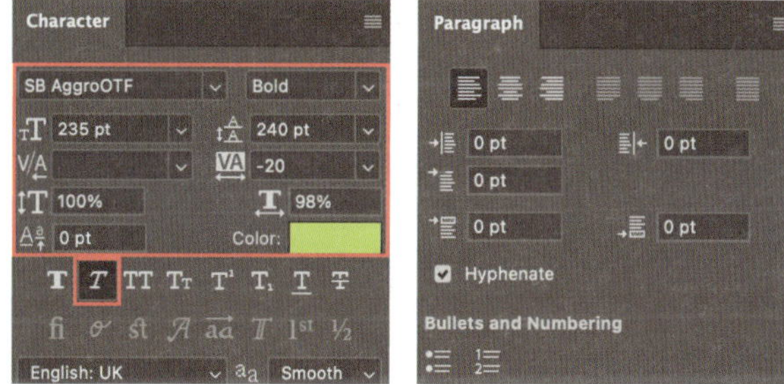

3. 텍스트의 각도를 조정해 시각적 임팩트를 줄 수 있어요. 자유 변형 단축키 Ctrl + T를 누르고 모서리를 드래그해 조절하거나, 옵션 바의 각도 입력란에 직접 값을 입력해 세밀하게 설정할 수도 있습니다. ♥ 자유 변형 맥 단축키: Command + T

4. 서브 텍스트 추가하기

[문자 툴 T]로 부제와 설명 문구를 작은 크기로 입력합니다.

5. 그래픽 요소 추가하기

직선, 박스, 아이콘 등을 적절히 배치해 디자인에 포인트를 더하겠습니다.

[도형 툴]Shape Tool ■](단축키 U)에서 [사각형 도형]을 선택하고, 옵션 바에서 채우기 색상은 빼고 흰색 선으로 설정합니다. 화면을 드래그해 사각형 도형을 그리세요.
Enter를 눌러 적용합니다.

6. [Properties] 패널에서 사각형 모서리를 40px만큼 둥글게 조정하세요.

7. 메뉴 바에서 [File] → [Export] → [Save for Web (Legacy)]을 선택해 PNG 파일로 저장하고 제안서나 발표 자료에 바로 활용하세요.

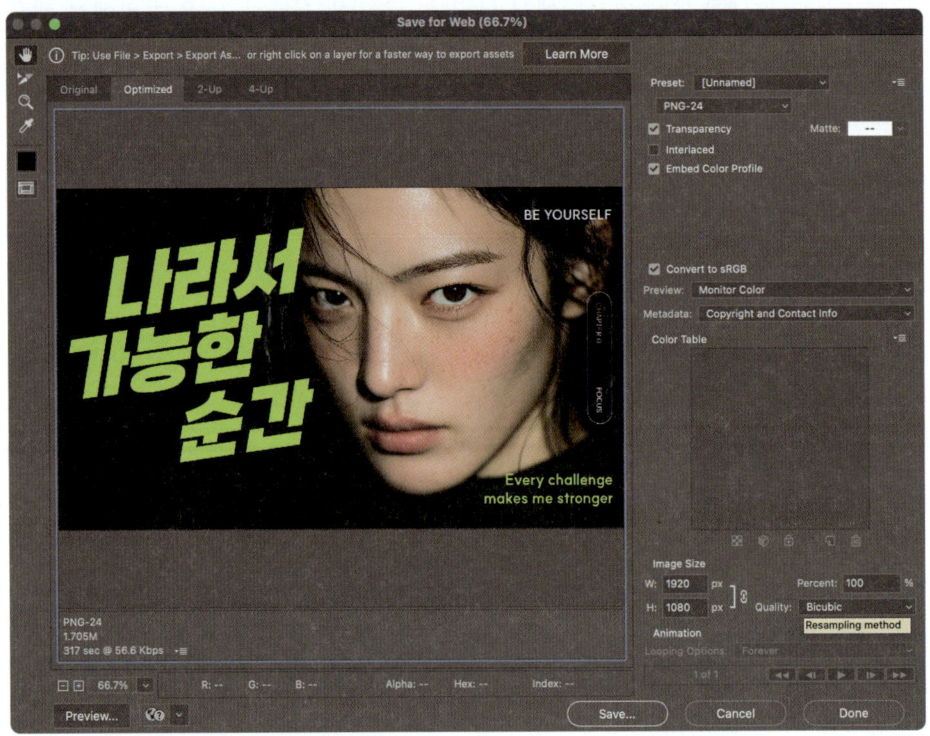

캠페인 키비주얼은 브랜드 메시지를 집약해 보여 주는 가장 강력한 도구예요. 키비주얼은 단 한 장으로도 캠페인의 방향성과 메시지를 명확하게 전달할 수 있어야 합니다. 인물의 표정, 컬러 톤, 텍스트 스타일을 적절히 조합하면 강렬하면서도 설득력 있는 결과물을 완성할 수 있습니다.

유튜브 섬네일 만들기

유튜브 섬네일은 영상의 첫인상을 결정짓습니다. 영상 내용이 궁금해 클릭하게 만드는 것이 섬네일의 목적이지요. 작은 화면에서도 눈에 잘 띄도록 단순한 구성이 효과적이며, 글자의 크기와 위치, 캐릭터나 오브젝트의 배치, 그리고 배경과 주제 요소의 조화로 시청자의 눈길을 사로잡는 것이 핵심이에요. 결국 섬네일은 영상의 주제를 빠르게 전달하고 클릭을 유도하는 가장 중요한 시각적 장치라고 할 수 있어요.

• **준비 파일** 10/프로젝트5/quokka.png, landscape_background.png, 뮤직 플레이어.png

• **완성 파일** 10/프로젝트5/프로젝트 5.psd

밝고 귀여운 쿼카 이미지를 중심으로 유튜브 플레이리스트용 섬네일을 만들어 보겠습니다. 헤드폰을 쓴 쿼카의 표정과 제스처를 강조하고 자연 배경과 타이틀 텍스트를 조합해 쿼카의 매력이 돋보이는 섬네일을 완성해요.

1. 미드저니에서 이미지 생성하기

미드저니에서 다음 프롬프트를 입력해 헤드폰을 쓴 쿼카 이미지를 생성합니다.
프롬프트에 **--style raw** 매개변수를 적용하면 과장되지 않고 실제 사진처럼 자연스러운 질감의 쿼카 이미지를 만들 수 있어요.

텍스트 프롬프트	a cute quokka slightly tilting its head, wearing silver wireless headphones, smiling on white background, realistic photo, soft studio lighting, fluffy fur texture, minimal clean composition, high detail --style raw

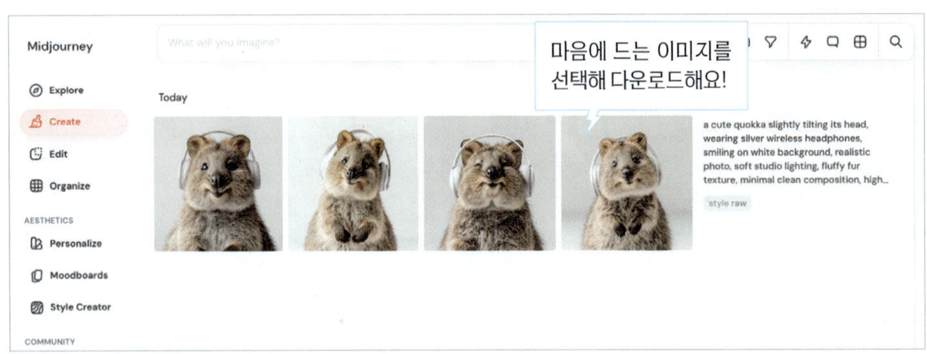

2. 자연 배경 만들기

다음으로 자연 배경을 만듭니다.
프롬프트에 **--ar 16:5** 매개변수를 적용하면 가로 비율이 긴 이미지를 생성할 수 있어요.

텍스트 프롬프트	Australian outback landscape, red desert hills, dry ㅅgrass and eucalyptus trees, clear blue sky, wide panoramic view, natural daylight, realistic photo --ar 16:5 --style raw

하면 된다!} 2단계. 포토샵 AI 기능으로 합성하기

1. 새 파일 만들기

포토샵 메뉴 바에서 [File] → [New]를 클릭해 크기 1280×720px, 해상도 72dpi의 새 파일을 만듭니다. 유튜브 섬네일은 보통 가로형 레이아웃을 사용하므로 이 비율이 적합해요.

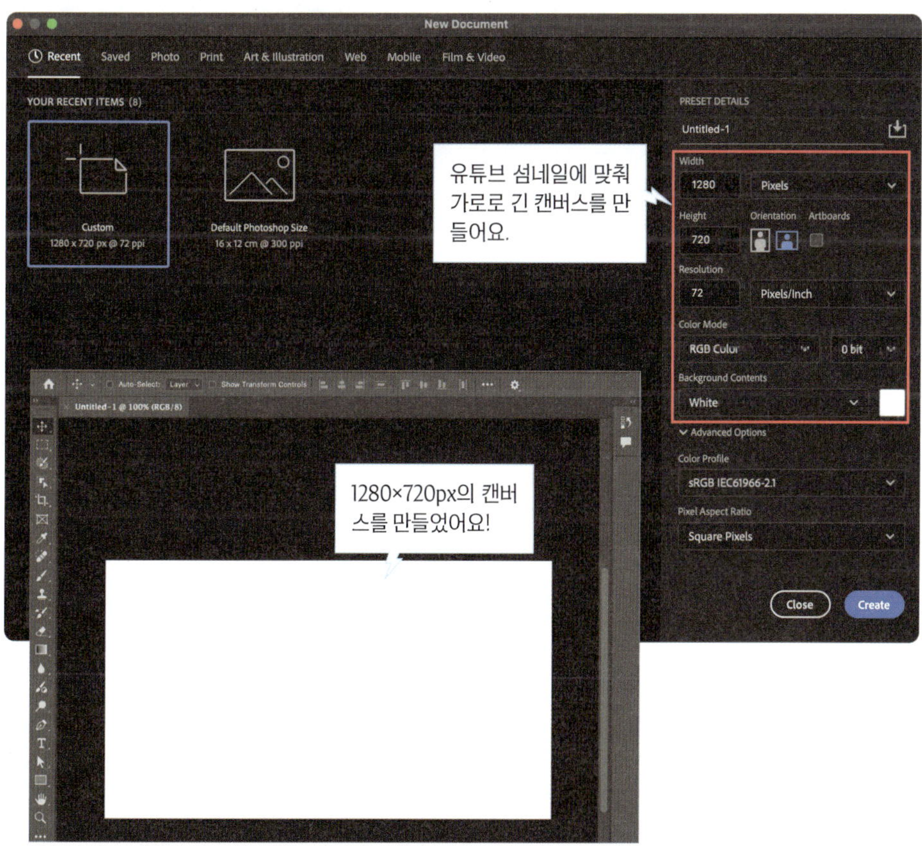

2. 배경 이미지 넣기

준비한 이미지 landscape_background.png 또는 새로 생성한 배경 이미지를 [File]
→ [Place Embedded]를 클릭해 불러오거나 폴더에서 직접 끌어와 아트보드 위에
배치해 주세요.

이미지

3. 가져온 이미지의 모서리를 드래그해 크기를 조정합니다. [Alt]를 누른 상태에서
크기를 조정하면 중심을 기준으로 균형 있게 확대·축소할 수 있어요. 크기 조정이
끝나면 [Enter]를 눌러 적용을 완료합니다.　　💜 맥 사용자라면 [Option]을 누른 채 드래그해 보세요.

4. 배경 확장하기

왼쪽 툴 바에서 **[사각 선택 툴]**(단축키: M)이나 [올가미 툴](단축키: L) 같은
선택 툴을 사용해 배경을 채워야 하는 부분을 영역으로 선택합니다.

아래 바에서 [Generative Fill] 버튼을 눌러 주세요. 프롬프트 창이 뜨면 비워둔 채로
[Generate] 버튼을 누릅니다.

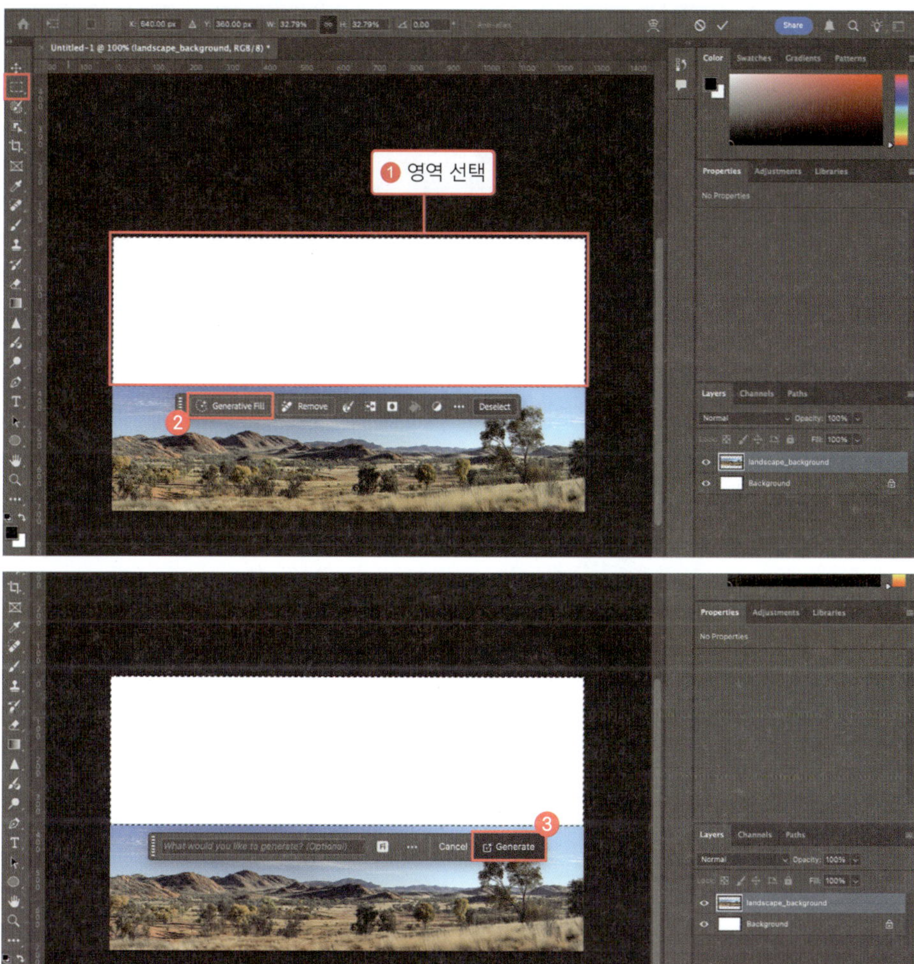

5. [Generative Fill]을 활용해 비어 있는 배경을 자연스럽게 채웠습니다.

6. 메인 이미지 넣기

준비한 이미지 quokka.png 또는 새로 생성한 쿼카 이미지를 포토샵으로 불러와 배
치하겠습니다. 미드저니로 만든 이미지를 메뉴 바에서 [File] → [Place Embedded]
를 클릭해 불러오거나 폴더에서 직접 끌어와 아트보드 위에 올려 주세요.

이미지

7. 크기 조정하기

가져온 이미지의 모서리를 드래그해 크기를 조정합니다. Alt 를 누른 상태에서 크기를 조정하면 중심을 기준으로 균형 있게 확대·축소할 수 있어요. 크기 조정이 끝나면 Enter 를 눌러 적용을 완료합니다. 💜 맥 사용자라면 Option 을 누른 채 드래그해 보세요.

8. 배경 제거하기

아래 바에서 [Remove background]를 클릭하면 배경이 사라지고 이미지만 남습니다.

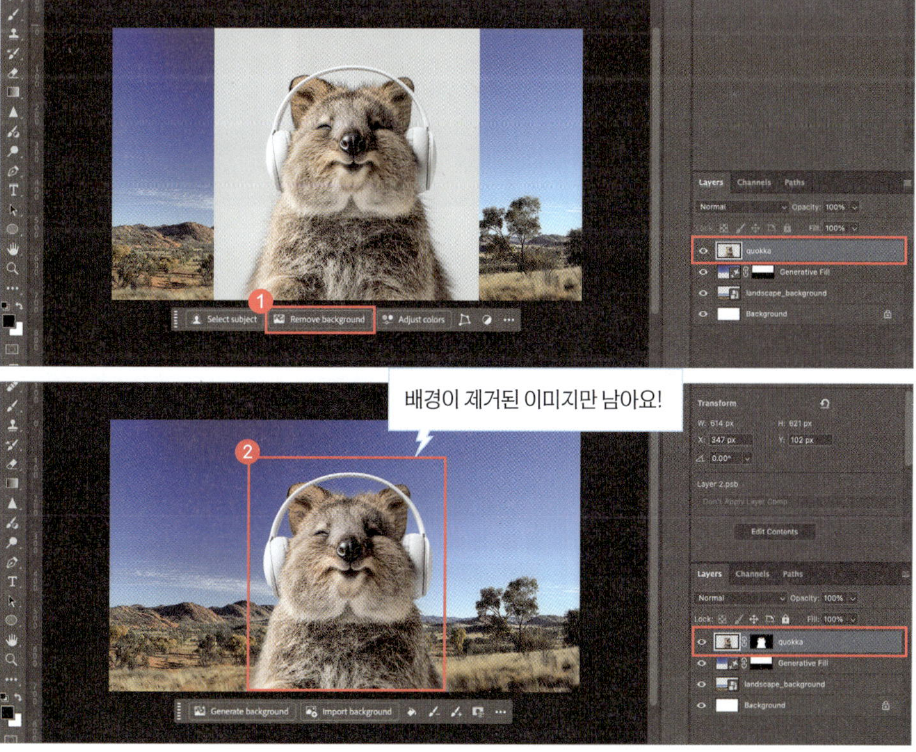

1. 텍스트 입력하기

왼쪽 툴 바에서 [문자 툴 T]을 선택해 PLAYLIST 또는 원하는 타이틀을 입력합니다.

2. 글자 조정하기

[Character], [Paragraph]
패널에서 글꼴, 크기, 색상,
자간, 기울기, 정렬 등을 조
정합니다.

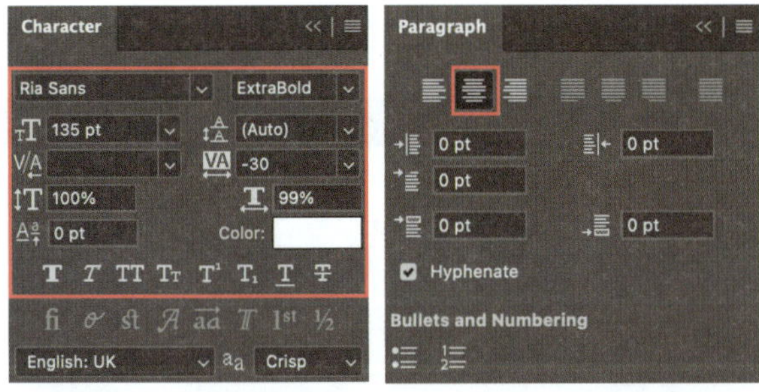

💜 [Ria Sans](리아체)는 lotteriafont.com/riasans에서 내려받을 수 있습니다.

3. 텍스트 위치 조정하기

텍스트 레이어를 선택하고
드래그해 쿼카 레이어 아래
로 내려 줍니다.

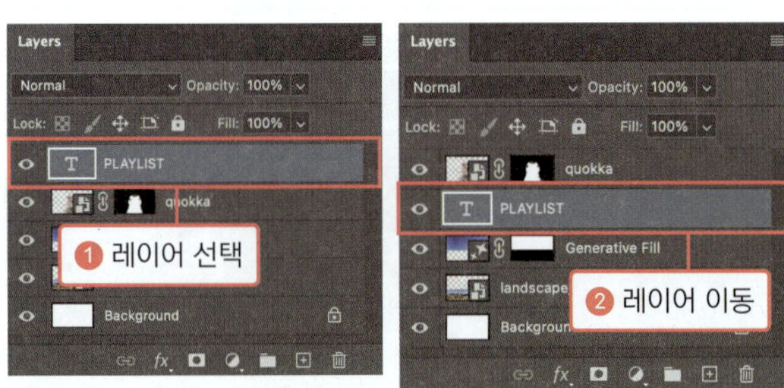

4. 글자가 쿼카 이미지에 자연스럽게 가려졌어요.

5. 그래픽 요소 추가하기

뮤직 플레이어.png 파일을 불러와 캐릭터 아래쪽에 배치합니다. 이 그래픽 요소는 플레이리스트 분위기를 직관적으로 전달하며, 음악 콘텐츠임을 한눈에 알 수 있도록 도와줍니다.

이미지

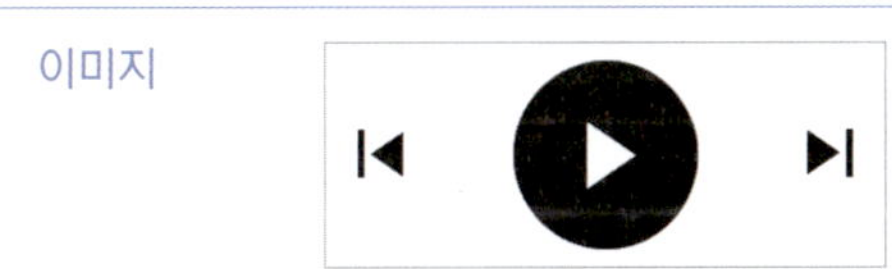

6. 그래픽 요소 컬러 변경하기

뮤직 플레이어 레이어를 선택한 뒤 마우스 오른쪽 버튼으로 클릭하고 [Blending Options]를 눌러 주세요.

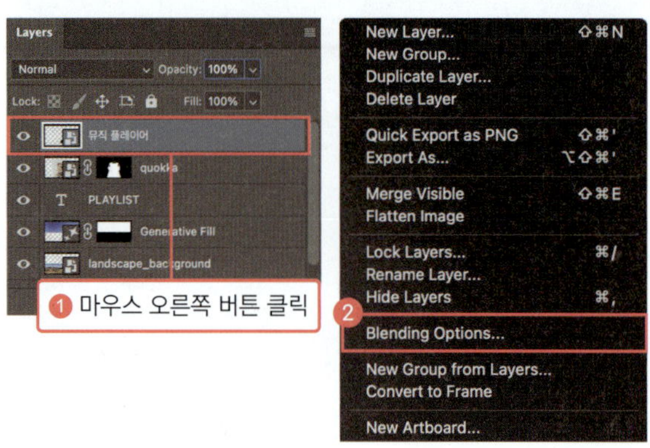

7. 옵션 창이 뜨면 [Color Overlay]를 선택하고 컬러를 변경합니다.

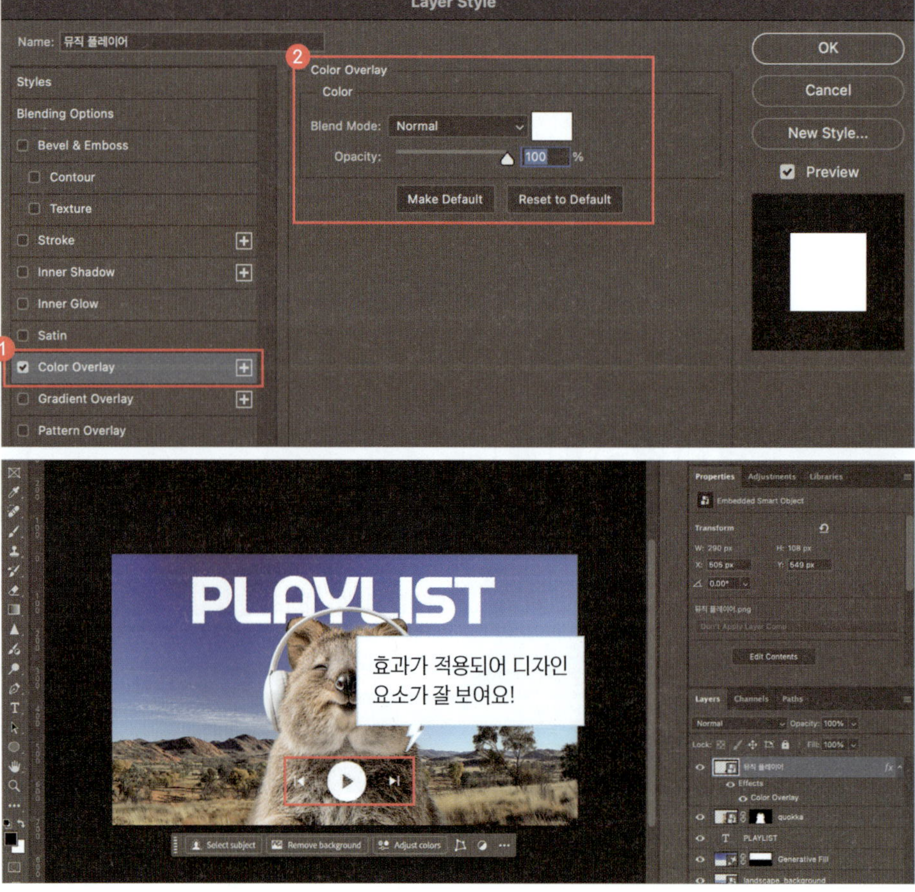

8. 저장하기

완성된 섬네일은 메뉴 바에서 [File] → [Export] → [Save for Web (Legacy)]을 선택해 PNG 파일로 저장하고 유튜브에 업로드하세요.

이렇게 완성된 섬네일은 실제 유튜브 콘텐츠에 바로 활용할 수 있어요. 밝은 색감과 리얼한 쿼카 표정 덕분에 음악 플레이리스트의 즐거운 분위기가 한눈에 전달됩니다.

포스터 디자인하기

포스터는 사람들의 시선을 끌고 메시지를 빠르게 전달하는 시각적 매체입니다. 오프라인/온라인 어디서든 한눈에 보이고 기억에 남아야 하기 때문에 단순하고 정리가 잘된 구성이 중요하고 정보 전달도 효과적이어야 해요. 색상 대비, 글자의 크기와 배치, 이미지와 텍스트의 조화가 보는 이의 관심을 붙잡는 핵심 요소입니다.

• **준비 파일** 10/프로젝트6/summer ade.png　　• **완성 파일** 10/프로젝트6/프로젝트 6.psd

여름 시즌 음료를 주제로 한 포스터를 만들어 볼 거예요. 제품 컷, 타이틀 텍스트, 가격 정보를 조합해 실제 카페에서 활용할 수 있는 음료 포스터를 완성합니다. 단순히 이미지를 배치하는 것에 그치지 않고, 색감·구도·메시지를 종합적으로 고려해 정보성과 시각적 효과를 동시에 전달하는 것이 중요해요.

1. 이미지 생성하기

미드저니로 음료 컷을 만들어 보겠습니다.

프롬프트에 '투명한 유리잔 속에 얼음과 과일이 가득한 음료 이미지' 같은 내용을 입력하세요. --ar 4:5 매개변수를 적용하면 세로가 긴 이미지를 만들 수 있어요. 여기에 --raw, --stylize, --exp 매개변수를 함께 사용하면 다양한 이미지를 만들 수 있습니다.

텍스트 프롬프트	refreshing summer drink poster, three sparkling ade drinks front view, lemon ade in bright yellow with lemon slices and ice, grapefruit ade in vivid pink-orange with grapefruit wedges and bubbles, green grape ade in light green with grapes and ice cubes, transparent cups filled with sparkling water, clean modern cafe style poster, pastel light sky blue background, high quality beverage photography, text placeholders for product names and prices, advertising design --ar 4:5 --raw --stylize 50 --exp 10

♥ 'poster', 'advertising design' 같은 키워드는 음료 광고 포스터를 만들 때 유용해요.

2. 새 파일 만들기

포토샵 메뉴 바에서 [File] → [New]를 클릭해 크기 1080×1350px, 해상도 72dpi 의 새 파일을 만듭니다. 이렇게 하면 4:5 비율의 포스터 이미지를 만들 수 있어요. 음료 이미지 외에 부분도 디자인하기 위해 배경은 [Transparent^{투명}]로 설정합니다.

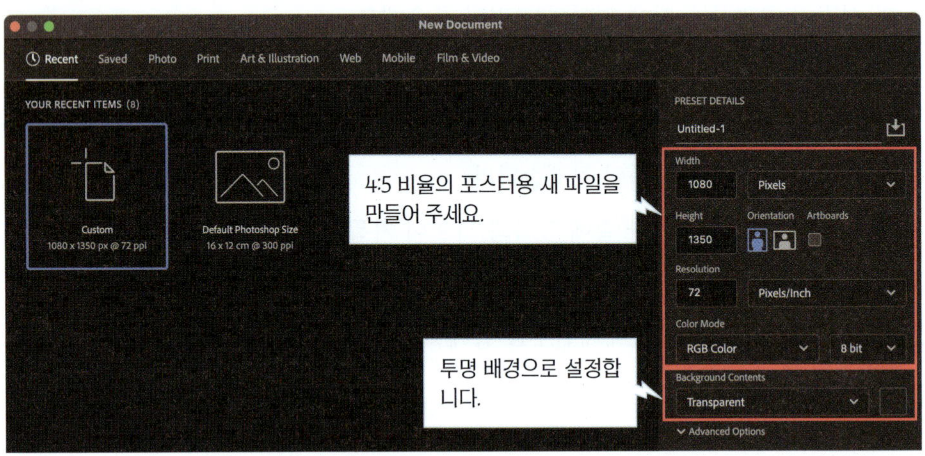

3. 이미지 배치하기

생성한 음료 이미지를 불러와 중앙에 배치하겠습니다.

준비한 이미지 summer ade.png 또는 미드저니로 만든 이미지를 메뉴 바에서 [File]
→ [Place Embedded]를 클릭해 불러오거나 폴더에서 직접 끌어와 아트보드 위에
올려 주세요.

이미지

4. 이미지 크기 조정하기

가져온 이미지의 모서리를 드래그해 크기를 조정합니다. [Alt]를 누른 상태에서 크기를 조정하면 중심을 기준으로 균형 있게 확대·축소할 수 있어요. 크기 조정이 끝나면 [Enter]를 눌러 적용을 완료합니다.　♥ 맥 사용자라면 [Option]을 누른 채 드래그해 보세요.

5. 배경 확장하기

왼쪽 툴 바에서 [사각 선택 툴 　](단축키: [M])이나 [올가미 툴 　](단축키: [L]) 같은 선택 툴을 사용해 배경을 채워야 하는 부분을 영역으로 지정합니다.

아래 바에서 [Generative Fill]을 눌러 주세요. 프롬프트 창이 뜨면 비워둔 채로 [Generate]를 누릅니다.

♥ [Shift]를 누른 상태에서 지정하면 여러 개의 영역을 동시에 선택할 수 있습니다.

영역 선택하기
Generative Fill
Generate

6. [Generative Fill]을 활용해 비어 있는 배경을 자연스럽게 채웠습니다.

원본

[Generative Fill]로 배경 합성

하면 된다!} 2단계. 포스터에 글자, 그래픽 요소 넣기

1. 메인 텍스트 넣기

왼쪽 툴 바에서 [문자 툴 T]을 선택해 굵고 선명한 글꼴로 타이틀을 입력해 주세요.

여기서는 상큼하게 즐기는 여름 에이드, 시원한 과일 에이드 3종이라고 입력했습니다.

2. 글자 조정하기

[Character] 패널과 [Paragraph] 패널에서 글자의 크기, 색상, 자간, 기울기, 정렬 등을 조정합니다.

💜 핑크퐁 아기상어 글꼴은 pinkfong-babyshark-font.thepinkfong.com/ko에서 내려받을 수 있습니다.

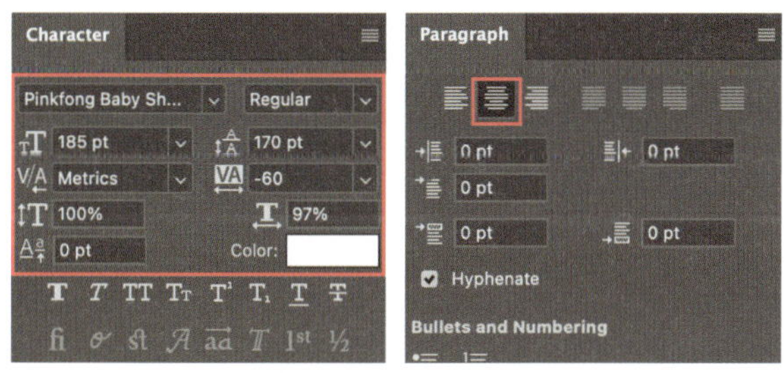

질문 있어요! 왜 메인 타이틀과 서브 타이틀의 서체를 다르게 하나요?

메인 타이틀과 서브 텍스트는 성격을 구분해 주는 것이 좋아요.

메인 타이틀은 굵고 크게 설정하면 시선을 끌고, 개성 있는 서체를 쓰면 주제를 강조할 수 있어요. 반면 서브 텍스트는 깔끔한 고딕체와 작은 크기를 사용해 보조 설명 역할을 하도록 합니다. 이렇게 하면 핵심 메시지와 부가 설명이 한눈에 구분됩니다.

3. 곡선 텍스트 넣기

위쪽에 원형으로 휘어진 텍스트를 배치해 포인트를 주겠습니다.

[도형 툴]Shape Tool(단축키: U)에서 [원형 툴]Ellipse Tool ●을 선택하세요. 옵션 바에서 [Shape]를 [Path]로 변경합니다. 이렇게 하면 도형이 실제 도형 레이어가 아니라 경로Path 형태로 만들어져 이후 다양한 작업에 활용할 수 있어요.

4. 화면을 드래그해 원형 도형을 그립니다. Shift를 누른 채 드래그하면 정원이 그려집니다.

5. 왼쪽 툴 바에서 [문자 툴 T]을 선택해 패스 위를 클릭한 뒤 텍스트를 입력합니다.

6. 가격 라벨 넣기

다시 [도형 툴]에서 [원형 툴 ◯]을 선택하세요. 옵션 바에서 [Shape]를 선택하고 채우기 색상을 노란색(#f2bc01)으로 설정합니다.

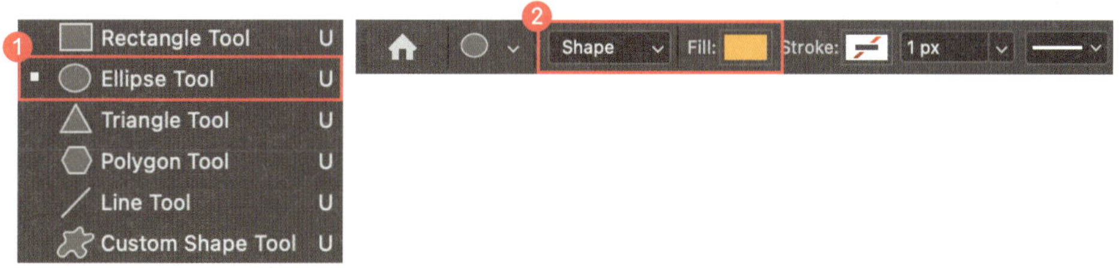

7. Shift를 누른 채 드래그해 원을 그립니다. 위치, 크기 조정이 끝나면 Enter를 눌러 적용을 완료합니다.

8. [문자 툴 T]로 가격 문구를 입력해 원 안에 배치하세요. 원과 가격 문구를 복사해 다른 메뉴에도 가격 라벨을 넣습니다.

1. 배경에 요소 추가하기

위쪽 빈 공간에 [Generative Fill] 기능을 활용해 열대식물 잎을 넣어 보겠습니다. 왼쪽 툴 바에서 [사각 선택 툴 □]이나 [셀렉션 브러시 툴^{Selection Brush Tool} ☒] 또는 [올가미 툴 ◯] 같은 선택 툴을 사용해 요소를 추가할 영역을 지정해 주세요. 아래 바에서 [Generative Fill]을 누릅니다.

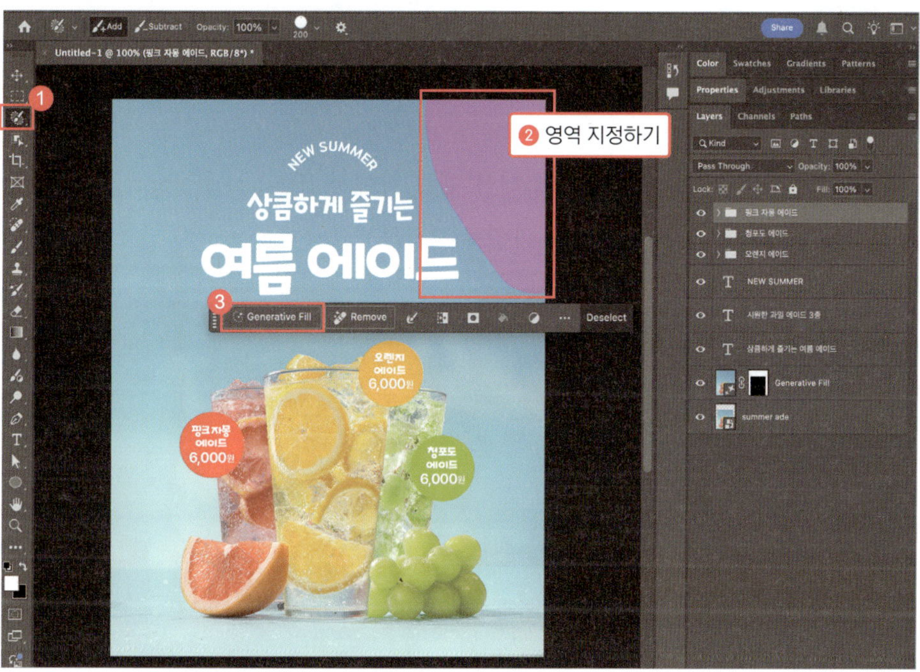

2. 프롬프트 창이 뜨면 키워드 tropical leaf를 입력하고 [Generate]를 누릅니다. 그럼 야자수나 몬스테라 같은 열대 잎사귀가 자연스럽게 배경에 추가됩니다.

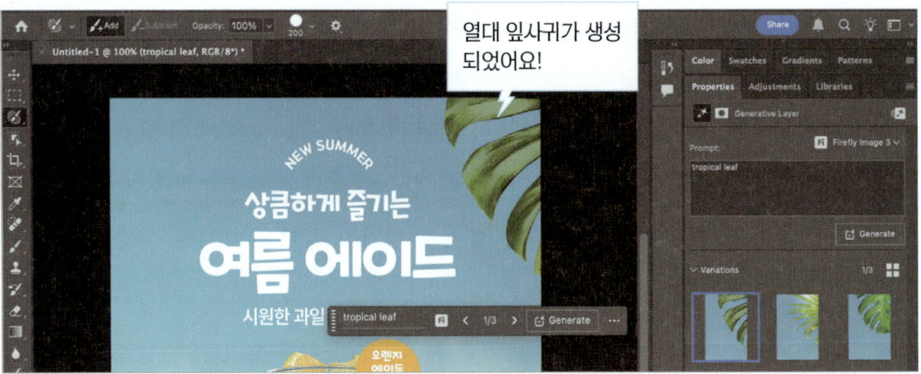

3. 저장하기

모든 요소를 확인한 뒤 완성된 포스터를 메뉴 바에서 [File] → [Export] → [Save for Web (Legacy)]을 선택해 PNG 파일로 저장하세요.

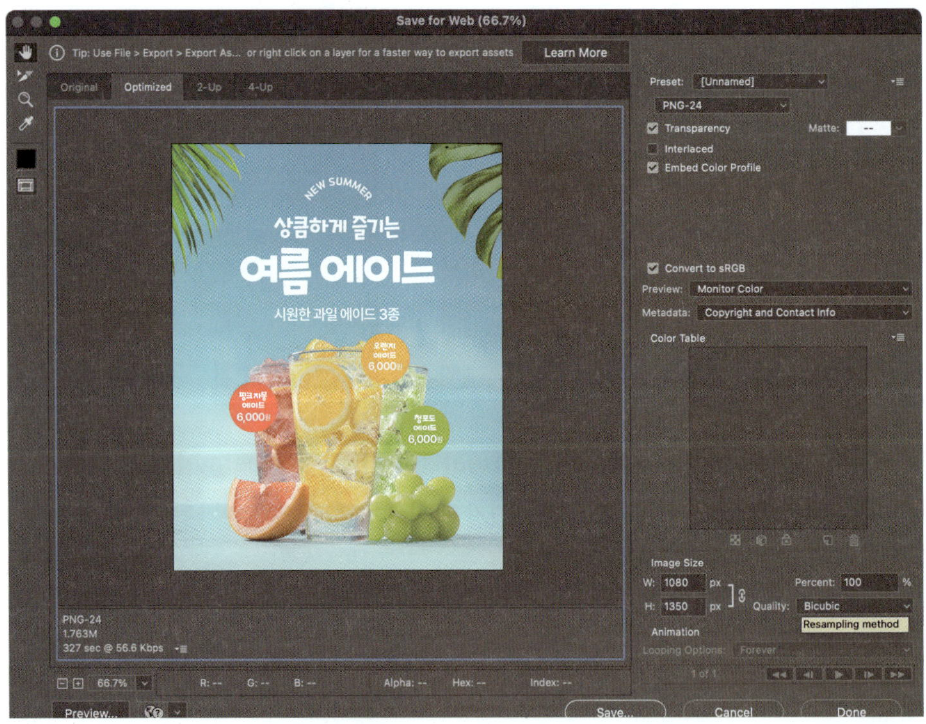

이 과정을 차근차근 따라 하면 시원하고 생동감 넘치는 여름 에이드 포스터를 완성할 수 있어요. 단순히 이미지를 제작하는 것을 넘어, 배경·텍스트·그래픽 요소가 조화를 이루는 완성도 높은 결과물을 얻을 수 있습니다.

프롬프트 템플릿과
AI 디자인 사이트

여기까지 따라왔다면 이제 정말 '써먹는 일'만 남았어요!
'보너스' 코너에는 지금까지 배운 내용을 바로 실무에 적용할 수 있도록
프롬프트 템플릿과 참고 사이트를 한눈에 정리했어요.
AI 디자인을 할 때 매번 처음부터
프롬프트를 고민할 필요 없이 필요한 부분만 골라 써보세요.

보너스 01 실무에 바로 써먹는 프롬프트 템플릿 10가지
보너스 02 AI 디자인 참고 사이트 모음

실무에 바로 써먹는
프롬프트 템플릿 10가지

미드저니는 멋진 이미지를 만들어 주는 도구지만, 실무에서는 단순히 '멋진 것'보다 바로 활용 가능한 구조가 더 중요합니다. 이번에는 실무에 꼭 필요한 프롬프트 템플 릿 10가지를 소개할게요. 자주 쓰이는 스타일만 골라 담았기 때문에 이 10가지만 잘 익혀도 원하는 이미지를 훨씬 빠르고 정확하게 만들 수 있습니다. 프롬프트 예시부 터 활용 팁, 주의할 점까지 실무에서 바로 써먹는 방법을 지금 확인해 보세요.

1. 누끼 이미지 만들기

흰 배경 위에 오브젝트 하나만 놓인 **심플한 스타일**이에요. 배경 제거나 편집이 쉬워 서 상품 이미지 제작에 많이 활용되고, 깔끔하고 미니멀한 인상을 주고 싶을 때 특히 유용합니다. 다음 프롬프트 템플릿으로 제작하면 스톡 사이트에서 이미지 검색이나 구매 없이 직접 원하는 이미지를 만들 수 있습니다.

　[오브젝트 이름] placed on an isolated white background, minimal
composition, soft studio lighting, clean and simple product photography
style, minimal shadows --raw

an isolated white background는 스톡 사이트에서 자주 쓰이는 대표 키워드예요.
배경이 완전히 분리된 느낌의 이미지를 만들 때 꼭 필요한 표현이죠. --style raw를
함께 사용하면 과장되지 않은 사실적인 느낌으로 표현할 수 있습니다.
제품 단독 컷, 상세페이지 이미지, 쇼핑몰 목업 등에 활용하기 좋아요.

2. 음료 연출 샷 만들기

돔 리드 컵에 담긴 음료를 고해상도 스튜디오 컷처럼 연출하고 싶을 때 매우 유용한
프롬프트입니다. 음료의 질감, 섬세한 거품, 조명 반사까지 디테일하게 표현할 수 있
어서 카페 음료 컷, 브랜드 광고 이미지, SNS 콘텐츠 제작에 활용됩니다.

　[음료 이름] in a clear plastic cup with a dome lid, small amount of
foam on top, white background, studio lighting, high detail, product
photography style --ar 3:4 --style raw

음료 컷은 보통 세로로 긴 구도가 잘 어울립니다. 그래서 --ar 3:4 또는 --ar 2:3처
럼 세로 비율을 지정해 주는 것이 중요해요.
배경은 기본적으로 흰색을 많이 사용하지만, 'pastel tone'이나 'wood table'처럼
분위기에 맞게 바꿔 볼 수도 있습니다. 물방울 표현이 필요할 땐 'condensation on
the glass'를 추가해 보세요. 컵 표면에 맺힌 물방울 느낌이 리얼하게 표현됩니다.

3. 유리 재질 오브젝트 만들기

투명하고 반사되는 **유리 재질의 오브젝트**는 3D 스타일의 시각 이미지나 **예술적인 오브제**처럼 연출할 수 있어요. 조명, 배경, 재질 질감까지 함께 설정해 주면 전체 이미지의 완성도와 고급스러움이 훨씬 높아집니다.

텍스트 프롬프트	a [주제] made of transparent colored glass, artistic object, soft studio lighting, realistic refraction, minimal background, ultra high detail, modern 3D art style --style raw

오브젝트는 'vase', 'apple', 'cat', 'star' 등으로 자유롭게 바꿔 보세요. 'transparent colored glass' 키워드는 **유리 특유의 질감**을 표현할 때 유용해요. 또한 'realistic reflection' 키워드로 **자연스러운 반사광**을 만들 수 있습니다.

4. 명함 목업 만들기

책상 위에 올려진 명함, 그림자와 종이 결이 어우러진 **연출 컷**을 만들고 싶다면 이 프롬프트를 활용해 보세요. '종이의 말림'이나 '탑뷰 구도'를 설정해 현실적인 디테일이 잘 살아납니다. 이렇게 만든 이미지에 나의 명함 디자인을 합성하면 진짜 사진처럼 자연스러운 목업을 구성할 수 있어요.

[배경] 자리에 'white wood', 'concrete texture', 'linen fabric' 등을 넣으면 다양한 분위기로 연출할 수 있습니다. 한 장짜리 명함 외에 여러 장이 겹쳐진 구도를 만들고 싶다면 'stacked business cards' 키워드를 활용해 보세요.

5. 아이콘 만들기

배경, 텍스트, 질감을 모두 제거하고 심플한 컬러와 형태만 남긴 **미니멀 아이콘 스타일**입니다. 브랜드 아이콘, 콘텐츠 섬네일, UI용 벡터 요소 등으로 다양하게 활용할 수 있어요.

solid shape와 flat minimal 키워드를 활용하면 단순화된 미니멀 아이콘 이미지를 만들 수 있습니다. 아이콘 안에 텍스트가 들어가지 않도록 반드시 --no text를 함께 넣어 주세요.

6. 아이콘 + 텍스트 조합 만들기

제품 이름이나 브랜드명을 함께 넣은 **텍스트 조합형 아이콘**을 만들고 싶다면 다음과 같이 만들어 보세요. 로고 목업, 앱 스플래시 이미지, 유튜브 채널 아트 등에 활용하기 좋고, 타이포그래피와 아이콘의 균형이 잘 잡힌 레이아웃이 필요할 때 효과적으로 쓸 수 있어요.

텍스트 프롬프트	a flat minimal logo featuring a [주제] icon and the text "브랜드 이름", solid shape, [컬러] color scheme, white background, centered composition, clean modern branding style --no shadow --style raw

브랜드 이름은 반드시 큰따옴표(" ") 안에 직접 텍스트로 입력해 주세요. 한글은 깨질 수 있으니 **영어로 입력**하는 걸 추천해요. 너무 많은 텍스트가 들어가면 레이아웃이 깨질 수 있으니 짧고 간결한 문구로 최소화하는 것이 좋습니다.

7. 3D 오브젝트 만들기

부드러운 조명 아래 단색 배경에 배치된 **3D 오브젝트**는 브랜드 아트, UI 요소, 광고용 배경 이미지 등에 매우 유용합니다. 특히 **입체감 있는 연출**이나 **렌더링 스타일**이 중요한 작업에 잘 어울려요.

Blender style 키워드를 함께 넣으면 3D 느낌이 더 잘 살아납니다. 배경을 정하고
싶다면 'on a pastel pink background'처럼 색상을 직접 지정해 보세요. 실리콘, 플
라스틱, 유광/무광 등 원하는 재질을 구체적으로 적어 주면 오브젝트의 질감이 더 정
교하게 표현됩니다.

8. 귀여운 동물 만들기

SNS 콘텐츠나 굿즈 디자인에 자주 쓰이는 **귀여운 동물 일러스트**는 표정, 비율, 색
감에서 '귀여움'이 과장되어야 매력이 잘 살아나요. 특히 'chibi', 'kawaii', 'round
shape' 같은 키워드를 적극 활용하면 효과적입니다.

'sitting', 'sleeping', 'holding something'처럼 동작을 구체화하면 이미지 활용도
가 훨씬 높아집니다. --exp 매개변수를 추가하면 더 창의적이고 감성적인 이미지로
확장할 수 있어요.

9. 감성적인 일러스트 스타일 만들기

섬세한 채색과 **애니메이션 톤의 분위기가 담긴 이미지**가 생성됩니다. 배경이 깔끔하고 캐릭터 중심의 감정 표현이 강조되는 장면에 특히 잘 어울려요.

텍스트 프롬프트	[주인공] 또는 [주제] in a hand-drawn Japanese anime style, fine clean lineart, soft watercolor shading, low-saturation pastel color palette, calm and nostalgic atmosphere, cinematic composition --ar 3:4

스타일 키워드로는 'anime style'을 기본으로 사용하고, 필요에 따라 'manga illustration'을 함께 추가해도 좋아요. 의상, 배경, 조명 설정을 간단히 더해 주면 이미지의 분위기 완성도가 훨씬 높아집니다.

10. 실사 스타일 사진 만들기

실사 스타일 사진 이미지를 만들고 싶을 때는 '누구를 그릴지'보다 '어떻게 촬영됐는지'를 묘사하는 것이 더 중요해요. 미드저니는 카메라와 렌즈 정보, 촬영 구도, 샷 범위 같은 요소를 기반으로 더 **현실적이고 자연스러운 인물 사진**을 만들어내기 때문입니다.

다음 2가지 방법은 실제 포토그래퍼와 같이 '구도를 설정하고 찍은 것처럼' AI에게 정확한 지시를 하는 방식이에요.

① 카메라 + 필름 조합으로 감성 실사 만들기

미드저니에서 '진짜 사진'처럼 보이게 하려면 **카메라 기종 + 필름 종류**를 함께 프롬 프트에 넣는 것이 가장 효과적이에요. 이 방식은 사진 특유의 색감, 질감, 감성을 훌륭하게 구현해 줍니다.

텍스트 프롬프트	a photo of [주제], shot on [카메라 기종] with [필름 종류], realistic photography style, natural lighting, shallow depth of field, high detail, cinematic mood --ar 3:2 --style raw

grain, **cinematic**, **film photo**, **retro** 같은 키워드를 함께 사용하면 사진 특유의 질감과 분위기가 더 잘 살아납니다. **사진처럼 보이는 프레임 구도**를 원한다면 --ar 3:2 비율을 적용하는 것이 가장 자연스러워요.

추천 카메라 종류

Canon EOS 5D Mark IV　　Fujifilm X-T4　　Sony Alpha 7R IV　　Leica M10

종류	특징
Canon EOS 5D Mark IV	따뜻하고 선명한 색감, 인물 사진에 강함
Fujifilm X-T4	감성적인 색감과 필름 시뮬레이션, 빈티지한 분위기에 적합
Sony Alpha 7R IV	고해상도·디테일 표현 우수, 선명한 이미지 표현에 강함
Leica M10	자연광 활용에 강하고, 필름 질감 표현, 감성적인 연출 가능

추천 필름 종류

Kodak Portra 400

Fujifilm Pro 400H

Ilford HP5 Plus

Kodak Ektar 100

종류	특징
Kodak Portra 400	따뜻하고 부드러운 피부 톤, 자연광에서 이상적
Fujifilm Pro 400H	연하고 파스텔 톤 느낌, 화사한 색감 표현에 적합
Ilford HP5 Plus	클래식한 흑백 표현, 입자감 있는 빈티지 스타일
Kodak Ektar 100	생생하고 채도 높은 컬러, 풍경이나 제품 이미지에 적합

이 외에도 다른 카메라와 필름 종류가 궁금하다면 챗GPT에서 검색해 보세요.

② 샷shot / 앵글angle 조합으로 자연스러운 인물 구도 만들기

실사 이미지의 퀄리티를 결정짓는 또 하나의 핵심은 **어떤 구도에서 어떤 샷으로 피사체를 잡느냐**입니다. 이 정보를 함께 설정하면 미드저니가 이미지를 더 구조적으로 해석합니다.

텍스트 프롬프트	a realistic photo of a Korean [man/woman] in their 20s, [표정 또는 행동], [샷 또는 카메라 앵글], [위치 또는 배경], natural lighting, cinematic mood --style raw --ar 3:4

인물 사진에서는 medium shot과 eye-level 조합이 가장 자연스럽고 실용적이에요. 인스타 감성을 원한다면 close-up + soft light + blurry background 조합을 추천합니다. 표정까지 지정하고 싶다면 'neutral face', 'gentle smile', 'serious expression'처럼 구체적인 표현을 넣어 보세요. 훨씬 더 원하는 느낌에 가까운 인물이 생성될 거예요.

Close-up

Medium Shot

Full Shot

Wide Shot

종류	특징
Close-up	얼굴 중심 클로즈업. 감정 강조, 프로필 이미지에 적합
Medium Shot	허리~가슴 위까지. 가장 자주 쓰이는 구도
Full Shot	전신 표현. 옷 스타일, 포즈 강조
Wide Shot	인물 + 배경까지 함께 구성. 공간감이 필요할 때 사용

추천 앵글 종류

High Angle

Eye-Level

Low Angle

Tilted Angle

종류	특징
Top View	카메라가 위쪽에서 바로 내려다보는 구도. 테이블 위 음식이나 물건 배열을 위에서 한눈에 보여줄 때 자주 사용
High Angle	조금 높은 곳에서 내려다보는 구도. 인물이 작고 아담하게 보이거나 장면 전체를 넓게 보여 주고 싶을 때 사용
Eye-Level	사람 눈높이와 같은 위치에서 보는 구도. 가장 자연스럽고 편한 시점이라 일상적인 사진이나 초상화에 자주 쓰임
Low Angle	아래쪽에서 위를 바라보는 구도. 인물이 더 크고 멋있게 보이거나 주인공처럼 강조하고 싶을 때 적합
Worm's Eye View	거의 바닥에 붙어서 위로 보는 구도. 높은 건물이나 하늘을 웅장하게 보여 주거나 극적인 분위기를 만들 때 사용
Tilted Angle	카메라를 살짝 기울여 찍는 구도. 화면이 비스듬하게 보여서 긴장감이나 움직임, 불안한 느낌을 줄 때 효과적

이 외에도 다른 샷과 앵글 종류가 궁금하다면 챗GPT에서 검색해 보세요.

실사 스타일 인물을 만들고 싶을 땐 이 2가지 중 하나는 반드시 포함시키는 것이 가장 좋은 출발점입니다. 미드저니는 단순한 외모 묘사보다 '어떻게 찍힌 장면인가'를 더 잘 이해하니까요.

지금까지 실무에 바로 활용할 수 있는 10가지 프롬프트 템플릿을 모두 살펴봤습니다. 지금 당장 사용할 수 있는 구조부터 세부 표현, 스타일 키워드까지 정리했으니 필요할 때 꺼내 쓰기만 하면 됩니다.

미드저니로 단순히 이미지를 '예쁘게' 만들기만 하는 것이 아니라, 내가 원하는 결과를 정확하게 만들어내는 구조와 언어를 익히는 게 핵심이에요. 템플릿은 참고만 하고 나만의 방식으로 조합하고 변형해 보세요. 실무에 딱 맞는 AI 이미지, 여러분도 직접 만들 수 있습니다.

AI 디자인 참고 사이트 모음

AI 디자인은 하루가 다르게 발전하고 있어요. 새로운 툴과 기능이 계속 등장하기 때문에 꾸준히 참고할 만한 사이트를 북마크해 두면 큰 도움이 됩니다. 특히 공식 문서를 통해 정확한 정보를 확인하거나 다양한 프롬프트 예시를 살펴보면서 나만의 활용법을 넓히는 것이 중요해요. 단순히 기능을 아는 것에서 끝나지 않고 다른 사람들이 어떻게 활용하는지를 함께 참고하면 아이디어 확장에도 큰 도움이 됩니다.

1. 미드저니 공식 가이드

미드저니의 기능과 매개변수를 가장 정확하게 확인할 수 있는 **공식 문서 사이트**입니다. 새 버전이 업데이트될 때마다 빠르게 반영되므로 최신 기능과 활용법을 배우고 싶을 때 가장 먼저 참고하면 좋아요. 신기능과 매개변수 설명이 체계적으로 정리되어 있어 학습용으로 유용하며, 필요할 때 검색창을 통해 원하는 항복을 바로 찾을 수 있습니다. 미드저니를 본격적으로 활용하려는 사람이라면 꼭 즐겨찾기에 추가해 두세요.

미드저니 공식 가이드 링크: docs.midjourney.com

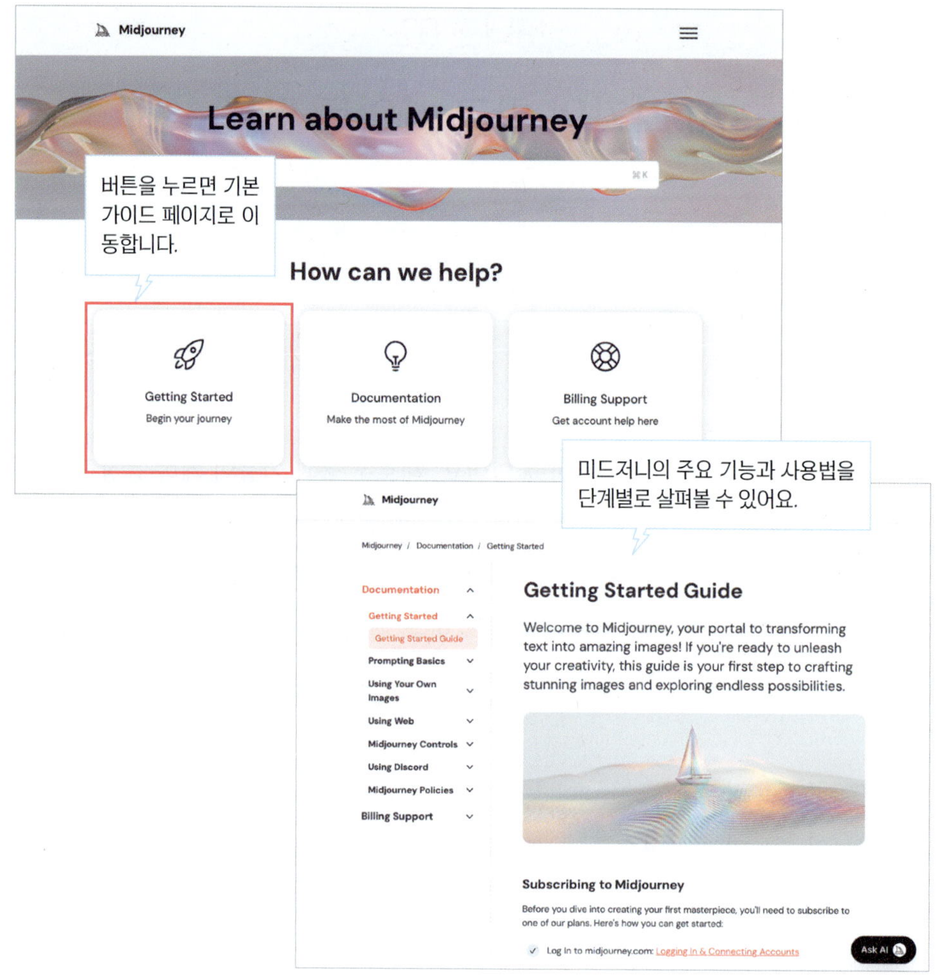

2. AI 스톡 이미지 사이트 — Lummi

AI 크리에이터를 위한 무료 이미지 리소스 사이트로, 상업적으로 활용할 수 있는 고품질 이미지를 대량으로 제공합니다. 단순히 무료 스톡 이미지가 아니라 AI를 활용해 만든 창의적이고 신선한 비주얼을 제공하기 때문에 디자인 시안이나 아이디어 보드 작업에 특히 유용해요. AI로 만든 스톡 이미지라는 점이 차별되며, 미드저니나 다른 이미지 생성 도구와 병행해 활용하면 실제 프로젝트 진행 속도를 크게 단축할 수 있습니다. 다만 무료 제공 이미지더라도 라이선스를 꼭 확인하고 사용해야 안전합니다.

Lummi 웹 사이트 링크: lummi.ai

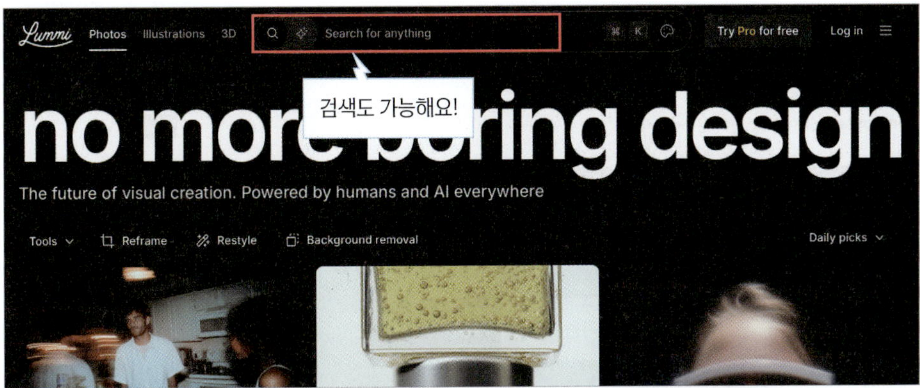

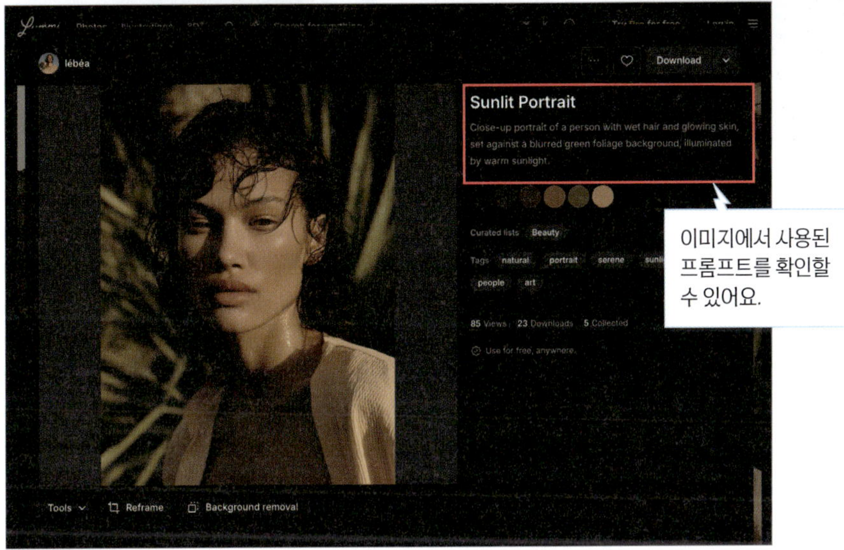

3. AI 프롬프트 아카이브 사이트 — PromptHero

전 세계 사용자가 AI 프롬프트를 공유하는 아카이브로, 다양한 이미지 생성 도구에서 실제로 사용된 예시를 확인할 수 있어요. 미드저니, 스테이블 디퓨전^{Stable Diffusion}, 소라^{Sora}, 비오^{Veo} 등 각 도구마다 프롬프트를 쓰는 방식이 다르기 때문에 어떤 구조와 언어로 작성해야 하는지 참고하기 좋습니다.

카테고리별 정리와 필터 기능이 잘 되어 있어 원하는 주제나 스타일을 빠르게 찾을 수 있고, 패션 및 제품 촬영, 캐릭터 디자인 등 목적에 맞는 프롬프트를 바로 응용할 수 있어 실무에서 특히 유용해요.

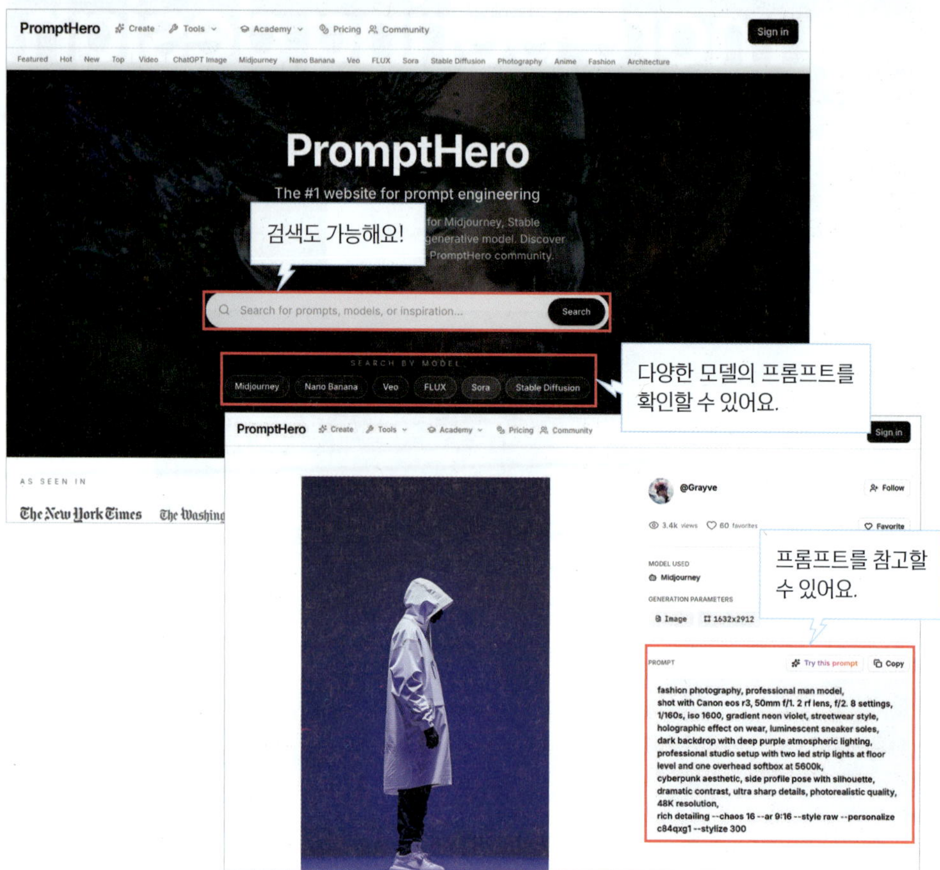

이런 사이트들은 단순히 정보를 얻는 것에 그치지 않고 작업 효율과 아이디어 확장을 동시에 도와줍니다. 북마크해 두고 틈날 때마다 확인한다면 AI 디자인 실력을 한 단계 업그레이드할 수 있을 거예요.